名师名校名校长

凝聚名师共识
回应名师关怀
打造名师品牌
培育名师群体

　　　　程晓明遵嘱

名师成长的
教育科研之路

崔佃金　著

中国文联出版社

图书在版编目（CIP）数据

名师成长的教育科研之路 / 崔佃金著. -- 北京：
中国文联出版社, 2024. 11. -- ISBN 978-7-5190-5681
-0

Ⅰ. G632.0

中国国家版本馆CIP数据核字第2024N16Q61号

著　　者　崔佃金
责任编辑　刘　旭
责任校对　秀点校对
装帧设计　刘贝贝　李　娜

出版发行　中国文联出版社有限公司
社　　址　北京市朝阳区农展馆南里10号　　邮编　100125
电　　话　010-85923025（发行部）　010-85923091（总编室）
经　　销　全国新华书店等
印　　刷　三河市龙大印装有限公司

开　　本　710毫米×1000毫米　　1/16
印　　张　20.25
字　　数　328千字
版　　次　2025年3月第1版第1次印刷
定　　价　58.00元

序 言

　　教育科研是教育发展的第一生产力，是教师专业发展的必由之路。教育科研并不是神秘莫测、高不可攀的，但也不是轻易就能掌握的。终身学习，需奠定坚实的理论基础，沿着教育科研之路拾级而上，从关注鲜活的教育案例起步，让案例研究伴随整个教育过程，到从众多案例中发现突出问题进行专题研究，寻求教育对策，再到从教育实践和专题研究中提炼研究课题，运用科学的方法探索教育现象的性质和规律。这就是名师成长的教育科研之路。

　　教育科研需要强大的理论基础。我系统订阅专业期刊，全面构建特色资源库，用科学的方法读书，加强教育教学实践：构建教育理论体系、学科教育理论体系、新课程改革理论体系；支持教师整个教育、教学、科研、专业发展活动的开展，支持教师课内外教学活动的开展，支持教师把握教育教学改革方向；构建支持教师在教学中贯彻德育、美育、体育、劳动教育的理论体系。

　　教育科研不受教师身份的限制，从年轻教师、一般教师，到各级名师都可以开展不同层次和内容的教育科研；从普通教师、备课组长、教研组长、科室主任，到学校领导，都可以参与和主持教育课题研究。

　　教育科研旨在解决教育教学实际问题。我围绕自己教育教学的实际和特色专业发展路径，参与和主持多项教育科学规划课题的实验研究——先后参与学校探究教学模式、"敏特"英语应用实验、全市教师美育思想研究、专业认证视域下数学类"合格、专业、拔尖"人才分类培养改革与实践等课题研究（高校课题）；主持MM数学教育方式、培训者实施培训的有效性研究，以名师工作室为依托，构建教师发展研究志愿者组合等全国教育科学规划课题子课题的研究；主持心智数学教育方式、高中数学教学策略研究、当前数学教育中存在的问题研究、基于学科核心素养的高中数学美育的研究与实践、普通高中实施全学科美育的理论与实践研究，走过了"教育方式—教学策略—存在问题—数学美育—全学科美育"的系列研究之路。研究报告总计60多万字。发表研究论文38篇，参编《走进名师课堂（高中数学）》《感悟美国教育——齐鲁名师美国行》《现代教育理论导读》《教师专业发展导引》《现代教师素养导论》《名师之路》等著作，主编《高中数学美育指引（上、下）》《普通高中全学科美育指引（上、下）》《基于博物馆特色文化的综合美育指引》《基于综合美育引导下的马踏湖美学研究》等著作。相关成果获山东省中小学教育科研优秀成果奖（山东省教科所等）5项，山东省教育科研优秀成果一等奖（山东省教育厅）1项，山东省"深化高考改革，提升育人质量"教学成果二等奖（山东省教育厅）1项，山东省基础教育教学成果奖（省级教学成果奖评奖委员会）3项，山东省高等教育教学成果奖（省级教学成果奖评奖委员会）1项，淄博市教育科研成果奖5项，淄博市教学成果特等奖1项。

我在教育科研中增强了问题意识。中医理论往往讲究辨证施治，这与对学生的教育不谋而合。混沌理论中有著名的"蝴蝶效应"，影响一个复杂系统的因素也许特别简单。学习也是一个复杂系统，影响学生成长的因素可能就是老师的一个眼神、一次鼓励、一次谈话。如何对影响学生的因素做出分析？如何辨证地为学生诊治学习病？新课程理念下的课堂讲究先学后教，课堂教学的起点在哪里？我将继续思考下去……

我在教育科研中提炼了教育思想，形成了我的"多元教学观"。数学教学是"多元"的：数学的学科功能是"技术功能"与"文化功能"并重；数学的思维方式是"演绎推理"与"合情推理"并重；数学的学习方式是教学、学习、研究同步协调。这些形成了心智数学教育方式等教学特色。

我在教育科研中成长为国家级教学名师。在教育教学、教育科研的支持下，我从一名年轻教师快速成长，从桓台县首届十佳名师（2000年），到淄博市教学能手、淄博市学科带头人、淄博市专业技术拔尖人才（2002年）、淄博市有突出贡献的中青年专家（2008年），从首届全国模范教师（1998年）、山东省特级教师（2002年）、山东省首届齐鲁名师，到国家高层次人才特殊支持计划领军人才、教学名师。2014年，被评聘为全省首批正高级教师；2019年，被评聘为淄博市首批专业技术三级；2020年10月，被山东省人力资源和社会保障厅评聘为（首批）专业技术二级，还被评为山东省教育科研先进个人、山东省首届十大科研名师等。每一项荣誉都凝结着教育科研智慧的火花。

教育科研使我不断超越自我，走上了可持续发展之路。教育科研使我终身受益。我依然坚持：从教育教学实践的发展趋势中寻找挂钩点，从教育教学的先进理论中寻找支撑点。让教育科研陪伴我在教育这永恒的事业中追求人生的永恒。

崔佃金
2024年1月1日

目 录

第一章
构建教育科研的理论基础

1

　　教育科研是教育发展的第一生产力，是教师专业发展的必由之路。我参加工作42年，从购买第一本教育理论书籍，订阅第一本教育教学杂志开始，逐渐构建作为一名教师的教育理论体系、学科教育理论体系、新课程改革理论体系，为教育、教学、科研奠定了坚实的理论基础。

　　在教育、教学活动中，我始终坚持用教育科研的眼光审视遇到的教育现象，用教育科研的理论诠释遇到的教育问题，用教育科研的手段研究遇到的教育课题，用教育科研的高度总览自己的教育人生。从关注鲜活的教育案例起步，到从众多案例中发现突出问题进行专题研究，再到从教育实践和专题研究中提炼研究课题，以科研的方式探求教育规律。由于对教育科研的坚持，我从一个年轻教师成长为首批正高级教师，被山东省人力资源和社会保障厅评聘为（首批）专业技术二级，先后获得山东省教育科研先进个人、山东省首届十大科研名师、齐鲁名师、山东省特级教师、全国教育系统劳动模范、全国模范教师、国家高层次人才特殊支持计划领军人才、教学名师。我沿着教育科研之路拾级而上，走出了一条名师成长的教育科研之路。

第一节　我的教育教学书库

　　教师的教育、教学和科研需要理论与实践相结合，需要具备广博的理论支撑。在大学、研究生期间学习过的教育理论是十分有限的，也有一定的局限性和滞后性，对本专业的指向性不够强，对新课程改革的指导性也不够。参加工作后通过家庭藏书和订阅期刊，逐渐建立自己个性化、独具特色的专业化教育理论宝库是十分有必要的。书橱应成为教师的第一件家具，购书应成为教师的第一消费。

一、订阅专业期刊，把握教育教学的时代前沿

　　订阅各种教育教学期刊是教师了解教育教学动态，满足自身教育、教学、研究的需要，把握教育教学时代前沿的主要材料。我1980年从北镇师范专科学校毕业后，开始订阅《数学通报》，至今已持续订阅44年，此后又陆续订阅其他数学、教育和管理类期刊。

　　我订阅时间最长的数学类期刊包括中国数学会、北京师范大学《数学通报》，天津师范大学《数学教育学报》。通过这两种数学教育期刊，我持续了解到中国数学基础教育几十年的发展历程与初等数学研究的前沿动态。

　　我订阅过陕西师范大学《中学数学教学参考》，曲阜师范大学《中学数学杂志》，湖北大学《中学数学》，华中师范大学、湖北省数学学会和武汉数学学会《数学通讯》，苏州大学、江苏省数学学会《中学数学月刊》，掌握了初等数学研究、数学教学、数学教学改革等教学资源，参加过《中学数学教学参考》编辑部主办的全国高考研讨会，主讲了"概率统计的复习备考"等专题，

还在QQ群和微信群内积极参与《数学教育学报》《中学数学教学参考》的作者、读者交流活动。

我还阶段性订阅了教育部基础教育课程教材发展中心《基础教育课程》，教育部考试中心《中国考试》，湖南人民出版社、湖南省新教材有限责任公司《新课程评论》等刊物，了解基础教育的实施及改革的动态信息，提升自身把握新课程改革的能力和素养，了解历年高考试题的分析及展望，把握高考的新动向及备考新措施。

作为学校教学管理的中层干部，我自2001年起先后担任学校教务处副主任、艺体处主任、教务处主任，同时，被山东省基础教育研究院确定为课题鉴定专家、教师培训专家、校长培训专家、兼职研究员、兼职教研员。为满足教学管理与实施培训的需要，我订阅了教育管理类报刊，包括中国教育报刊社《人民教育》《中国教育报》，太原师范学院《教学与管理》，北京教育学院《中小学管理》等在全国影响力较大的期刊，同时，订阅了本省的教育报刊，如山东教育社《山东教育报》《现代教育导报》等。

我在学校担任过多年的班主任，订阅过的班主任和学生教育类期刊包括湖北第二师范学院《班主任之友》（《班主任》）和河南大学《心理世界》等，研究班级管理、班级文化建设、班级活动设计、学生心理健康等，使我的学生教育工作科学、有效，支持我成为学校优秀的班主任之一。

二、家庭特色藏书，构建特色教育、教学与科研资料库

我从每本几角钱的书籍开始，逐渐构建了自己的特色理论书库。我的藏书十分丰富，摆满书房的一整面墙壁。我的藏书分类自成体系，能满足日常教育、教学、科研和教师专业发展的基本需要。

教育家的著作用于支撑建立教师的教育教学理论体系，既要有国内外著名教育家的普遍代表性，又要具有一定的独特性。教育家的地域、流派要有广泛性，教育家论著的内容要有代表性，比较重要的教育家著作可以尽可能多搜集一些。例如国外教育家杜威的著作、国内教育家朱永新的著作，我搜集得比较多。

我的国外教育家著作书单

［苏］苏霍姆林斯基《给教师的建议》（教育科学出版社1984年版）、苏霍姆林斯基《给教师的建议》（长江文艺出版社2014年版）

［捷］夸美纽斯《大教学论》

［美］约翰·杜威《艺术即经验》、《杜威教育文集》（5卷本）、《杜威教育名篇》

［美］R. M. 加涅《学习的条件和教学论》《教学设计原理》

［美］洛林·W. 安德森《布卢姆教育目标分类学》

［英］赫·斯宾塞《斯宾塞教育论著选》

［德］赫尔巴特《普通教育学》

［英］托·亨·赫胥黎《科学与教育》

［德］福禄培尔《人的教育》

［英］约翰·洛克《教育漫话》

［爱尔兰］弗兰克·M.弗拉纳根《最伟大的教育家：从苏格拉底到杜威》

……

我的国内教育家著作书单

陶行知《陶行知教育名篇》

朱永新教育文集《我的教育理想》《校园守望者——教育心理学论稿》《困境与超越——教育问题分析》《享受与幸福——教育随笔选》《诗意与理性——教育问答录》

李镇西《爱心与教育》

肖川《教育的理想与信念》

冯恩洪《创造适合学生的教育》

刘彭芝《人生为一大事来》

程红兵《好教师就是好教育》

……

教育学类著作是指导教师教育教学活动的专业书籍，是教师藏书主要类型之一。

我的教育学类书单

［日］佐藤学《教育方法学》

李剑萍、魏薇《教育学导论》

张文新、高峰强、司继伟《心理学与教育》

吴庆麟《教育心理学》

张楚廷《教育哲学》

范国睿《教育生态学》

陈玉琨《教育评价学》

范晓玲《教育统计学与SPSS》

施良方《学习论》

［美］David G. Armstrong《当代课程论》

王甦、汪安圣《认知心理学》

吴庆麟《认知教学心理学》

王汉澜《教育评价学》

王孝玲《教育统计学》

皮连生《学与教的心理学》

金娣、王钢《教育评价与测量》

孟庆茂、常建华《实验心理学》

［美］林格伦《课堂教学心理学》

［美］普莱斯顿·D. 费德恩、罗伯特·M. 沃格尔《教学方法：应用认知科学，促进学生学习》

［加］詹姆斯·C. 麦克戴维、劳拉·R.L.霍索恩《项目评价与绩效测量：实践入门》

［美］罗伯特·J. 马扎诺等《有效的课堂教学手册》

［美］Donald R. Cruickshank《教学行为指导》

［美］安奈特·布鲁肖、托德·威特克尔《从优秀教师到卓越教师：极具影响力的日常教学策略》

［美］托马斯·戈登《教师效能训练》

［美］格兰特·威金斯、杰伊·麦克泰格《追求理解的教学设计》

［美］梅雷迪斯·D.高尔等《教育研究方法导论》

［美］M.西尔伯曼《积极学习——101种有效教学策略》

陈向明《质的研究方法与社会科学研究》

周军《教学策略》

唐思群、屠荣生《师生沟通的艺术》

［美］詹姆斯·A.贝兰卡《深度学习》

高文《教学模式论》

夏慧贤《当代中小学教学模式研究》

林华民《世界经典教育案例启示录》

单中惠《教育小语：100位中外教育家的智慧感悟》

林逢祺、洪仁进《教师不可不知的哲学》

范良火《教师教学知识发展研究》

林崇德《教育的智慧——写给中小学教师》

……

教育史和学科史是纵向了解教育历史及学科发展史的专业书籍，有助于在教学中引导学生了解知识的发生、发展进程，也有助于教师设计可信的知识认知学习活动。

我的史学类书单

［以色列］尤瓦尔·赫拉利《人类简史》《今日简史》《未来简史》

林成滔《科学简史》

王炳照、郭齐家等《简明中国教育史》

王天一、夏之莲、朱美玉《外国教育简史》

顾明远《世界教育大事典》

田正平、肖朗《中国教育经典解读》

单中惠、朱镜人《外国教育经典解读》

梁宗巨《中国数学简史》《世界数学通史》

［美］比尔·柏林霍夫、费尔南多·辜维亚《这才是好读的数学史》

［美］李约瑟《中国科学技术史（第三卷数学）》

韩震《从中小学讲坛成长起来的杰出人物》

学科教育类是构建教师学科教育理论体系的主要内容，是教师藏书的主要种类之一。

我的数学教育教学理论类书单

张奠宙、唐瑞芬、刘鸿坤《数学教育学》

李玉琪《数学教育概论》

徐利治《徐利治论数学方法学》

郑毓信《数学方法论》《数学方法论入门》《数学教育哲学》

章士藻、段志贵《简明数学方法论》

于骏《现代数学思想方法》

郑君文、张恩华《数学学习论》

张永春《数学课程论》

郑毓信、王宪昌、蔡仲《数学文化学》

郝宁湘《数学历史文化》

魏超群《数学教育评价》

任樟辉《数学思维理论》

王坤庆《现代教育哲学》

蔡天新《数学与人类文明》

谢明初《数学教育中的建构主义：一个哲学的审视》

朱水根、王廷文等《中学数学教学导论》

毛永聪《中学数学创新教法：思维训练方案》

杨世明、周春荔、徐沥泉等《MM教育方式：理论与实践》

徐沥泉《教学·研究·发现——MM方式演绎》

杨世明、王雪琴《数学发现的艺术》

张奠宙等《数学教育研究导引》

史宁中《数学基本思想18讲》

张顺燕《数学的美与理》

汪天飞等《数学建模与数学实验》

……

学科经典类著作是指导教师了解进而建构整个学科基础理论的核心，必须选取权威的代表作，并在欣赏、对比、分析经典著作中，形成自己个性化的学科理论基础。

我的数学经典著作书单

马克思《数学手稿》

［美］莫里斯·克莱因《古今数学思想》《数学：确定性的丧失》《西方文化中的数学》

［德］菲利克斯·克莱因《高观点下的初等数学》

［美］R. 柯朗、H. 罗宾《什么是数学》

［俄］A. D. 亚历山大洛夫等《数学——它的内容，方法和意义》

［希腊］欧几里得《几何原本》

［英］艾萨克·牛顿《自然哲学的数学原理》

［美］波利亚《怎样解题》

王庆人《数学家谈数学本质》

张苍《九章算术》

数学通俗科普类可以作为将知识通俗易懂化处理的参考依据，也可以推荐给学生作为课外读物，还可以有选择地师生共读。

我的数学通俗科普类书单

［英］理查德·曼凯维奇《数学的故事》

［美］卡奈文·克劳森《数学魔法》

［英］劳斯·鲍尔、［加］考克斯特《数学游戏与欣赏》

［美］W. A. 威克尔格伦《怎样解题》

［德］汉斯·拉德梅彻、奥托·托普利兹《数学欣赏》

林群《画中漫游微积分——著名科学家谈微积分》

张景中《数学家的眼光》

宁正新《思辨数学真谛》

王玮《无处不在的数学》

吴振奎等《品数学》

郭民、秦德生《智慧数学》

梁衡《数理化通俗演义》

张景中"好玩的数学丛书"13卷，包括王树和《数学演绎》《数学聊斋》《数学志异》，易南轩《数学美拾趣》，吴鹤龄《七巧板、九连环和华容道——中国古典智力游戏三绝》《幻方及其他——娱乐数学经典名题》，谈祥柏《乐在其中的数学》，郁祖权《中国古算解趣》，孙荣桓《趣味随机问题》，李友耕《进位制与数学游戏》，徐品方、徐伟《古算诗题探源》，陈仁政《说不尽的π》《不可思议的e》

教育教学改革是一个持续、永恒的话题，我国每隔8—10年就要进行新的教育教学改革，在教育理念、教学目标、教学实施等方面都有较大的转变。教师必须第一时间通过权威专家的著作，深入理解教育改革的实质内涵，并迅速落实到教学实践之中。

我的高中数学新课程改革书单

史宁中《数形结合与数学模型》

张志勇《高中数学基础实验36课》

严士健、张奠宙、王尚志《普通高中数学课程标准实验解读》

郑强、邱忠华《走进高中数学教学现场》

王尚志、张思明《走进高中数学新课程》

王尚志等《理解与实践高中数学新课程》

金宝铮、韦蕾《中学数学教学优秀案例集》

广东省教育厅教研室《高中新课程数学优秀教学设计与案例》

林伟《在研究中寻找数学真谛》

苏同安《走进哲学，爱上数学》

卜以楼《生长数学：卜以楼初中数学教学主张》

多元智能理论是2008年以来教育教学改革的两大支柱之一。我有针对性地购买了关于多元智能的基础理论以及在学校教育、教学、管理中应用的经典书籍。

我的多元智能类书单

［美］霍华德·加德纳《多元智能》《智能的结构》《重构多元智能》

沈致隆《加德纳·艺术·多元智能》

刘竑波《多元智能与教师》

［美］David Lazear《多元智能教学的艺术——八种教学方式》

［美］Robin Fogarty《多元智能与问题式学习》

［美］Mindy Komhaber，Edward Fierros，Shirley Veenema《学校中的多元智能——创新的研究与实践》

张敏《多元智能视野下的学校德育及管理》

……

美育是学校教育的重要组成部分。只有在全学科教学中实施美育并相互融合，才是整体、完整、全面的美育。实施美育也需要相关美育理论的支撑。

我的美学美育书单

朱光潜《谈美书简》

曾繁仁《中国美育思想通史（11卷）》《美育十五讲》

叶朗《美学原理》

杜卫《美育论》

吴东胜《美育通论》

牛宏宝《美学概论》

刘兆吉《美育心理研究》

郭成、赵伶俐《大美育效应》

赵伶俐、温忠义《互联网+大美育课程论》

范蔚、赵伶俐《审美化教学论》

……

教育教学研究是理论与专业性很强的研究行为，需要各方面、各环节的理论支持。

我的教育教学研究书单

郑金洲《教师如何做研究》

蔡清田《教育行动研究》

杨章宏《教育实验研究》

徐建敏、管锡基《教师科研有问必答》

冯卫东《今天怎样做教科研：写给中小学教师》

徐世贵、刘恒贺《教师怎样做小课题研究——高效助力教师专化业成长》

沈英《教师校本研究与专业成长》

王积众、亓殿强《中小学校本研究指南》

陈桂生《到中小学去研究教育："教育行动研究"的尝试》

［美］Joanne M. Arhar，Mary Louise Holly等《教师行动研究——教师发现之旅》

仲丽娟《教师专业发展的叙事研究——一位中学教师的亲历亲闻》

刘祥《改变，从写作开始》

沈毅、崔允漷《课堂观察：走向专业的听评课》

胡庆芳《倾听课堂：教师行动研究例析》

毕义星《教育案例写作论》

吴刚平《校本课程开发》

柳夕浪《教学成果这样培育》

北京市、上海市、南京市2014、2018年基础教育教学成果奖优秀成果集

由于在日常教学中发现有些学生和老师有不同程度的心理问题，我参加了中国科学院心理研究所的心理咨询、正念训练学习培训，也购买了有关心理咨询的图书资料。

我的心理咨询类书单

郭念锋等《心理咨询基础知识培训教材（理论知识）》《心理咨询基础知识培训教材（操作技能）》

［美］乔·卡巴金《正念：此刻是一枝花》

［美］马克·威廉姆斯、丹尼·彭曼《正念禅修：在喧嚣的世界中获取安宁》

［意］法布里奇奥·迪唐纳《正念疗法：认知行为的第三次浪潮》

岳晓东《登天的感觉》《关键陪伴》《优势品格》《心理咨询基本功技术》
……

教师需要较扎实的文学基础，需要一大批关于国学、文学等经典类书籍的支持。

我的国学、文学、经典类书单

《四库全书》

纪晓岚《阅微草堂笔记》

王阳明《传习录》

圣铎《知行合一：王阳明心学》

《曾国藩家书》

洪应明《菜根谭》

孙武《孙子兵法》

《史记》（农梅珍编注）

《周易全书》《二十四史》（郑红峰编）

《黄帝内经》（张志聪集注）

《三希堂法帖》（梁诗正等编）

［英］亚当·斯密《国富论》《道德情操论》

［美］爱因斯坦《相对论》《相对论的意义》

［法］大卫·吕埃勒《机遇与混沌》

［罗］弗洛林·迪亚库《天遇——混沌与稳定性的起源》

［美］冯·诺依曼、摩根斯坦《博弈论与经济行为》

唐诗宋词、四大名著、三言二拍、世界经典宝库

……

还有励志、摄影、书法、篆刻等类别的图书。

第二节　读书学习，奠定教师坚实的教育理论结构

阅读是教师构建特色教育理论体系最直接、最有效、最主要的形式。在不同专业发展时期和教学场景，教师读书学习主要有六种方法。

一、博览群书法

大范围浏览教育理论书籍，短期内集中学习大量教育理论，适用于年轻教师，利用一至两年的时间形成特色教育理论体系。阅读经典的教育家著作，把握教育行为的总体方向和原则策略；阅读一些学科基础理论、学科经典图书、学科历史著作，把握学科理论体系的整体脉络；阅读一些学科教学理论著作，奠定学科教学所需的基础理论；阅读一些国学、文学方面的图书，提升自身的文化修养。

为满足教师博览群书的需要，学校图书馆设立教育理论专门书架，参加山东省图书馆配会，优先购买教育教学理论类图书。关于教育理论书籍的借阅，突破学校图书馆"一次可以借阅10本"的借阅规定，只需进行专门登记，就可以不受借阅时间和本数的限制。

二、理论联系实际读书法

选取一本比较经典、全面的教育理论书籍，在反复阅读中，联系教育教学实际，做好教育理论的实践解释。此法适合有一定实践经验的骨干教师为自

己的教育实践寻找理论支撑。理论联系实际读书法就是选取经典教育理论书籍，在细读、精读中联系教学实际。学习理论的同时，在书中夹纸条和做实践笔记。

我用此法读过林格伦的《课堂教育心理学》（章志光等译，云南人民出版社1983年版）。《课堂教育心理学》比较集中地介绍了教育心理学的基本理论和学习、课堂管理、集体教育、问题行为、心理卫生、教师心理学等方面的理论知识。该书在每一章简明扼要地阐述理论的同时，十分注重联系课堂教学及教育实际，介绍了大量实验材料，用以说明问题。

《课堂教育心理学》第19页谈及教师的经验：也许对于作为应用科学的教育心理学做出贡献最大的人群，是那些同时也是它最重要顾客的那些人——教师自己。因为正是他们提供了很多研究设计开端的动力和激励。我感同身受，十分珍视向专家学习的机会，这让我学到书本上没有的理论与实践知识。我向外出考察的桓台实验小学张连聿校长请教治学与管理之道，向参加数学方法论年会的王光明博士了解教育改革最新动态，向周春荔教授请教数学方法论，聆听天津特级教师杨世明的混沌理论和复杂系统。作为山东省首批齐鲁名师，我参加了5年国内外培训，聆听了众多专家学者的教育教学全方位的理论与实践报告，也在相互交流中得到同伴帮助，不经意间解决了困扰自己的众多教育难题。被评为"齐鲁名师"，我有了更多的学习机会，先后在首都师范大学、湖北大学、中国人民大学附属中学、北京大学5次参加教育部国培计划培训。先后在华东师范大学、美国康州教育厅、烟台师范学院、山东教育学院、南京晓庄学院、南通市教科院参加省市培训8次。2019年7月通过申请、审核，成为2019年华东师范大学全国特级教师、正高级教师高级研修班46名学员之一。多次聆听高中课程标准修订组组长王尚志、史宁中关于课程体系和模块设立的报告。多次聆听张饴慈、曹一鸣、章建跃、张思明对数学教材的有效把握。聆听顾泠沅、王建磐、谈胜利、范良火从学科发展、高等数学、学科前沿角度对数学学科内涵与外延的把握。清华大学谭浩强教授的《怎样走向成功之路》令人感动，林群院士以退为进"退到原点，可进到任何不可知领域"的观点让人终生难忘。南通初中数学李庾南老师，担任两个班的数学教师和班主任，在全国各地推广"自学·议论·引导"教学法几十年，令人敬佩。上海国培学员周宁医"改变一点点，一点点改变"的观点道出了教师专业发展的真谛。湖南国培学员夏远景的"把平凡做到极致就是非凡"正是他成功的法宝。人生经历是十分珍贵的实践财富。我担任山东省特级教师、齐鲁名师、淄博名师、潍坊名师、水城名师评选和培养任务，在短时间集中学习其他教师的优秀成果，亲眼看见全省优秀教师的教育创新；连续11年担任全省远程研修指导教师和省专家，整体把握了全省高中数学教师的关注重点和问题聚焦；担任淄博校干、中干、骨干教师研修指导教师，全面了解各学校办学理念和管理方式，承担省市教育科研课题的立项、结题及成果奖评选任务，摸清了教育科研的整体走向及优秀成果的实质内涵。以上工作极大地丰富了我的教学理论与实践宝库。以此为基础，我对教学环节和因素进行专题研究。

《课堂教育心理学》第138页论述了"学习者与同辈的关系"：学生有联系他人的需求，需要同辈集体的规范。我的实践是"建立学习共同体"。建立4—6人的学习共同体小组，小组成员互帮互学，在独立思考的基础上开展合作。自己能学会的不依赖别人，小组讨论能解决的不依赖中心组和老师，从机制上保证了学习方式的根本转变。选拔学科基础较好的10人组建班级学习中心组，每周一次定时解答各小组自身解决不了的提交到中心组的疑难杂题，同时将中心组也解决不好的问题和需要老师重点讲解的问题报告给老师，老师课上集中解答。

《课堂教育心理学》第306页论述了教育教学"引人注意的需要"。我的实践，一是让学生持续地整体喜欢我教授的数学学科，能对数学学科投入足够的精力和情感；二是课堂教学采用情境化设计，引发学生对每节课的探究兴趣；三是对课堂教学进行审美化设计，让学生在学习数学时有更加美好的体验。

《课堂教育心理学》第660页谈到了教师"教学的行政角色"：教师扮演许多角色，这些角色相互联系并且相互重叠，有些角色相互补充而有一些又彼此矛盾。我的实践是，充分扮演好自己的每一个角色，优质完成每一项学校交办的任务，让自己的不同角色之间相互促进。2001年左右，我同时担任学校的大教研组长、年级备课组长、班主任、两个班的数学教师、教务处副主任、年级

副主任、年级组长，这是我承担角色最多的几年，也是我成长最快的时段。作为教务处副主任，我负责全国高考的组织工作，针对学生高考过程中出现的时间分配不合理、涂卡错误、草稿纸运用不合理、试卷答题排列不科学等问题，在年级、大教研组、年级备课组和所教班级等不同层面进行相关的指导与培训，收效显著。

三、实际联系理论法

结合教育教学的问题，寻找有针对性的书籍，集中解决所涉及的理论问题。为开展教育科研中的专题研究和课题研究，我采取"实际联系理论读书法"奠定课题研究的理论基础，围绕课题集合一组相关书籍和论文，集中解决学习所涉及的理论问题。

围绕"教学策略"，我读过《教学策略》《教学方法——应用认知科学，促进学生学习》《有效的课堂教学手册》等书；"心智数学教育方式"的理论基础是"数学三论"、建构主义、多元智能理论。我读了《数学方法论》《数学学习论》《数学文化论》等8本著作，确保研究的学科特点；下载学习了几十篇建构主义研究论文，了解建构主义各种流派；围绕多元智能，我学习了经典著作《智能的结构》，也学习了《重构多元智能》《多元智能教学的艺术：八种教学方式》《多元智能与问题式学习》《多元智能与教师》等7本著作。

申报"普通高中实施全学科美育的理论与实践研究"项目，我从知网搜索下载了1200多篇论文，先分类整理出200篇参考文献，又精选出32篇核心论文，与《美学原理》《美育论》《美育通论》《美育十五讲》《美学概论》《美育心理研究》《审美的身心基础》《大美育效应》《互联网+大美育课程论》《审美化教学论》等构成课题研究参考文献群。

教育理论与实践的结合，优化了我的教育理论架构。我针对教育问题开展专题研究，从日常教育事件与偶然现象中捕捉教育契机，从教育行为中发现教育实践的灵感与智慧，从实践经验与教育取向中发掘研究课题，专业水平、教学能力发生了质的飞跃，成长为齐鲁名师。

四、跨界读书法

跨界读书就是阅读一些教育教学以外的专业书籍，站到更高处，跳出教育看教育。跨界读书法也是教师继续成长的最有效学习方法。我用此法读过《国富论》《道德情操论》《黄帝内经》《孙子兵法》《相对论》等非教育类图书。

我反复读过亚当·斯密的《国富论》《道德情操论》等市场经济著作。《国富论》认为人的本性是利己的，追求个人利益是人从事经济活动的唯一动力。同时，人又是理性的，作为理性的经济人，人们能在个人的经济活动中获得最大的个人利益。如果这种经济活动不会受到干预，那么，经由价格机制这只"看不见的手"引导，人们不仅会实现个人利益的最大化，还会推进公共利益。《国富论》这部著作奠定了资本主义自由经济的理论基础，该书的出版标志着古典政治经济学理论体系的建立，堪称西方经济学界的"圣经"。市场经济中"每个人好像被一只无形的手牵着去实现一种他根本无意要实现的目的……他们促进社会的利益，其效果往往比他们真正想要实现的还要好"。反映到教育中，"这只无形的手"就是市场经济下的当今教育规律，学校和教师对学生施加的影响，就应像"这只无形的手"，在无声无息中自然地影响学生，这是当今最理想的教育方式。

中医讲究辨证施治，找到病根"头痛医脚"，这与教育学生需要分析现象背后的原因与根源是一致的，为此我读《黄帝内经》，听过梁冬对话徐文兵《黄帝内经》，也读了《黄帝内经》的不同版本。

跨界读书也包括读一些电子书籍，听或观看一些专题视频报告。齐鲁先锋山东干部学习平台2012年10月开通，集合了大量中央党校、国家行政学院、清华大学、北京大学等高校教授的讲课视频。我如获至宝，从经济专题开始，分专题观看。四年多观看了1870多个视频，记读书笔记10本。这使我站在制高点上，跳出教育看教育：公务员的九种能力是教师应具备的；国家社会、经济运行规律与教育发展规律是相通的，中国特色社会主义理论对当前的教育改革有很强的指导作用；经济要以市场为中心，教育要以学生发展为本。当前教师主导作用就像市场经济中的宏观调控，要有"量"和"时机"的把握，教师专业发展，也需要树立科学发展观。

我退休后仍然坚持跨界学习，在"有书共读"平台听书读书。"2022年最值得读的100本书"，每天听1本。"21天重温文学经典"的21本书，每天听1本。150天持续学习"《传习录》：王阳明的修心智慧150天"，每天听书20分钟。120天持续学习"曾国藩：千古完人的人生智慧120天"，每天听书15分钟。"有书共读"每本书听7天，每天听书20分钟，截至2023年年底，完成31本书的学习。

五、专人读书法

教师专业发展的高原期宜采用"专人读书法"，就是尽可能搜罗某教育家的全部著作，进行集中学习，整体把握其教育思想。

2009年，我作为淄博市教师继续教育用书《现代教育理论导读》的编写提纲制定者和主要编者，利用周末和寒假，集中读了《杜威教育文集》（5卷本）和《杜威教育名篇》六部书，全面了解了杜威"我的教育信条""儿童中心论""教学做合一""教育无目的论"等教育思想，发出了"读读杜威"的感慨。通过广泛阅读杜威的著作，我完成了淄博市继续教育用书《现代教育理论导读》第三章"杜威的教育思想"6万字的编写，对杜威经典的教育思想有了深入、整体的理解。在淄博市教育局的安排下，我到当时全市各区县逐一讲读，受到广大教师的高度评价。

杜威教育理论是立足于现代社会物质文明和精神文明基础之上的现代教育理论，旨在解决"教育与社会生活的脱离、教育与儿童生活的脱离、理论与实践的脱离"这三个重要问题。这三个问题一直困扰着每个时代的教育研究者和实践者，不仅杜威时代存在，现在乃至将来依然会存在。杜威所提出的一些看法也许不能全然合乎各国国情，但他解决现代教育问题的思路及其理论所反映出的总体精神，在具体论述中所提出的观点，对当今教育都具有重大理论价值与实际意义。现辑录杜威部分经典论述和观点，以示说明。

杜威的教育信条

第一，什么是教育。一切教育都是通过个人参与人类的社会意识进行的。

第二，什么是学校。学校主要是一种社会组织，是社会生活的一种形式。

教师在学校中并不是要给儿童强加某些概念，或使其形成某种习惯。成人与教育者对儿童的行为必须进行"引导"，这种"引导"要让儿童能自觉地接受，因为"强制"是不会有良好教育效果的。

第三，教材问题。学校科目联系的真正中心不是科学，不是文学，不是历史，不是地理，而是儿童本身的社会活动。

第四，教育方法的性质。教育方法的问题就是儿童能力和兴趣的发展问题。

第五，学校与社会进步。教育是社会进步和社会改革的基本方法，教育是达到分享社会意识过程中的一种调节。

杜威提倡"做中学"，提出"教育即生活、生长和经验改造""学校即社会。学校是一种特殊的社会环境"等著名论断。

杜威指出："学校是一种简化了的社会，不像成人社会那样复杂；学校是经过精选的社会，不像成人社会那样良莠不齐；学校是经过组织和条理化的社会，不像成人社会那样庞杂；学校在多种影响中求取平衡，不像成人社会那样充满冲突。"

杜威提出独特的教育无目的论："教育目的存在于发展过程中，教育目的是由当前向未来发展而逐步实现的。"

杜威针对学生的思维和教师的教学，提出"思维五步"和"教学五步"。

杜威"思维五步"：第一，暗示，在情境中感觉要解决问题的暗示；第二，理智，明确要解决的疑问是什么；第三，假设，提出解决问题的假设；第四，推理，推断锁定假设的内在含义；第五，检验，用行动检验假设，从而解决疑难，取得直接经验。

杜威"教学五步"：第一，学生要有一个真实的经验情境，要有对活动本身感兴趣的连续性活动；第二，在这个情境内部产生一个真实的问题，作为思维的刺激物；第三，学生要占有知识资料，从事必要的观察，对付这个问题；第四，学生必须一步一步地展开所想到的解决问题的方法；第五，学生要有机会通过应用来检验他的想法，使这些想法意义明确，并且去发现它们是否有效。

《现代教育理论导读》第三章"杜威的教育思想"引言："按几何图形排列着一行行简陋的课桌，紧紧地挤在一起，很少有移动的余地；这些课桌的大小几乎都是一样的，仅能够放置书、笔和纸。另外，有一个讲台，一些椅子，光秃秃的墙壁，还可能有几幅画。""这一切都是有利于'静听'的，单纯地学习书本上的课文，标志着一个人的头脑对别人的依赖性。"这是杜威对19世纪末美国学校教室的形象描述。然而，这样的情境却惊人相似地还出现在21世纪中国的教室里。当我们的教育迈入新时代的时候，或许我们会突然发现，今天面临的许多教育问题，在杜威那儿都能给予我们新的启迪。这正是我们选编杜威教育思想的原因。其中，"许多"是最终稿的修改，初稿时用的是"所有"，足见我通过专人读书法读杜威著作的深刻感受。

六、教师共读法

采取全体共读、共读个性化图书、共读教师荐书三种方法。

全体共读一本书，就是教师以学校为单位，集体共读同一本教育理论书籍。这种方法有利于大范围统一教师的思想和行为，有利于教师教育理论的整体提升和教师专业可持续发展。根据教师需要，学校先后组织教师共读过苏霍姆林斯基的《给教师的建议》，冯卫东的《为"真学"而教：优化课堂的18条建议》《点亮教育人生的灯："教学主张"论》，格兰特·威金斯、杰伊·麦克泰格的《追求理解的教学设计》，等等。

共读新版《给教师的建议》是为了让全校教师整体学习苏霍姆林斯基的完整性、丰富性、全面性、深刻性的教育思想。理解苏霍姆林斯基人道主义的教育核心思想，理解他"相信每一个孩子"的教育信条，理解他"设计的教育目标是要培养人的和谐全面发展"，了解他关于德育、智育、体育、美育、劳动教育和学生个性发展的教育观。

《追求理解的教学设计》对于当今正在深入开展的基础教育课程与教学改革来说，是一本非常有价值的书。共读《追求理解的教学设计》是为了让全校教师理解"逆向设计"的概念和方法，以避开学校教学设计中聚焦活动的教学和聚焦灌输的教学两大误区；掌握对教与学设计具有关键意义的解释、阐明、应用、洞察、神入、自知六个侧面，逐渐掌握旨在"促使学生参与探究活动，提升迁移能力，为学生提供理解概念的学习框架，解释与内容相关的大概念"的课程与教学设计方法。

共读《为"真学"而教：优化课堂的18条建议》，是引导教师从具体的18条建议入手，实现让学习真正地发生，让真学不但发生在学校里、课堂上，而且发生在社团、社会等非课堂的学习情境中。通过"真正地学习"实现"真正的学习"。通过"倾听教育""经历教育""玩—动课程"，在"教—学—玩"中让"真学"发生。

教学主张是教师高度凝练化、具体化、个性化的教育思想。共读《点亮教育人生的灯："教学主张"论》，让全校教师在长期教学、学习、研究中，不断总结、反复打磨、高度凝练，形成自己的教学主张，回应"教学是什么""教学该怎样""教学往哪里"等根本性问题。促使教师做教学上的"明师"，培养学校各学科叫得响的专业"主帅"，培育更多有较大影响力的省、市、国家级"名师"。

"全体共读个性化图书"就是每年学校统一让教师个人购买5本图书并给予报销，教师年内读完个性化的图书，并召开读书交流会，交流读书体会。教师在个人读书的基础上，选取最优秀的一本，撰写500字的荐书辞，向全校教师推荐。

全体教师"共读教师荐书"就是教师共读全校教师的荐书辞汇总。在此基础上，每位教师有选择地从中选取部分图书，纳入下一年度个性化阅读，进行详读和精读。学校应不断优化和完善全校教师的共读体系。

学校还开展了学生共读、师生共读、亲子共读、学科荐书共读等读书方式。

通过六种读书方式，教师在读书学习中逐渐构建起具有学科特点和自身特色的教育理论体系、学科教学核心理论体系和新课程改革核心理论体系。

第三节　构建数学学科教学核心理论体系

　　作为一名高中数学教师，我选取了"数学三论"（数学方法论、数学学习论、数学文化论）作为数学学科教育教学与学习研究的核心理论体系，奠定"构建高中数学心智数学教育方式、总结高中数学教学策略、找寻高中数学教育中存在的问题、开展高中数学美育"等高中数学教育教学研究与实践的理论基础。

一、数学方法论

　　数学方法论是研究数学发展规律、思想方法以及在数学中发现、发明与创新法则等的新兴科学，对数学活动、数学研究和数学教学产生积极影响，包括数学家的思维方式、数学发现的方法、数学发现和发明的方法规律、数学发展的动力、数学科学体系的形成等内容。

（一）数学家的思维方式——化归与转化

　　数学家在解决问题时往往不是对问题进行直接攻击，而是通过变形、转化，最终化归成将待解决的问题，这就是化归与转化的数学思想。化归的思想应贯穿于数学学习和教学的全过程。化归的方向一般是由未知到已知、由难到易、由繁到简。数学教学中经常用到的化归是由一般到特殊，即由特殊到一般发现规律，再由一般到特殊运用规律解决问题。这也是人类认识问题的基本规律。

　　在实际运用化归法求解问题时，常常需要多次化归。化归往往不是单向的、完全确定的过程，而是多次反复与尝试的复杂过程。化归法的核心思想是以可变的观点去看待问题，善于对所要解决的问题进行变形。在变形过程中，应始终盯住目标，始终考虑怎样才能达到目标。同时，在解题过程中必须保持一定的灵活性，对每条道路都加以探索，避免陷入死胡同。在保持一定的韧性，不轻易放过已有的工作的前提下，还要考虑如何才能更快、更有效地解决问题，在各种可能的途径之中进行有效选择。

（二）数学发现的方法——合情推理

数学发现既是一种自觉的、逻辑的思维活动，也是一种无意识的、非逻辑的思维活动。数学中的合情推理，就是合理的猜测方向。数学结论及相应的证明是靠合情推理才得以发现的。在获得一个数学命题之前，必须先猜测这个命题的内容；在完全做出证明之前，要反复猜测证明的思路。数学教学不仅应当使学生学会严格证明的方法，也应当使学生学会运用合情推理进行猜想的方法，合情推理包括类比、归纳等形式。

类比是提出新问题、做出新发现的重要途径，不仅可用于发现新问题，也可用于对猜测进行检验。类比法是一种通过比较，由已知的事实引出新猜想的方法，是由已知向未知推广的方法，在求解问题中也有着广泛的应用。

归纳是指通过对特例的观察和综合去发现一般规律。归纳的典型步骤为：首先，注意到问题的一些相似性；其次，把这种相似性推广为一个明确表达的一般命题；最后，对所得的一般命题进行检验，即进一步考察其他特例，如果所考察的命题是正确的，对原命题的正确性就会增强信心，而如果出现了不正确的情况，就应对原来的猜测进行改进。

（三）数学发现和发明的方法规律——数学启发法

美籍匈牙利数学家波利亚进行了关于"发现和发明方法规律"的研究，提出了"怎样解题表"，总结出了一般解题思考方法，构建了四阶段"怎样解题系统"。分析解题过程是解题思想的思维实质，念头诱发是解题思想的外在表现，问题转换是解题思想的具体实现，元认知观念是解题思想的心理学基础，丰富的数学研究经历和发现体验是解题思想的基础，现代启发法是解题思想的灵魂。

波利亚对解题过程的剖析，是在数学前沿研究中切身体验的自然流露。体现了原有的知识经验和优化的认知结构对问题解决的基础作用。在数学课上应带领学生体验自己想出一个好想法的快感。好想法是直觉、顿悟或灵感。好想法往往出现在持续的问题思考之中。

在解题时，弄清问题是为好念头的出现做准备，拟订计划是为引发好想法，在引发之后，回顾解题过程和结果，是为了更好地利用它。教师为学生所能做的最大好事是通过比较自然、恰当的帮助，促使学生想出一个好想法。这种帮助不是那种挤牙膏式的启发，而是在学生深入思考似有所悟时的看似轻轻的但又恰到好处的点拨。

问题转换揭示了探索解题思路的数学途径，体现了解题策略的实际运用，也是数学方法论在数学解题中的具体体现。解题的成功要靠正确思路的选择。在"怎样解题表"中，波利亚拟出了启引不断转换问题的30多个问句和建议。把问题转化为一个等价的问题，把原问题化归为一个已解决的问题，去考虑一个可能相关的问题，先解决一个更特殊的问题，或更一般的问题，或类似的问题……正如波利亚说过的："如果我们不用题目变更，几乎是不能有什么进展的。"在数学教学中要引导学生充分运用联想、类比、对比等合情推理发现与原问题有关的、对问题解决有效的新问题。

（四）数学发展的动力——美的追求

数学的美无疑给了数学家们极大的精神享受，更为重要的是美学因素也在很大程度上影响着数学的发展。数学家依据美学上的考虑来决定自己的研究方向，人们对于数学的美感也具有强烈的感情色彩。数学美既不是虚无缥缈、忽有忽无的东西，也不是纯粹主观、不可捉摸的东西，而是有其确定的客观内容，包括简单美、和谐美、统一美、奇异美等。

简单美是数学美的基本特征。数学中所谓美的问题是指对于一个难于解决的复杂问题，找到一个简单的证明和回答。数学家常常以简单作为追求的目标。和谐美是指组成某一事物或对象的各个部分的对等性。在数学发展史上，和谐美在一定程度上促进着数学的发展。统一美是指部分与部分、部分与整体之间的和谐一致。匀称性、不变性的概念都从属于统一性。奇异美有新颖性的含义，也有"出乎意料"的含义，奇异所引起的是赞叹、惊愕和诧异。在数学研究中，奇异性结果的获得往往会使数学家受到很大震动。就数学的发展而言，奇异性结果的获得在一定程度上意味着旧观念的崩溃，只要敢于面对现实，善于分析研究，人们的认识就可能因此产生飞跃，其中往往孕育着新的巨大发展的可能性。

物质世界是统一的，作为反映客观世界数量规律的数学理论在本质上也是统一的。物质世界的多样性统一，决定了数学理论的统一也是一种包含奇异的统一，是和谐与奇异的统一体。对于统一性与奇异性的追求实质上就是对于数学理论的内在联系，即数学真理的追求。对美的追求促进了数学的发展。

（五）数学科学体系的形成——数学抽象

对象抽象性与方法抽象性。一切数学对象都是抽象思维的产物，数学抽象就是由具体事物中抽出量的方面的属性或关系。数学对象的逻辑建构包含理想化、模式化、精确化、自由化、形式化五个方面。

理想化——数学抽象的过程往往包含了对事实或现象的必要简化和完善，是一个理想化的过程。

模式化——数学对象的逻辑建构是一个重新构造模式的过程，通过切断与现实原型的联系而使数学对象获得独立的存在性。这样形成的数学概念或数学理论具有更为普遍的意义，所反映的是一类事物在量方面的共同特性。

精确化——数学对象的逻辑建构是借助于纯粹数学语言完成的，以一义性、简单性、相容性作为准则，保证所得出的数学概念具有普遍意义，这是一个精确化的过程。

自由化——数学对象的逻辑建构在一定意义上意味着与真实的分离，为思维的创造性活动提供了极大的自由性，通过思维的自由想象构造出各种可能的数学模式，创造出一个无限丰富的数学世界。

形式化——数学对象的建构是一种重新构造活动，只能依据相应的定义去进行形式化的推理。

数学抽象包括等置抽象、弱抽象、强抽象、存在性抽象等形式。

等置抽象是指由一些对象抽象出其中所存在的共同特性。包含三个步骤：第一，对所研究的实际问题和现实原型，要分析其对象与关系结构的本质属性，确定其数学模型的类别；第二，要确定所研究的系统并抓住主要矛盾和主要因素间的关系结构；第三，要进行数学抽象，解应用题可以被看作培养理想化抽象能力的一个有效途径。

弱抽象就是指由原型中选取某一特征加以抽象，从而获得比原结构更广的结构。由现实原型出发去构造相应的数学模式就是一个弱抽象过程。一些重要数学概念的历史演变事实上就是一系列弱抽象的过程。实现弱抽象的关键在于如何对原型性质做出分析，并从中分离出某个或某类特性，以明确的数学语言去表达分离出来的特性，并以此为定义去构造出更新的、更为一般的对象。

强抽象就是指通过引入新的特征来强化原结构而完成的抽象。获得的新结构是原结构的特例。利用"弱抽象"与"强抽象"也可对各种数学概念的相互关系做具体分析，这对于弄清概念的层次结构，深入理解相关的理论是十分有益的。

存在性抽象作为思维能动性的一种重要表现形式，有时可以假设一个原先认为不存在的对象的存在性，即引进所谓的理想元素，并由此发展一定的数学理论。在应用存在性抽象引进新的数学对象时，特别重要的是如何去证明由此所得出的新的数学理论的合理性，就是如何去证明新的数学理论是相容的。

二、数学学习论

数学学习论是运用系统论的观点，全面论述数学学习的一般过程和特殊过程，认知因素和非认知因素，家庭、学校、社会对数学学习的影响；论述数学学习观、数学学习的基本原则和基本方法；揭示数学学习的特点和规律；等等。

（一）数学学习的认知过程

数学学习的认知过程包括数学学习的一般过程、数学概念、数学命题、数学技能、数学思想方法的学习。

1. 数学学习的一般过程

数学学习论的不同流派提出了数学学习的网状模式、环状模式及阶梯模式。

网状模式把学习过程分为学、思、习、行四个阶段，其中学是闻见、感知阶段，思是理解加工阶段，习是熟练、巩固阶段，行是应用、实践阶段。学和思是获得知识、技能的过程，习和行是形成能力和德行的过程。从学到行，就是学习的过程。

环状模式把学习过程归纳成包含定向环节、行动环节和反馈环节的环状结构系统。

阶梯模式认为，数学学习过程结构分为动机阶段、选择阶段、获得阶段、保持阶段、回忆阶段、概括阶段、作业阶段、反馈阶段八个阶段，这八个阶段分别对应预期、注意、编码、储存、检索、迁移、反应和强化八种心理过程。

数学学习过程分为输入阶段、相互作用阶段、操作阶段、输出阶段四个阶段。输入阶段就是创设学习情境，为学生提供新的学习内容和情境。新学习内容输入后，学生原有的数学认知结构与新学习内容之间相互作用，数学学习就进入相互作用阶段。这种相互作用有同化和顺应两种基本形式。操作阶段是通过练习、讨论、探究等活动，使新学习的知识得到巩固，初步形成新的数学认知结构和技能。输出阶段通过解决数学问题，使初步形成的新数学认知结构臻于完善，最终形成新的数学认知结构。

2. 数学概念的学习

数学概念的学习可分为概念形成、概念同化两种基本形式。概念形成是指在教学中，从大量具体例子出发，从学生实际经验的肯定例证中，以归纳的方法概括出一类事物的本质属性；学生学习直接用定义形式陈述概念时，会主动与其认知结构中有关概念相互联系、相互作用，并领会新概念的本质属性，从而获得新概念，这种获得概念的方式就是概念的同化。概念的形成主要依靠对具体事物的抽象，而概念的同化则主要依靠学生对新旧知识的联系；概念的形成与人类自发形成概念的方式接近，而概念的同化是具有一定心理水平的人自觉学习概念的主要方式。在高中，低年级概念形成比较多，高年级则以概念同化为主，概念形成和概念同化往往是结合使用的。

3. 数学命题的学习

命题的学习有下位学习、上位学习和并列学习。在下位学习中，新定理可以直接和原数学认知结构中有关的知识发生联系，直接纳入原数学认知结构中，充实原有的认知结构。在下位学习中，新定理和原有认知结构的作用方式是同化。上位学习是通过对已有观念进行归纳、综合与概括，改进原来的认知结构为新的认知结构而完成的。新定理概念之间的关系是通过归纳、概括比它层次低的有关知识获得的。上位学习中，依靠的是顺应。并列学习的关键在于寻找新定理与原有认知结构中有关知识的联系，使它们在一定意义下进行类比。

4. 数学技能的学习

数学技能是在数学学习过程中，通过训练而形成的一种动作或心智的活动方式。中学数学技能可分为心智活动技能和动作技能。数学动作技能学习的过程主要分为认知、分解、定位、自动化四个阶段。数学心智活动技能的学习过程可分为认知阶段、示范模仿阶段、有意识的口述阶段、无意识的内部言语阶段。

5. 数学思想方法的学习

数学思想方法的学习，贯穿于数学教学的始终。其意义在于促成由对于正确方法的不自觉的运用，向有意识、自觉应用转化。

数学思想方法的学习大致经过三个阶段。一是数学思想方法学习的潜意识阶段。在数学课初始阶段，学生更加注意数学知识的学习，对于联结这些知识的观点，以及由此产生的解决问题的方法与策略，处于懵懵懂懂、似有所悟的境界。二是数学思想方法学习的明朗化阶段。学生接触过较多的数学问题之后，数学思想方法的学习和认识逐渐明朗，开始理解解题过程中所使用的探索方法与策略，这也是在教师有意识启发下逐渐形成的。三是数学思想方法的深刻化阶段。学生依题意，恰当运用某种思想方法进行探索，以求问题的解决。数学思想方法学习的进一步学习和深化期，也是实际运用数学思想方法的阶段。在深化期，学生通过解决探索性问题和综合题，掌握寻求解题思路的一些探索方法。

（二）思维发展与数学学习

学习数学、解决数学问题的过程是一个思维活动过程，涉及思维的形式、方法、内容，即数学的对象、性质，以及数学的特点和它的思想方法等。学生学习数学、解决数学问题运用的是数学思维，它是以数和形为对象，以数学语言和符号为思维载体，并以认识和发展数学规律为目的的一种思维。数学思维具有抽象性、严谨性、统一性，主要有发散思维与收敛思维、正向思维与逆向思维、直觉思维与逻辑思维、再现性思维与创造性思维、函数思维与空间思维等。

数学学习要以学生一定的思维发展水平为前提，与学生的思维发展进程相吻合，既不能不顾学生思维发展的阶段、水平，要求他们学习难度过大或过于抽象的内容，造成"消化不良"和学习负担过重，也不能低估学生思维发展水平，降低学习要求，阻碍学生学习潜力的发挥，造成教学内容贫乏和过易，影响学生思维发展和能力提高。

学生学习数学的方式方法是随着思维发展而变化的。处于理论性思维的高中学生可以摆脱具体的例子与经验这根拐杖，直接理解用语言或符号陈述的新概念。在学习概念时使用具体例子，是为了理解它的真正抽象意义，使学习更生动、更鲜明。

从思维的角度来分析，学生采用什么样的思维方式，往往与学习材料的新旧、难易密切相关。如果学习内容是学生首次接触的新学科或超过了一定难度，他们学习这些内容的思维发展水平就可能会倒退到原来的思维发展阶段，如从理论型思维倒退到经验型思维。比如，在学习立体几何这门新学科时，虽是高中生，仍需举出实例、观察实物或制作模型才容易接受。

在数学学习中会产生思维定式。思维定式是一种思维的定向预备状态。在许多情况下，思维定式表现为思维的趋向性和专注性，成为展开有效思维活动的条件，这是思维定式有益的一面，产生着积极影响，表现了它的正迁移作用。有时，思维定式会引起负迁移，表现为思维的呆板性。在思维定式的影响下，学习者不容易改变思维方向，不能从多种角度全面整体地看问题。必须培养使用基础知识和运用基本技能的思维，基础知识和技能是继续学习的重要基础，具有广泛的通用性。要培养那些具有解题效用的，能导致某些问题解决的一般思维策略，这些思维定式能产生正迁移作用，将一般问题特殊化，将抽象问题具体化、形象化，将复杂问题单纯化，将生疏问题熟悉化。通过运用反例和特例，深刻理解概念、公式、定理的实质，分清新旧知识之间的联系与区别，培养优良的思维品质，形成避免思维定式的基础。

（三）数学学习观

数学学习观就是学生对数学学习的认识、看法和态度。包括数学价值观、数学禀赋和勤奋学习观、勤奋学习的高目标观、自主学习观等。数学研究的对象是客观世界的空间形式和数量关系，而客观世界的种种事物总有"形"与"量"方面的表现，数学成为其他各门学科的工具和助手，又为现代生活所必需，还是个人文化修养的重要组成部分。数学在训练人的思维、思想方法以及陶冶人的精神方面有着重要的作用。这种对数学价值的认识直接推动着数学的学习。学生在数学学习中，会有意或无意地对自己是否适宜数学学习或能否学好数学做出判断。要正确认识数学禀赋与勤奋学习的辩证关系，要使数学学习获得成功，需要具备很多条件，其中勤奋学习是最基本的一条。人的智力潜力是很大的，远没有被充分发掘出来。学生在学习数学时要根据自己的情况，提出较高的学习目标，这个学习目标需要通过自己的努力，刻苦钻研和改善学习方法才能达到。学生数学知识、技能的获得，数学能力的提高，直至目标的实现，都是在教师的指导下，通过自己的努力和发挥主观能动性实现的。在数学学习中，决不能忽视学生自身的巨大作用，学习活动是在学生的头脑中进行的，别人无法代替，学生是学习的主体。波利亚说过："教师在课堂上讲什么当然是重要的，然而学生想的是什么却更是千百倍的重要。思想应当在学生的脑子中产生出来，而教师仅仅只应起一个产婆的作用。"

三、数学文化论

数学是构成整个人类文化的有机组成部分。数学文化论是指从文化视角对数学所做的分析。这不仅从更为广泛的角度指明了影响数学历史发展的各个因素，还涉及对于数学本质及其价值更为深入的认识，包含数学文化观念、数学传统下的活动、数学发展的动力和规律等。

（一）数学文化观念

数学对象是人类抽象思维的产物，是以"数学共同体"为主题，在一定文化环境中所从事的创造性活动，数学就是一种文化。数学作为整个文化的一个有机组成部分，不仅整体文化环境对于数学的发展有重要影响，对于整个文化，特别是人类文明进步也有重要作用，这就是数学的文化价值。数学的文化价值体现的是数学对于观念、精神以及思维方式的养成所起的重要影响。

首先，数学对于人类理性精神的养成与发展有着特别的重要意义。著名数学家克莱因指出：数学是一种精神，一种理性精神，正是这种精神，激发、促进、鼓舞并驱使人类的思维得以运用到最完善的程度。正是这种精神，试图影响人类的物质、道德和社会生活；试图回答有关人类自身存在的问题；努力去理解和控制自然；尽力去探求和确立已经获得的知识的最深刻、最完美的内涵。

其次，数学有着重要的思维训练功能，这不只是指逻辑思维的训练，而是有着更为广泛的含义。数学并非对于客观事物或现象量性特征最直接的研究，而是建构相对独立的模式，并以此为直接对象来从事研究。作为模式科学，数学对于人们抽象思维能力的培养有着特别的重要性。柏拉图说：哲学家也要学数学，因为他必须跳出浩如烟海的万变现象而抓住真正的实质。又因为这是使灵魂过渡到真理和永存的捷径。

最后，还应突出强调数学对于人们创造性思维发展的重要作用。由于数学的研究对象并不一定具有明显直观背景，而是各种可能的量化模式，就为人们创造才能的充分发挥提供了最为理想的场所。这显然也是美学因素在数学研究中占有特别重要位置的一个直接原因。

（二）数学传统下的活动

数学活动论就是指把数学看作一种由语言、问题、方法、命题及数学传统等多种成分组成的复合体。这种观点事实上是把研究的着眼点由数学活动最终成果扩展到整个活动。与那种把数学简单等同于所接受的命题和理论的观点相比，数学活动论提供了关于数学的一种更为深入和全面的理解。在现代社会中，各个数学家都是作为数学共同体的一员从事研究活动的，必然处于一定的数学传统之中，应注意对数学传统的自觉继承和发展，而这事实上也就包括了数学方法论方面的学习与创新。数学文化论是把数学看成一个由于其内在力量与外部力量的共同作用而处于不断发展与进化之中的文化传统。由于数学文化论仅仅着眼于决定数学发展的各种宏观因素，并希望能通过历史的考察揭示出数学发展规律，与那种集中于数学的思想方法或数学创造的启发性法则的研究相比，数学文化论的研究达到了更高的理论高度。

（三）数学发展的动力和规律①

美国密歇根大学怀尔德教授1968年在《数学概念的进化——一个初步的研究》中提出了关于数学发展的11个动力：①环境的力量；②遗传的力量；③符号化；④文化传播；⑤抽象；⑥一般化；⑦一体化；⑧多样化；⑨文化阻滞；⑩文化抵制；⑪选择。

怀尔德教授1981年在《作为文化体系的数学》中提出了关于数学发展的23条规律。

（1）重大问题的多重的独立发现和解决。

（2）新概念的进化通常是由于遗传的力量或者是由于借助环境的力量得以表现的一般文化压力造成的。

（3）一个数学概念在数学文化中的可接受性，最终取决于这一概念富有成果的程度。它将不会由于它的起源或因形而上学或者其他的标准谴责它是"不真实的"而永远遭到拒斥。

（4）一个新的数学概念的创造者的名望和地位在该概念的可接受性方面起着强制的作用，尤其是在新概念突破了传统时更是这样，对于新的术语和符号的创造者也是这样。

（5）一个概念或理论能否保持它的重要性，既取决于它的富有成果性，又取决于它的符号表达形式。容易把握和理解的符号形式就会得到发展。

（6）如果一个理论的进展依赖于某一问题的解决，这一理论的概念结构就会以这样的方式得到发展以使这一问题得到最终的解决。这种解决将带来一大批新的成果。

（7）如果若干概念的一体化将会促进一个数学理论的发展，特别是这一理论的发展就依赖于所说的一体化，那么，这种一体化就会发生。

---

① 郑毓信，王宪昌，蔡仲.数学文化学［M］.成都：四川教育出版社，2001.

（8）如果数学的发展需要引入某种似乎是不合理或"不真实"的概念，那么，这种概念就会通过适当的且可接受的解释被提出来。

（9）在任何时候，都有一种为数学共同体的成员所共享的文化直觉，它体现了关于数学概念的基本的和普遍接受的见解。

（10）不同文化与不同领域之间的传播经常会导致新概念的产生并加速数学的发展——假设接受的一方已经达到了必要的文化水平的话。

（11）由一般文化及其各种子文化所造成的环境力量，将在数学子文化中造成明显的反应，这种反应既可能是增加新的数学概念的创造，也可能是数学创造的减少，这取决于环境力量的性质。

（12）当数学中取得了重大的进展或突破，而它们的意义已为数学公众所理解时，就常常会导致对先前只是部分理解的概念的新的洞见，以及有待于解决的新的问题。

（13）数学现行概念结构中不相容或不适当的发现，将会导致补救性概念的产生。

（14）革命可能发生在数学的形而上学、符号体系和方法论之中，但不会发生在数学的内核中。

（15）数学的不断进化伴随着严密程度的提高。每一代数学家都会感到对先前几代人所做的隐藏假设进行证明（或反驳）是必要的。

（16）数学系统的进化只能通过更高的抽象进行，这种抽象借助于一般化和一体化，并通常为遗传的力量所激励。

（17）数学家个人必须维持与数学文化主流的接触，而不能有其他的选择。他不仅受数学的发展状况和已有的数学工具的限制，而且必须适应那些即将走向综合的概念。

（18）数学家们不时地宣称，他们的课题已经近乎"彻底解决了"，所有的基本结果已经得到，剩下的只是填补细节问题。

（19）文化的直觉主张，每个概念、每个定理都有一开端。

（20）数学的最终基础是数学共同体的文化直觉。

（21）数学的进化使隐藏的假设不断被发现并得到明确的表述，其结果或者是普遍的接受，或者是部分或全面的抛弃。接受通常伴随着对假设的分析以及用新的证明方法去证实。

（22）数学中最活跃时期出现的充要条件是存在合适的文化气候，包括机会、刺激（如新领域的出现、悖论或矛盾的发现等）和材料。

（23）由于数学的文化基础，在数学中不存在什么绝对的东西，只有相对的东西。

第四节　构建新课程改革核心理论体系

多元智能理论和建构主义是新课程改革的两大理论支柱，是我们在教育教学中实施新课程改革和研究新课程改革的理论基础。

一、多元智能理论

（一）多元智能理论概要

加德纳多元智能理论提出八种智能，旨在提供一种有别于IQ或比EQ更广泛、更完备的智能观念，使教育目标展现出更广阔的视野，教育实践开启多元智能新纪元。

1. 语言智能

语言智能是指有效运用口头语言或书写文字的能力。这项智能包括把文法、音韵学、语义学、语言实用学结合在一起并运用自如的能力。律师、演说家、编辑、作家、记者等是几种特别需要语言智能的职业。培养智能强的人对语文、历史之类的课程比较感兴趣，喜欢阅读、讨论及写作。这一类的人在学习时是用语言及文字来思考的，对他们而言，理想的学习环境必须提供下列教学材料及活动：阅读材料、录音带、写作工具、对话、讨论、辩论及故事等。

2. 数理逻辑智能

数理逻辑智能是指有效地运用数字和推理的能力。这项智能包括对逻辑的方式和关系、陈述和主张、功能及其他相关的抽象概念的敏感性。数学家、税务、会计、统计学家、科学家、电脑软体研发人员等特别需要数理逻辑智能。数理逻辑智能强的人多喜欢数学或科学类的课程，喜欢提出问题并执行实验以寻求答案，对寻找事物的规律及逻辑顺序以及科学的新发展有兴趣；喜欢在他人的言谈及行为中寻找逻辑缺陷；对可被测量、归类、分析的事物比较容易接受。这一类人在学习时靠推理来思考，对他们而言，理想的学习环境必须提供下列教学材料及活动：可探索和思考的事物、科学资料、操作，参观博物馆、天文馆、动物园、植物园等科学方面的社教机构。

3. 空间智能

空间智能是指准确地感觉视觉空间并把所知觉到的表现出来的能力。这项智能包括对色彩、线条、形状、形式、空间及它们之间关系的敏感性，也包括将视觉和空间的想法具体地在脑中呈现出来，以及在一个空间的矩阵中很快找出方向的能力。向导、猎人、室内设计师、建筑师、摄影师、画家等特别需要空间智能。空间智能强的人对色彩的感觉很敏锐，喜欢玩拼图、走迷宫之类的视觉游戏；喜欢想象、设计及随手涂鸦；喜欢看书中的插图；学几何比学代数容易。这类人在学习时是用意象及图像来思考的，他们理想的学习环境必须提供下列教学材料及活动：艺术、积木、录影带、幻灯片、想象游戏、视觉游戏、图画书，参观美展、画廊等艺术方面的社教机构。

4. 身体运动智能

身体运动智能是指善于运用整个身体来表达想法和感觉，以及运用双手灵巧地生产或改造事物的能力。这项智能包括特殊的身体技巧，如平衡、协调、敏捷、力量、弹性和速度以及由触觉所引起的能力。演员、舞蹈家、运动员、雕塑家、机械师等特别需要身体运动智能。身体运动智能强的人很难长时间坐着不动，他们喜欢动手制作东西，如缝纫、编织、雕刻、木工，或是跑跑跳跳、触摸环境中的物品；他们喜欢在户外活动，与人谈话时，常用手势或其他的肢体语言；喜欢惊险的娱乐活动并且定期从事体育活动。这类人在学习时是通过身体感觉来思考的，他们理想的学习环境必须提供下列教学材料及活动：演戏、动手操作、建造成品、体育和肢体游戏、触觉经验等。

5. 音乐智能

音乐智能是指察觉、辨别、改变和表达音乐的能力。这项智能包括对节奏、音调、旋律或音色的敏感性。作曲家、演奏（唱）家、音乐评论家、调琴师等特别需要音乐智能。音乐智能强的人通常有很好的歌喉，能轻易辨别出音调准不准，对节奏很敏感，常常一面工作，一面听（或哼唱）音乐，会弹奏乐器，一首新歌只要听过几次就可以很准确地唱出来。这一类的人在学习时是通过节奏旋律来思考的，他们理想的学习环境必须提供下列教学材料及活动：乐器、音乐录音带、CD、唱游时间、听音乐会、弹奏乐器等。

6. 人际关系智能

人际关系智能是指察觉并区分他人的情绪、意向、动机及感觉的能力，包括对脸部表情、声音和动作的敏感性，辨别不同人际关系的暗示以及对这些暗示做出适当反应的能力。人际关系智能强的人通常比较喜欢参与团体性质的运动或游戏，如篮球、桥牌，而较不喜欢个人性质的运动及游戏，如跑步、玩电动玩具。当他们遇到问题时，他们比较愿意找别人帮忙；喜欢教别人如何做某件事。他们在人群中感觉很舒服自在，通常是团体中的领导者，他们适合从事的职业有政治、心理辅导、公关、推销及行政等需要组织、联系、协调、领导、聚会等的工作。这一类的人靠他人的回馈来思考，对他们而言，理想的学习环境必须提供下列教学材料及活动：小组作业、朋友、群体游戏、社交聚会、社团活动、社区参与等。

7. 自我认识智能

自我认识智能是指有自知之明并据此做出适当行为的能力。这项智能包括对自己有相当的了解，意识到自己的内在情绪、意向、动机、脾气和欲求以及自律自知和自尊的能力。自我认知智能强的人通常能够维持写日记或睡前反省的习惯；常试图从各种回馈渠道中了解自己的优缺点；经常静思以规划自己的人生；喜欢独处。他们适合从事的职业有心理辅导等。这一类的人通常以深入自我的方式来思考，对他们而言，理想的学习环境必须提供他们秘密的处所、独处的时间及自我选择等。

8. 自然观察者智能

自然观察者智能就是对周遭生活环境的认知与喜好的表现，对自然的景物，如植物、动物、天文等都有诚挚的兴趣、强烈的关怀。这项智能包括对生物的分辨观察能力，如观察动物、植物的演化，对自然景物敏锐的注意力，如注意云、矿物、石头的形成，以及对各种模型的辨认能力。

（二）多元智能的基本理念

1. 多元智能教育观

教育的根本功能是促进人的成长与发展，教育必须以育人为本，知识与技能、过程与方法、情感态度与价值观是教育要达到的三维目标，多元化教育，个性化发展。

2. 多元智能人才观

人人有才，人无全才，扬长避短，人人成才；每个孩子都是潜在的天才儿童，只是经常表现为不同方式；能够成功地解决复杂问题的人就是高能力的人。

3. 多元智能教学观

正视差异，善待差异才是关爱生命；教学能满足学生的兴趣，让学生掌握必需的知识和技能，开发潜能，为终身学习奠定基础；研究教法要注重研究学法，从以"教"为中心转向以"学"为中心，以学定教。

4. 多元智能学习观

学习在于凭借原有知识的基础和生活经验，在合作交流中生成新的知识和开发潜能；学习是学生运用智能强项，自主选择、合作交流、主动探究的过程。

5. 多元智能评价观

评价是为了改进师生教与学，改善课程设计，有效促进学生发展；多一把尺子评价学生，就多一批好学生；智能档案夹帮助教师利用教学活动达到对学生成绩进行评估的目的，为学生提供一个学习机会，帮助学生判断自己的进步；评价要强化激励和反馈的功能，淡化甄别和选拔的功能；从谁聪明到每个学生哪方面聪明。

6. 多元智能的课堂教学策略

培养学生解决问题的能力；以问题连续体作为课堂教学的核心策略；创设生活化的课堂，引导学生发现问题，唤醒学生的潜在智能，让学生运用多元智能解决问题，在师生合作中构建新知；即时纠错，即时转化，即时激励，即时强化。

智能是实践性的、动态的，它的形成既有先天的成分，又有后天教育的痕迹。对于人的发展来说，先天素质与后天培养都是相当重要的，先天提供了发展的基础，我们要对学生的智能倾向进行观测分析，以寻找适合其先天智能基础的后天培养发展方向；后天教化的主要功能就在于强化学生优势智能，弥补其弱势智能。学校教育的主要任务就是设计并实施适合学生个体的教育策略，以最大限度地发掘其潜能。

7. 人有不同的智能优势

多元智能理论关注的不是智能的高低，而是智能的类型。每个人都拥有多种智能，具有一定的层次，各智能之间的发展又是不平衡的，因而不同的人往往表现出不同的优势和特长。考查教学对象时，要避免以一人的优势智能去与另一人的弱势智能相比。

8. 各智能类型间可以相互促进

各种智能既相对独立又存在着较为密切的联系。这种思想在教学上有极为重要的价值，我们可以通过此智能发展学生的彼智能，为教学提供更为广阔的选择空间，使我们得以更加自由地选择教学方式。我们所选择的方式应适合学生的智能类型和智能水平，否则仍然难以被学生接受。

不同智能类型的学生存在着学习方式、学习习惯、学习内容敏感性的不同，教学不应始终运用一种方法。没有一种方法适用于所有学生，也没有一个学生适合每一种方法。教师在教学中，必须分析班级成员的智能差异及构成，以确定采用何种方式来消解这一差异带来的学习效果的不同。科学、合理的教学应该是多种教学方式、手段的组合运用。

（三）多元智能课堂教学策略

1. 多元导入

导入环节历来是课堂教学的重要组成部分，是激发学生学习兴趣的关键步骤，甚至是关系一节课成败的因素之一。多元智能理论为我们提供了导入的新思路：以8种智能类型和学生理解事物的方式为起点，调动起学生多种智能，引发学生的思考。

2. 多元切入

多元切入理解教材是指教师多维度、多方式呈现教材。从学生的方面讲，多元切入理解教材就是用自己的学习风格和智能优势表达对教材的理解。

3. 多元作业

教师可根据学生多元智能和个性特点布置具有个性化的作业，通过多元化的作业开发学生的多元潜能。

二、建构主义理论

（一）建构主义理论的基本观点

建构主义学习理论内容丰富，其基本观点可分为知识观、学习观、学生观、教师观与教学观；核心是以学生为中心，强调学生对知识的主动探索、主动发现和对所学知识意义的主动建构；教师是学生意义建构的帮助者、促进者；教学过程是建构和理解的过程；教学目的是培养学生的探究能力和创造性思维。

1. 建构主义的知识观

建构主义认为知识不是对现实的准确表征，只是一种解释和假设，并无最终答案。随着认识发展会不断出现新的假设，知识并不能精确地概括世界法则，而是需要针对具体情境进行再创造。知识不可能以实体的形式存在于具体个体之外，尽管人们通过语言符号赋予知识一定的外在形式，甚至这些命题还得到了较为普遍的认可，但这并不意味着学习者会对这些命题有同样的理解，因为这些理解只能基于个人的经验背景建构起来，它取决于特定情境下的学习历程。在具体问题解决中，学习者需要针对具体问题情境对原有知识进行再加工和再创造。知识不是通过教师传授得到的，而是学习者在一定的情境及社会文化背景下，借助他人的帮助，利用必要的学习资料，通过意义建构的方式而获得的。课本知识仅仅是一种关于各种现象较为可靠的假设，而不是解释现实的"模板"。虽然，有些科学知识包含真理，但并非绝对正确，只是对现实的一种较为正确的解释。在课程教学中，个体获得的知识并非预先确定的，更不可能绝对正确，个体只能以自己的经验、信念为背景，在具体情境的复杂变化中不断加以深化。

2. 建构主义的学习观

学习是认知结构的改变过程，并非简单的信息输入、存储和提取，而是新旧经验或经验之间相互作用的过程，主要涉及同化和顺应两种机制。个体的学习是双向建构的过程，学生不仅需要从头脑中提取与新知识一致的旧有经验作为同化新知识的固着点，还要关注与当前知识不一致的已有经验，看到新旧知识之间的冲突，并设法通过调整来解决这些冲突，改变原有的错误观念和知识经验。学习不仅是理解和记忆新知识，还要分析其合理性、有效性，从而形成学习者本人对事物的观点和思想；学习不仅是新的知识经验的获得，还意味着对已有知识经验的改造。情境、协作、会话、意义建构是学习环境设计的四大要素。

3. 建构主义的学生观

建构主义强调，学生是信息加工的主体，是意义的主动建构者，而不是知识的被动接受者和被灌输的对象。教师的教学不能无视学生的原有知识经验，简单粗暴地从外部对学生实施知识的灌输，而应把学生原有的知识经验作为新知识的生长点，引导学生从原有的知识经验中产生新的知识经验。教学不是知识的传递过程，而是知识的处理与转换。教师应该重视学生对各种现象的不同理解，倾听他们的想法，思考这些想法的由来，并引导学生丰富和纠正自己的解释。建构主义非常重视师生、生生共同针对某些问题进行探索，相互交流和质疑，了解彼此的想法。经验背景的差异不可避免，这些差异本身对学习者来说就是一种宝贵的学习资源。

学生成为真正意义的主动建构者，必须使用探索法、发现法去构建知识的意义；主动搜集并分析有关数据与资料，对所学问题提出各种假设并努力加以验证；把当前学习内容所反映的事物和已掌握内容相互联系，对联系进行深入思考。如果学习者能把联系和思考的过程同合作学习中的协商过程结合起来，意义建构的效率就会更高，质量就会更好。

4. 建构主义的教师观

建构主义提倡在教师指导下的以学生为中心的学习，既强调学生的主体作用，又不忽视教师的主导作用。教师是意义建构的帮助者、促进者，而不是知识的提供者和灌输者。教师为学生提供复杂的真实问题，激励学生寻找解决问题的多种答案。同时，教师还必须为学生创设一种良好的学习环境，使之可以在这种环境中通过实验、探究、合作等方式来学习。教师还必须注意培养学生批判性的认知加工策略，以及自己建构知识和理解的心理模式。

建构主义认为，教师要成为学生意义建构的帮助者，应从以下几个方面发挥主导作用：①激发学生的学习动力，如好奇心、兴趣、求知欲等；②通过创设符合教学内容要求的情境和提示新旧知识之间联系的线索，帮助学生建构当前所学知识的意义；③为了使意义建构更有效，教师应在可能的条件下，组织开展合作学习，并对合作学习过程进行适当引导，使之朝向更有利于意义建构的方向发展。常用的引导方法包括：提出适当的问题以引起学生的思考和讨论；在讨论中设法把问题逐步引向深入以加深学生对所学内容的理解；启发诱导学生自己去发现规律、纠正错误的认识、完善片面的认识，避免直接向学生进行灌输。

5. 建构主义的教学观

建构主义认为，教学主要是给学生提供建构的知识框架、思维方式、学习情境以及有关的线索，而不是知识内容的多少。学生也正是依据这些内容不断地建构新知识，发展他们的自主学习能力和创新能力。教学应该以培养学生的探究能力和创新能力为目标，而且教学与学习之间是互为促进的循环过程。教师的学习目标应该为学生提供有关知识的"主题、图式和框架"，而不是具体的学习内容。只有这样，学习目标才能适合不同的学生、不同的内容以及不同的学习环境。教学就是围绕着上述目标展开的一系列有关知识的建构过程，学生从中不断获得意义并进一步完善认知结构，发展创新能力。教学的中心应是如何培养学生的探究能力和创造性思维。

建构主义非常重视教学活动安排，主张教学活动应该在一个丰富的真实教学情境中进行，使学生有足够的自我建构知识的空间。教学活动应保证学生总是在其"最近发展区"中学习。需要教师精心组织、及时诊断和咨询，以使教学活动能最大限度地促进学生的发展；教学活动应促进和接受学生的自主精神和首创精神。教师引领的教学活动应按照学生的观念世界、经验世界和认知结构来组织教学活动。教师在教学活动中必须促进师生与生生对话，放弃教给学生现成答案的教学行为；在教学活动中设法使学生对错误和矛盾进行讨论，对假设进行检验，并对真理提出疑问。

建构主义认为教学过程是建构和理解的过程，知识是学生在适应环境过程中所建构的，每个学生只能认识自己所建构的经验世界，即知识是主观建构的产物，不可传递。事实上，教师不可能把自己所具有的知识灌输到没有这种知识的学生头脑中去。教学应该是一个循环往复、反省的互动过程，即学生在教师的促进下，积极主动地建构自己对特定事物的理解和体验。在这个过程中，教学起始于学生已有的知识、兴趣和情感，教师必须以此为出发点精心设计能够为学生提供经验的教学情境，这些已有经验应能与新经验发生有效的相互作用，促使学生建构起自己的理解。

（二）建构主义的教学方法

1. 支架式教学

支架式教学思想来源于苏联著名心理学家维果茨基的"最近发展区"理论。借用建筑行业"脚手架"作为形象化比喻，这种脚手架的支撑作用不停顿地把学生的智力从一个水平提升到另一个新的更高水平，真正做到使教学走到发展的前面。

支架式教学由以下几个环节组成。①搭脚手架——围绕当前学习主题，按"最近发展区"的要求建立概念框架。②进入情境——将学生引入一定的问题情境。③独立探索——让学生独立探索。确定与给定概念有关的各种属性，并将各种属性按其重要性大小顺序排列。探索要先由教师启发引导开始，然后让学生自己分析；探索过程中教师要适时提示，帮助学生沿概念框架逐步攀升。起初的引导帮助可以多一些，以后逐渐减少，越来越多地放手让学生自己探索，最后要争取做到无须教师引导，学生自己就能在概念框架中继续攀升。④协作学习——进行小组协商、讨论。讨论的结果有可能使原来确定的与当前所学概念有关的属性增加或减少，各种属性的排列次序也可能有所调整，并使原来多种意见相互矛盾且态度纷呈的复杂局面逐渐变得明朗、一致起来。在共享集体思维成果的基础上达到对当前所学概念比较全面、正确的理解。⑤效果评价——包括学生个人自我评价和学习小组对个人的学习评价。评价内容包括：自主学习能力、对小组协作学习所做出的贡献、是否完成对所学知识的意义建构。

2. 抛锚式教学

这种教学要求建立在有感染力的真实事件或真实问题的基础上，确定这类真实事件或问题被形象地比喻为"抛锚"。学习者要想完成对所学知识的意义建构，即达到对该知识所反映事物的性质、规律以及该事物与其他事物之间联系的深刻理解，最好的办法是到现实世界的真实环境中去感受、体验，而不是仅仅聆听别人关于这种经验的介绍和讲解。由于抛锚式教学要以真实事例或问题为基础，也被称为"实例式教学"或"基于问题式教学"。抛锚式教学由这样几个环节组成。①创设情境——使学习能在和现实情况基本一致或相类似的情境中发生。②确定问题——选择出与当前学习主题密切相关的真实性事件或问题作为学习的中心内容。选出的事件或问题就是"锚"，这一环节的作用就是"抛锚"。③自主学习——不是由教师直接告诉学生应当如何去解决面临的问题，而是由教师向学生提供解决该问题的有关线索，并要特别注意发展学生的"自主学习能力"。④协作学习——讨论、交流，通过不同观点的交锋，补充、修正、加深每个学生对当前问题的理解。⑤效果评价——抛锚式教学要求学生解决面临的现实问题，学习过程就是解决问题的过程，即由该过程可以直接反映出学生的学习效果，因此，对这种教学效果的评价往往不需要进行独立于教学过程的专门测验，只需在学习过程中随时观察并记录学生的表现即可。

3. 随机进入教学

由于事物的复杂性和问题的多面性，要做到对事物内在性质和事物之间相互联系的全面了解和掌握，即真正达到对所学知识的全面而深刻的意义建构是很困难的，往往从不同的角度考虑可以得出不同的理解。教学中要注意对同一教学内容，在不同时间、不同情境下，为不同教学目的、用不同方式加以呈现。换句话说，学习者可以随意通过不同途径、不同方式进入同样教学内容的学习，从而获得对同一事物或同一问题的多方面的认识与理解，这就是"随机进入教学"。学习者通过多次"进入"同一教学内容将能达到对该知识内容比较全面而深入的掌握。这种多次进入绝不只是为巩固一般的知识、技能而实施的简单重复。这里的每次进入都有不同的学习目的，都有不同的问题侧重点。多次进入的结果，绝不仅仅是对同一知识内容的简单重复和巩固，而是使学习者获得对事物全貌的理解与认识上的飞跃。

随机进入教学的基本思想源自建构主义学习理论的一个新分支——"弹性认知理论"，这种理论的宗旨是提高学习者的理解能力和知识迁移能力。随机进入教学主要包括以下几个环节：①呈现基本情境——向学生呈现与当前学习主题的基本内容相关的情境。②随机进入学习——取决于学生"随机进入"学习所选择的内容而呈现与当前学习主题的不同侧面特性相关联的情境。在此过程中教师应当注意发展学生的自主学习能力，使学生逐步学会自己学习。③思维发展训练——由于随机进入学习的内容比较复杂，所研究的问题往往涉及许多方面，在这类学习中，应特别注意发展学生的思维能力。④小组协作学习——围绕呈现不同侧面的情境所获得的认识展开小组讨论。在讨论中，每个学生的观点在和其他学生以及教师一起建立的社会协商环境中受到考查、评论，同时每个学生也对别人的观点、看法进行思考并做出反应。⑤学习效果评价——包括自我评价与小组评价。

第二章

案例研究

2

　　教育科研并不是神秘莫测高不可攀的，但也不是轻易就能掌握的。对教育实践中那些让人感动、顿悟的精彩故事进行案例研究，就是中小学教育科研的第一个台阶。案例研究是学习和掌握教育科研方式的有效入门之径，也是教师专业发展的第一步。

　　教育案例就是以教育科研的眼光审视教育现象，从教育教学实践过程中总结出来的蕴含一定教育理论、具有可操作性教育措施的典型案例。教育案例就是对教育教学过程中一个实际情境的描述，它以精彩的叙述，向人们展示一些包含教师、学生、家长或社会人员的典型行为、思想、情感在内的故事，展示内容包括教育情境中的事件环境、背景、事件、行为、任务、影响等。在描述的具体情境中，包含一个或多个引人入胜的问题，同时包含解决这些问题的方法、技巧和艺术，有具体的情境介绍，也有一定的理论与实践活动的反思、归类、拓展和提高。

　　教育案例是教育事件的客观反映，但又不能是教育教学事件的简单实录，它具有相对完整的情节，甚至会出现戏剧性的矛盾，反映事件的全过程，反映教师、学生、家长等角色的变化，揭示教育教学的规律和原理，并能引发进一步思考，寻找到解决类似问题的教育措施和教育智慧。教育案例可分为教育类、教学类、成长类三大类。

第一节 教育类案例

每个教育案例必须有一个鲜明的主题，这个主题可以是教育学改革的核心理念，可以是教育活动中的重点、难点和关键问题，也可以是教育活动中容易发生但不容易解决的问题。教育类案例包括教育故事、教育随笔、主题班（队）会等。

一、教育故事案例

教育故事就是以故事的方式，运用生动的语言、细腻的描述、曲折的情节、巧妙的构思，叙述教育教学活动中那些给人留下深刻印象、具有深刻内涵、产生思维碰撞的人物、事件、情感态度和价值观念。

《爱心与教育——素质教育探索手记》是教育家李镇西为了表达"因为我承受了太多的来自学生的爱"而写的一本感人的教育故事集。正如他在该书"补言"中说的："感受爱，回报爱，并让一个个爱的故事从心底一泻千里地喷涌出来，在电脑键盘上流淌，便诞生了这本《爱心与教育》。"[1]

在每个班级总有学习、纪律相对差些的学生，学校和社会给他们很多名称，有的叫"差生"，有的叫"后进生"，有的叫"可转化好的学生"。我觉得对他们的称呼并不十分重要（以下仍用加引号的后进生），重要的是老师对他们的态度以及对他们施加的教育措施是否有效。老师喜欢优生，"后进生"

---

[1] 李镇西. 爱心与教育——素质教育探索手记 [M]. 成都：四川少年儿童出版社，1998.

往往不被爱。这样学生本来就存在的差距会越来越大。不给他们更多的温暖、更多的爱，就无法对"后进生"进行卓有成效的转化。对学习相对差一点的学生不仅要爱，而且要"偏爱"。这些学生往往是站在一条"好"与"坏"的临界线上。拉他们一把，也许他们仍考不上大学，但会对他们今后的成长有着深远的影响。这是从我的第一个教育案例得出的结论。

案例1：我的第一个教育案例

刚参加工作时，班里有个学生小张，由于父母工作调动，频繁转学，落下了很多课程，渐渐对学习失去信心，从厌学发展到逃学，加上他结交了几个不良的朋友，染上了吸烟喝酒的恶习。他的父亲多次用棍棒皮带教训他，也不见好转。为了转化教育他，我多次到他家进行家访，一面劝家长，一面耐心地做他的思想工作，几十次找他谈心。从各方面关心帮助他，棉袄上的扣子掉了帮他缝上，课本丢了再帮他买来，也帮他树立起了学习的初步信心。多次把逃学的他从大街上、大桥下找回，和他的父母一起制订教育计划。三年过去了，这个连父母都认为不可救药的学生，成长为一名合格的中学生。毕业后参军入了党，在部队多次立功受奖。复员后成长为一名优秀的政府公务人员。

也许就是这次对所谓"后进生"成功转化的良好体验，使我坚定了不放弃每一个学生的信念。在我的教育下，一批批学生考上了大学，也有一些成绩相对差些的学生，提高了个人素养和思想品质，走向社会后充分发挥自己的特长，同样在工作中取得了优异成绩。这些学生又用我对待他们的方式，毫不放弃地教育着他们的孩子，还时常与我分享着孩子进步的喜悦，这是我作为一名教师感到最幸福的事！

以学生为本，用发展的眼光看待学生，就要牢记陶行知先生说过的："你的教鞭下有瓦特，你的冷眼里有牛顿，你的讥笑里有爱迪生。"学生之间的智力差异并不大，差的是在教育过程中我们是不是机敏地捕捉教育契机，是不是对学生进行了恰如其分的及时教育，能不能给学生提供发展的机会，是否对学生的发展进行了有效的助推。

案例2：万丈高楼平地起

我教过一个脾气倔强，且个性极强的男生。有次收学籍簿，看到家长意见栏里歪歪扭扭的字，我问是谁填写的。他认为老师在讥讽他，一甩手离开了教室。我觉得事出有因，马上通过家访和其他渠道做了深入了解，和学生进行了推心置腹的交谈，谈他父亲因公失去右手的四个手指，以顽强毅力用左手完成了常人右手才能完成的工作，谈他初中时刻苦学习以优异成绩考入桓台一中的经历。这个学生知道错怪老师了，诚恳地承认了错误。之后，我经常找他谈思想、谈学习、谈人生。有次谈起理想时，这个学生说："我要么平平淡淡，要么惊天动地。"针对他这种思想，我教育他"万丈高楼平地起"，要想干出惊天动地的大事业，必须踏踏实实地从点滴做起，刻苦学习文化知识。渐渐地，他变成了学习认真的学生，进步很快，最后如愿地跨入大学校门。大学毕业后在工作岗位上踏踏实实工作，取得了优异的成绩。

反思自己的教育生涯，我深深感受到作为一名教师，教育方式的重要性。我国伟大的教育家陶行知把"爱满天下"作为自己的崇高理想，告诫教师要"爱生如子"。没有爱便没有教育，教师的爱是培育"英才"的源泉和动力。案例"陶行知教育学生，四块糖的故事"对我们很有启发。

案例3：陶行知教育学生，四块糖的故事

原上海育才学校的校长陶行知在校园看到男生王友用泥块砸自己班上的同学，当即制止了他，并要他放学时到校长室去。

放学后，陶行知来到校长室，王友已经等在门口准备挨训了。陶行知没有批评他，却送了一块糖给他，说："这是奖给你的，因为你按时来到这里，而我却迟到了。"王友惊疑地接过了糖果。接着，陶行知又从口袋里掏出一块糖给王友，说："这块糖也是奖给你的，因为当我不让你再打人时，你立即住手了，这说明你很尊重我，我应该奖你。"王友迷惑不解地接过了糖。陶行知又掏出第三块糖，说："我调查过了，你用泥块砸那些男生，是因为他们不守游戏规则，欺负女生。你砸他们，说明你很正直善良，有跟坏人斗争的勇气，应该奖励你啊！"听到这里，王友感动极了，他流着眼泪后悔地说："陶校长，你打我两下吧！我错了，我砸的不是坏人，而是自己的同学呀。"陶行知满意地笑了，他随即掏出第四块糖，递给王友："为你正确地认识错误，我再奖给你一块糖。"待王友接过糖，陶行知说："我的糖给完了，我看我们的谈话也完了吧。"

启发：教师要始终有一颗热爱学生、相信学生的心，还要不断修炼自己的教育智慧，以爱为动力，以智慧为手段，走进学生的心田，用爱的教育方式去教育学生、培养学生。

有人总结了10种以爱教育学生的方法，很有意义：

用爱的目光注视孩子；用爱的微笑面对孩子；

用爱的心情倾听孩子；用爱的眼睛发现孩子；

用爱的渴望调动孩子；用爱的细节感染孩子；

用爱的语言鼓励孩子；用爱的管教约束孩子；

用爱的胸怀包容孩子；把爱的机会还给孩子。

教育是人的教育，人类最基本的特点就是可教育性，班级教育要不断将学生带入人类优秀文化精神之中。教育是一切教育活动的根本目的。教育工作方法选择的出发点是对学生的情感、态度与价值观有较好影响；对学生的智能发展有较大帮助；对学生的学习有极大促进；对学生的成长和发展有较好影响。

40多年来，我打交道最多的往往是当时在班内调皮捣蛋、成绩不太好的学生。这些学生背后的原因各异，有的是因为家长简单粗暴式管教导致厌学；有的是因为原生家庭中恶劣的父母关系、压抑的同辈关系，甚至是因为单亲家庭，缺失父爱或母爱，缺失温暖家庭的美好体验；有的是因为家庭经济条件、社会地位比较优越，包括2000年以前非农业户口家庭子女，可以安排工作等，失去奋斗的动力，在学习上投入较少，导致学习成绩直线下降等情况。但这些学生在学校一直受到老师的多次、多种形式的教育，即使考不上大学，走上不同的工作岗位，在学校受到的教育仍然起很大作用，在工作岗位上往往也会创造成就。这些学生也会逐渐认识到学习的重要性，遇到思想上、工作上的问题喜欢和原来的老师交流，也会因此十分重视他们子女的学习与教育问题，在子女教育、高考选课、升学指导、职业规划、工作落实等方面向老师请教，与老师交流。

二、教育随笔案例

教育随笔就是结合教育领域中的一些典型现象，以独特的视角，记录和抒发个人的深刻见解、感悟和体验。正如肖川教授说的："随笔，没有居高临下的霸气，没有正襟危坐的俨然，没有煞有介事的虚假，没有耳提面命的烦闷。像朋友之间的抵膝而谈，不求全面，不求'客观'，不求严谨……它表达一种情怀，一种趣味，一种心境，一种追求。"①教育随笔是中小学教师表达自我最合适的文体。

《教育的理想与信念》就是肖川教授对历时10年写作的60多篇教育随笔的总结提升。涉及教育的意义、教育的价值、教育与社会、教育与生活、课程与教学、道德教育、师生关系、教师的学习与成长等领域和主题。该书对教育世界中那些司空见惯、习以为常的现象，给予学理上的阐释，并发掘出其中的文化内涵与精神底蕴，收到以小见大、一斑窥豹、洞幽察微的独特效果。

《享受与幸福：教育随笔选》是朱永新教授充满博大教育情怀的教育随笔。张菊荣在《享受与幸福：教育随笔选》"初版'跋'"中写道："我读'杏坛论语'，为激越的理想所激越；读'成长感悟'，不由生出热切的成功之心和十足的自信；读'科研漫笔'，则眼前仿佛开启了一扇窗户；读'名家印象'，更是豁然开朗，境界顿生；读'网络情怀'，也是一腔情怀在，无穷网事涌心头。"②

案例研究不是对教育现象的客观记录，而是要用教育科学原理反思教育过程，及时优化和改善教育过程。对"义务值日"的案例研究，使我的教育方式更体现以学生的发展为本。

为了培养学生的集体意识，提升学生的班级凝聚力，我担任班主任的班级每周都拿出1—2天不安排值日生，实行"义务值日"。原来我每次都带头参加，对参加"义务值日"的学生进行统计、公布，在班级量化考核中进行加

---

① 肖川.教育的理想与信念［M］.长沙：岳麓书社，2002：自序.
② 朱永新.享受与幸福：教育随笔选［M］.北京：人民教育出版社，2004：477.

分，作为评选三好学生、优秀学生干部的依据。每次参加的学生很多，学生干劲也很大。实践几年后，我反思这种"义务值日"，其实并不是"义务"，起不到"义务值日"应起到的作用。我决定2003年9月开始实施真正的"义务值日"。

案例4：体味"义务值日"

这是发生在2003—2004学年的令人久久难忘的一幕。

"通过义务值日，同学们更加团结了，自觉性、主动性也提高了。""班是我们自己的班，我们是这个班的主人，从小事做起，这培养了我们的集体意识。我们合起来就是龙，就是虎，就没有什么不可战胜的困难。""想想高一这一年27班获得了不少荣誉，取得了不小的成绩，每一项都是靠团结得到的。广播操、接力赛中的出色表现，每次宿舍检查的优秀，这里面都有义务值日的功劳。"……

这是我们班对义务值日的总结。看着同学们一篇篇发自肺腑的感言，我会心地笑了……

我担任班主任的桓台一中2003级27班是学校的实验班，学生学习基础普遍较好。刚入学时，师生想的是，实验班只要抓好学习，别的都是次要的。结果一个月下来，有的宿舍卫生检查一周3次都不合格，课间操质量差、效率低，学生集体意识淡薄，学习成绩也很不理想。通过深入调查和分析，我认识到扭转局面的关键就是培养班集体的凝聚力和向心力，培养学生的奉献精神。于是我采取了做班主任多年坚持的办法——义务值日。

我重新调整了值日安排，每周只排五天值日，设立了星期六、星期日"义务值日"。"这义务值日真正是纯义务的，参加不表扬，不参加也不批评，不作为思想品德评定的依据，更不作为评选优秀学生干部和三好学生的条件，全凭你们自觉。"我的话音刚落，班里一下子就炸了锅，同学们叽叽喳喳议论起来，感到很新鲜，但更多的是怀疑这一制度能否实行下去。他们心里直犯嘀咕："要是没有点强制措施，谁还会心甘情愿地干值日呢？"义务值日就在这样的背景下开始了。

在前几届学生实行义务值日时，每次我都早早地来到教室参加义务值日。

在老师的影响、带动下，每次参加义务值日的人还真不少。但这往往不是学生的真实表现，当老师不参加义务值日时，学生参加的人数便会减少。我曾找过几个同学了解他们对"义务值日"的认识，他们谈得较多的是，看到老师每次都来，学生们能不来吗？我敏锐地感到，这样的义务值日肯定不会起到应有的教育效果。

这次我决定不再每次都参加义务值日。开始参加的学生很少，只是班干部出于责任参加，有的学生和班干部还怀疑这项活动能否开展下去。甚至有的学生还提出"参加义务值日就是热爱集体，不参加就是不热爱集体吗？"这样的疑问。我没说什么，只是默默等待我所期待的那一天，期待着这个班集体的自我教育和完善。渐渐地，我发现参加义务值日的同学多了起来。而且大家绝不是为了应付我而做表面文章。他们是发自内心地体会到了"义务值日"带给他们的欣喜。到最后为了能参加义务值日，同学们不自觉地把值日时间提了又提，这一天竟成为卫生最好的一天！若有人再提出上面的问题，准会遭到同学们异口同声地质问："难道不参加义务值日就证明你热爱集体吗？"

团支书于成龙在总结中记录了"义务值日"的成功过程："给我最大的感触就是同学们对这种劳动态度的转变。刚开始那段时间，有时候就自己一个人干，想想似乎很吃亏，别人都在那里坐着，无动于衷，你自己忙个什么劲呢？可再想想，就知道自己其实不吃亏。作为一个团支书，本身就有义务为班级做一些贡献，自己都不起带头作用，怎么能团结同学们，让这个班更有向心力呢？我相信27班的同学都不会无动于衷。渐渐地，人就多了起来，有的同学甚至放弃睡懒觉的时间来值日，我很受感动。给我印象最深的是亚楠同学，她不管打扫宿舍、餐厅还是教室都尽职尽责，她打扫得十分干净，从没有半句怨言，一如既往。我注意她已经很久了，有时我会故意早起去教室，她已经干起来了。义务值日中，同学们由置之不理到热心参加的态度转变让我很高兴，如果累能换来这样的成果，那就是再苦再累也值得！"

于成龙的体会说出了很多同学的心声：义务值日和平常值日比起来，轻松了许多。这种轻松不是指劳动量的大小，而是在心情上。每次参加义务值日都觉得好像为集体做了一件好事，就像小时候帮不在家的妈妈做了一顿饭，有一种愉悦感和成就感。正因为如此，尽管每次义务值日任务不轻，可心情总比平时好得多，就连这天学习也感到特别带劲。

参加义务值日最多的王亚楠同学说："我希望义务值日能长久实行下去，我也希望过去没有，现在、将来也不要表扬做义务值日的人，如果真表扬了，对同学们和义务值日也不一定有帮助。如果有了名利的诱惑，那么这件事就没有意义了。"

也有个只参加过一两次的同学在总结中写道："对于义务值日，老师采取了不记名、不表扬、不批评的方法，我想这样就给了同学们足够的面子，是信任了大家。对于自己这一年的表现，我感到羞愧，我没有将这份信任的答卷答好……"我相信，这个同学今后肯定是个好样的。

回想起来，我没有像往常一样每次都参加义务值日，也没有对参加义务值日的学生进行统计、表扬，而是全凭他们的相互影响，激发他们潜意识中对班集体纯真的热爱，唤起他们对无私奉献的美好体验，可以说，一年来的义务值日是成功的。

发生在2003—2004学年的这件事在我脑海中的印象是深刻的，以前也说不好它深刻在什么地方。今天读了杜威的"教育无目的论"，才真正理解这个案例中深层次的东西，就像杜威说过的："教育过程除了它本身外没有别的目的，过程本身就是目的。"过程本身就是最好的教育，这种能启动学生内心深层次感受的教育就是最有效的教育。

我对这次令人难忘的义务值日进行了研究、总结，写出了论文《体味义务值日》，并发表在2009年10月12日的山东省《现代教育导报》上。

对学生的教育贯穿学校教育的全过程，教师的一言一行、举手投足都会对学生产生好的或不好的影响，是必须十分重视和注意的，绝对不能因为教师的言行影响到学生的发展，甚至给学生的终身发展制造障碍。

案例5：淄博市沂源县某学校语文教师口头作文课

康寿美是淄博市原分管教育的副市长，一次到沂源某学校听一位优秀教师的作文课。这位老师在训练学生口头作文方面很有特色。只要老师确定命题，经过几分钟思考后，学生就能快速进行口头作文。

课上到最后几分钟，老师邀请康副市长给学生出题，康副市长出了一个题目，指定一位趴在桌子上的小女孩作文，小女孩站起来吭哧了半天，一句话也说不出来。见此情景，老师急了，赶紧说："这位同学不行，除了她之外，你们随便点名，保证都能快速口头作文。"之后，康副市长又点了几个学生，果然都顺利地口头作文。但那位没有口头作文的学生一直趴在课桌上不起来。

最后，老师请康副市长对今天的课做一下总结。康副市长说："今天我要感谢这个小女孩，尽管你因为紧张没有成功口头作文，但正是因为你开了个好头，之后的同学都能顺利作文。相信今后这位同学肯定是好样的！"听到这里，这个小女孩抬起头，满含泪水的眼睛闪闪发光，又充满了自信。

如果没有这番点评，教师也没意识到不良评价对小女孩的伤害，那结果会是怎样？

三、主题班（队）会案例

主题班（队）会是班主任组织开展以落实"立德树人"为根本任务的，关于思想道德、法制教育、理想信念、经验交流、特殊（突发）事件处理、集体主义教育等方面的教育活动。主题班（队）会案例要有鲜明的主题，是可操作性强的教育实践方案。

1991年调入桓台一中后，我多年担任班主任工作。每年9月1日学生入学安排好住宿，排好座位，安排好班级事务后，为了消除学生初中阶段不十分成熟的心理发展影响，改变初中生处于叛逆期的不良状况，强化学生升入高中后的上进心，上午10点左右举行进入高中学习后第一个主题班（队）会"感受父爱、母爱"。

案例6：高中学习第一个班（队）会"感受父爱、母爱"

（1）学习《妈妈，我要将金牌挂在您的脖子上》——大母爱激励下走向成功的真实故事——奥赛金牌得主安金鹏自述。

1997年9月5日，是我离家去北京某数学研究院报到的日子。袅袅的炊烟一大早就在我家那幢破旧的农房上升腾。跛着脚的母亲在为我擀面，这面粉是母亲用五个鸡蛋和邻居换来的，她的脚是前天为了给我多筹点学费，推着一整车蔬菜在去镇里的路上扭伤的。端着碗，我哭了，我撂下筷子跪到地上，眼泪一滴滴滚落在地上……

我的家在天津市武清区大友垈村。出生时，奶奶便病倒在炕上，四岁那年，爷爷又患了支气管哮喘和半身不遂，奶奶、爷爷先后去世，家里欠下几万元的债务。爸爸也在我上高中时因患重病做手术，家里又增加了几万元的债务。

七岁，我上学了，学费是妈妈向人借的，我使用的是同学扔掉的铅笔头和别人用过的本子。在妈妈的鼓励下，我越学越快乐。不论大考小考，总能考第一，数学总是满分。我没上小学就学完了四则运算和分数、小数；上小学自学弄懂了初中数理化；上初中自学完了高中理科课程，1994年天津市初中物理竞赛我考进前三名。

1994年5月，我被天津一中破格录取，我捧着妈妈卖毛驴得来的600元，进入天津一中学习。我的生活费是每月60—80元，比起别的同学的200—240元，实在少得可怜。可只有我才知道，妈妈为这一点点钱，从月初就得一分一分地省，一元一元地卖鸡蛋、蔬菜，实在凑不出时还得去借个二三十。妈妈为了不让我饿肚子，每个月都要步行十多里路去给我批发方便面渣。月底时，妈妈总是带着一个鼓鼓的大袋子来天津看我。袋里除了方便面渣，还有妈妈从六里地外一家印刷厂要来的废纸（那是给我做计算纸的）和一大瓶黄豆辣酱、咸芥菜丝以及一把理发的推子。我是天津一中唯一在食堂吃不起青菜的学生，只买两个馒头，回宿舍泡方便面渣就着辣酱和咸菜吃；我也是唯一用不起稿纸的学生，只能用一面印字的废纸打草稿；我还是唯一没用过肥皂的学生，洗衣服总是到食堂要点碱面将就。可是我从来没有自卑过，我觉得妈妈是一个与苦难、与厄运抗争的英雄，做她的儿子我无上光荣！

1997年1月，我终于在全国数学奥赛中以满分的成绩获得第一名，进入国家集训队。我在回天津准备赴阿根廷参加国际数学奥赛的时候，收到了母亲托同学转交给我的200元钱和一张字条："妈妈为你自豪，要谦虚，要为国争光！"捧着这笔"巨款"和纸条，我哭了。按规定，我赴阿根廷参加比赛的报名费和服装费应统统自理。那天，我正在和同学们聊天，班主任和数学老师来了。他们是受学校委托，来检查我的准备情况的。当他们看到我依然穿着好心的老师和同学接济我的一身颜色、大小不太协调的衣服时，忙打开我的贮藏柜帮我挑选衣物。班主任指着我那件袖子接了两次、下摆接了3寸长的棉衣和那些补丁摞补丁的汗衫、背心说："金鹏，这就是你全部的衣服啊？……"他突然流泪了。我一下不知所措，忙说："老师，我不怕丢人的。我母亲告诉我，她从村里一位老先生口中听过这样一句话——'腹有诗书气自华'！"最终，我的出国报名费和服装费是由天津一中解决的。我带着满心的感激于1997年7月25日飞抵阿根廷的海滨城市巴尔德拉马。7月27日，考试正式开始。从早晨8时30分到下午2时，我们要整整做5个半小时的试题。第二天的闭幕式上，要公布成绩了。首先公布的是获铜牌的名单，其次公布获银牌的名单，最后，公布金牌名单，一个，二个，第三个是安金鹏。我喜极而泣，心中默默喊道："妈妈，你的儿子成功了。"

8月1日，当我们载誉归来时，中国科协、中国数学学会为我们举行了隆重的欢迎仪式。此时，我想回家，我想尽早见到妈妈，我要亲手把灿烂的金牌挂在她的脖子上……那天晚上十点多，我终于摸黑回到朝思暮想的家。开门的是父亲，可一把将我紧紧搂进怀里的，依然是我那慈祥的母亲。朗朗的星空下，母亲把我搂得那样紧……我把金牌掏出来挂在她脖子上，畅畅快快地哭了。

8月12日，天津一中校礼堂里座无虚席，全校师生齐聚在这里为我夺得奥赛金牌庆功。我的母亲，这位普普通通的农妇和市教育局的领导以及天津市著名的数学教授们一起坐在了主席台上。轮到我发言的时候，我根本没有讲稿，不是我不慎重，而是我有满肚子的话要说，它们用纸根本记不完。那天，我说了这样一席话："我要用我的整个生命感激一个人，那就是哺育我成人的母亲。她是一个普通的农村妇女，可她教给我的做人的道理却可以激励我一生。母亲常对我说：'妈没多少文化，可还记得小时候老师念过的高尔基的一句话——贫困是一所最好的大学！你要能在这个学堂里过了关，那咱天津、北京的大学就由你考！'如果说贫困是一所最好的大学，那我就要说，我的农妇妈妈，她是我人生最好的导师……"

（2）学习《爸爸，我忘不了您街头卖唱的身影》，作者王克伟的父亲为了供考入清华的儿子上学，挨家乞讨，到南方大城市卖唱。

（3）学习《母爱亲情下的迟到葬礼》。一个普通而坚强的母亲，在儿子洪途进入高考冲刺的时刻，丈夫不幸被病魔夺去了生命，为了儿子，她独自忍受着巨大的丧夫之痛，强装笑脸，天天给儿子准备可口的饭菜，硬是把亲人的遗体在殡仪馆里放了51天，直到学生高考结束。

每次读到感人处，教室里一片哽咽，有的学生忍不住哭出声来。

同学们不能不激动，我们的父母也都是这样的。我教过一名学生，她的父亲身患重病，仍硬撑着坚持看到学生参加完高考，坚持到学生拿到大学录取通知书，坚持到学生准备好学习、生活用品，临走的那一天，才安详地合上双眼。

父母这样对待我们，我们有什么理由不爱他们呢。

在此基础上，我引导学生树立"我的责任"意识，改变过去那种"天下兴亡，人人有责，人人不负责"的状况，每人承担一项班级工作，把热爱班级、热爱学校、热爱祖国体现在每一项班级工作之中。

在我们的教育过程中总要举行很多活动，如果把每次活动都作为案例进行研究，以研究者的眼光审视活动过程，以研究的方法科学指导活动，其意义和影响就会大大超出活动本身。这是1991年调入桓台一中第一次担任高中班主任后的一个典型案例的体会。

案例7：排球赛失利之后

高一女排决赛在我们1991级2班和8班之间进行。结果我们班第一局取胜后又连输两局，终以一比二失利。当时赛场十分紧张，队长张秀玲的嘴被球撞破，肿得老高，仍坚持打完三场球。比赛后回到教室，她和她的队员们都趴在桌上，"呜"的一声哭起来。见此情景，我故意问张秀玲："你的嘴很疼吗？"张秀玲扬起满是泪水的脸，向老师说："我、我哪里是嘴疼，我是为咱班……唉！"半句话道出了女排队员不服输、不甘落后的决心，也激起了全体同学的共鸣。我及时召开主题班会，介绍中国女排胜不骄、败不馁，多次夺得世界冠军为国争光的故事。我分析失利原因，号召全体同学学习女排顽强拼搏的精神。我特意安排张秀玲担任值日班长，她在总结球赛后说："赠上几句话让我们共勉吧！一句是拿破仑的名言'不想当元帅的士兵，永远不是好士兵'，另一句是'成功了可以庆幸，失败了可以哭泣，可是朋友不要忘记庆幸和哭泣之后，仍应潇洒地站起！'"她博得了同学们经久不息的掌声。她还在班级日志中写道："多么不平凡的一天，这一天我充实了很多，激动人心的排球赛就在今天，我们虽然输了，可我深深体会到集体的力量，愿我们总结经验争取下次夺魁！！！"最后还写上三个大大的感叹号。由于及时引导，我们班学生的这次排球赛虽然输了球，却赢得了意志。就在此后不久举行的女篮比赛中，队员们做好了战略、战术准备，以较大优势顺利夺魁。1991级2班是我调入桓台一中接手的第一个班，也许就是这些活动的原因，这个班有较强的凝聚力，有较好的学习氛围，1994年高考有25人考入本科院校，是其他班级的2—3倍。三年中，我也连续两次被评为桓台县优秀班主任，这是我最早的县级荣誉称号。

诸如学校排球赛这样的活动是学校教育的常态活动，赢球是所有球队的共同追求。但如果赢球是赢、输球是输的话，每次活动只有冠军，一个球队是最终的赢，其余球队都是最终的"输"。如果是这样的效果的话，这种活动不搞也罢。作为班主任，我们应引导学生享受活动的整体过程，激发拼搏精神，赢了球是"赢"，输了球也要"赢"。赢得班级的整体优化，形成良好的班风和踏实的学风，实现班级工作的良性循环和可持续发展。

第二节　教学类案例

教学类案例包括教学课例、教学片段、教学反思等。

一、教学课例

教学课例就是将自己执教的公开课、观摩课、研究课的教学设计或课堂教学过程记录下来，为教学和研究提供一个典型例子。

教学课例是一种特殊的案例，以其独特的话语系统、平民化的研究方式，越来越被学校、教师接受。它使教师以研究者的眼光审视、分析和解决在教学实践中遇到的问题，实现教学与研究同步协调。

在立体几何教学中，为了满足"MM教育方式"研究的需要，我对"球的体积"一课进行了课例研究，围绕课堂引入、教学主线、教学思想、课堂小结、教学环节反复说课、研讨。使用古印度"梵塔探圣"的故事引入，让学生体会"分割求积—组装求和"的数学思想，再由引例中梵塔的有限分割，推广到将半球无限分割，进而探求球的体积。将中国古代最杰出的数学家刘徽的极限思想作为暗线介绍。由此写出的论文《"球的体积"的MM方式教学设计》，在2002年《中学数学杂志》发表。这是我在进行"数学MM教育方式"课题研究时的一个典型课例，在教育方式、方法、模式的课题研究时，课例研究是一个必不可少的步骤。

案例1："球的体积"的MM方式教学设计（2002年案例）

【教材分析】

"球的体积"是人教社高中新教材实验修订本（下B）第二课时的教学内

61

容，教材采取微积分的思想借助极限的方法推导了球的体积公式，处理的方式与原统编教材不同，突出了现代数学思想的运用。因为我们已学过极限内容，课程进行起来更顺利。

球体是新教材中唯一旋转体的内容，本节课要使学生初步理解旋转体问题的处理方法。

下节课推导球面积公式时，用到棱锥体积，本节课可结合中国古代对球体积的探求得出公式。

极限的思想是中国古代最杰出的数学家刘徽的重要思想，球体积推导的整体处理方式（祖暅原理），源于刘徽，由祖暅最终解决。据史料记载，刘徽被追封数学家，爵位为"淄乡男"。

【教学目标】

1. 学生经历球的体积公式的推导过程，理解微积分的思想和取极限的方法。

2. 学生掌握球的体积公式的应用，初步掌握球与多面体之间的切、接问题的处理方法。

3. 通过数学史料和中国古代数学家刘徽的介绍，对学生进行数学史教育。

【设计思路】

运用MM教育方式，在教学过程中，遵循学习、研究同步协调的原则，恰当操作8个MM变量中的数学返璞归真教育、数学发现法教育、数学家人品教育、数学史志教育、演绎推理教学、一般解题方法的教学。

【教学方法】

借助多媒体教学的优势，动态展示半球分割的过程，球与正方体的相接、相切；展示半球、圆锥、球与正方体相接、相切的轴截面选取。

【教学过程】

（一）情境引入

师：我给大家讲一个梵塔探圣的故事，传说在印度北方的一座寺庙里，有一块竖插着三根宝石针的黄铜板，梵天（传说中的教主）在创造世界时，在一根宝石针上串放了64块大小不同的金圆盘（大在下，小在上），构成一座梵塔（多媒体展示）。梵天命令僧侣不停地在三根针之间移动圆盘，以便尽快把圆盘全部移到另一根针上去。规定：每次只移动一个，且无论在哪根针上，小盘都不能放在大盘之下。传说一旦这64块圆盘全部移到另一根针上，整个世界将化为乌有。若圆盘的底面半径分别为1，2，3，…，64，高都为1，试求梵塔的体积。

（学生对梵塔移动所需时间过于感兴趣，可介绍：如果每秒移动一个盘，约需5800亿年，它的计算涉及其他数学知识，有兴趣的同学可做深入研究。消除无关因素对课堂的影响）

练习后一学生回答结果，并总结：

（1）计算用到公式 $1^2 + 2^2 + \cdots + n^2 = \dfrac{n(n+1)(2n+1)}{6}$

（2）计算方法：分割—求积—求和

师：上一节课我们学习了球的概念，如何解决球的体积问题呢？（多媒体展示课题：球的体积）

（二）进行新课

1. 球的体积公式的推导

师：球能否直接化为若干简单几何体的体积和？

师：用过球心的平面截球，将球截为两部分，这两部分的体积是否相等？

（多媒体动画展示：①把球分割成两个半球；②上半球放大展示）

（引导学生给出半球的有关定义，要求球的体积只要求半球的体积）

师：半球有点像梵塔，能否把它分为n层再计算它的体积？怎样保证每个截面与底面平行？

生：作垂直于底面的半径OA，先将半径n等分，再过这些分点用一组垂直于半径的平面把半球分割成n层。

（多媒体展示：①作垂直于底面的半径；②将半径n等分；③过各分点作垂直半径的平面；④动画展示分割成的小圆片，展示最下面的三个）

师：每一层小圆片与什么几何体相似？怎样近似计算各层小圆片的体积？怎样近似计算半球的体积之和？

师：怎样让半球的体积计算更精确？

生：让 n 增大。

（多媒体展示：把第三个小圆片再分割成三块，其形状更接近圆柱，然后把所有小圆片重新组合成半球）

师：怎样求出每个小圆片的下底面半径？说出第 1、2、3 个小圆片的下底半径。

生：找一个截面把体积问题化为平面问题；取过垂直于底面半径的截面。

（多媒体展示：半球的轴截面及对应的小圆片轴截面图）

生：这三个小圆片的下底半径分别为 R、$R\sqrt{1-\left(\dfrac{1}{n}\right)^2}$、$R\sqrt{1-\left(\dfrac{2}{n}\right)^2}$。

师：第 k 个小圆片的下底半径是什么？这些小圆片的高是什么？

生：第 k 个小圆片的下底半径是 $R\sqrt{1-\left(\dfrac{k-1}{n}\right)^2}$，小圆片的高都是 $\dfrac{R}{n}$。

师：请同学们计算这 n 个小圆片的体积和的近似值。

学生计算得出：

$$V_1 + V_2 + \cdots + V_n \approx \pi R^3 \left[1 - \frac{(n-1)(2n-1)}{6n^2} \right]$$

师：怎样求出半球体积的精确值？

生：让 $n \to \infty$ 取极限，可得出半球的体积为 $V_{半球} = \dfrac{2}{3}\pi R^3$

定理：半径为 R 的球的体积是 $V_{球} = \dfrac{4}{3}\pi R^3$

2. 中国古代数学家刘徽及其极限思想介绍

师：我们推导球体积公式的基本思想是什么？

生：分割—求近似和—取极限得精确和。

师：这种思想最早形成和运用，是我国古代最杰出的数学家刘徽（多媒体展示：刘徽画像），刘徽生活于三国时期，他在数学上有着巨大的成就，为此后来宋徽宗大观三年（1109）追封刘徽为"淄乡男"。

刘徽自幼研究《九章算术》，他的研究不是生搬硬套，而是寻根问底，集前辈之大成，而又不迷信前人，到晚年为之作注写了著名的《九章算数注》。

这种求实的科学态度，是非常难能可贵的。

刘徽重视和强调数学理论的研究，他认为数学有应用的一面，也有理论的一面。极限思想就是刘徽数学思想的重要组成部分，刘徽在《割圆术》中说："割之又割，以至于不可割，则与圆周合体而无所失矣。"刘徽还运用极限的方法建立了关于多面体体积的理论，奠定了中国数学多面体求积理论的基础。

3. 用极限思想证明圆锥的体积公式

已知：圆锥的底面半径为r，高为h，用圆柱的体积公式证明圆锥的体积为$\frac{1}{3}\pi r^2 h$

由一学生回答解题计划及简单的解题过程，重在理解推导思想，强化旋转体问题作轴截面的思想。

（多媒体展示：分割圆锥的过程，作轴截面，并移动到圆锥体的外部）

师总结：

（1）分割—求近似和—取极限得精确和。

（2）用这种思想还可求出不过球心的截面把球分成两部分的体积。下一节还用这种思想推导球的表面积公式。

4. 巩固球的体积公式

师：球的体积与什么量有关？它和球的体积之间是什么关系？

生：R，V是R的一元三次函数。

思考：（1）若球的直径变为原来的2倍，其体积变为原来的几倍？

（2）若球的体积变为原来的2倍，其半径变为原来的几倍？

5. 球的体积公式的应用

（1）求地球的体积（$R \approx 6370$km，$V \approx 1.1 \times 10^{12}$km^3）。

（2）例1：有一空心钢球，质量为142g，测得外径为5.0cm，求它的内径。（钢的密度为7.9g/cm^3，精确到0.1cm）

学生读题，弄清内径、外径的概念，密度公式，精确度；制订解题计划并练习。

（3）例2：一个正方体的顶点都在球面上，它的棱长是4cm，求这个球的体

积。（多媒体展示：正方体和它的外接球）

分析：求球的体积关键是知道球的半径，考虑如何找到球半径与正方体棱长的关系。

（多媒体展示：过正方体对角面的球的轴截面，并把截面移到立体图之外，突出解题思想）

学生由轴截面求出球的半径及球的体积。

（4）变式训练：一个球内切于棱长为4cm的正方体，求此球的体积。

学生讨论，正方体的棱长与球半径的关系。

（多媒体展示：正方体和它的内切球，作过相对四个切点的球的轴截面，并把截面移到立体图之外，强化作过切、接点轴截面的思想）

6. 中国古代对球体积的整体处理法

中国古代数学家探求球体积的另一种方法是整体处理法。

（多媒体展示：刘徽的牟合方盖——祖暅在开立圆时用的立体模型）

从刘徽开始，直到祖冲之父子最后解决，得到祖暅原理（多媒体展示：祖暅原理）。我们可通过证明底面半径和高都等于球半径的圆柱，挖去一个与其等底等高的倒置圆锥，得到的几何体与半球满足祖暅原理的条件（多媒体展示），从而可得到半球的体积。

另取等底面积等高的圆柱和棱柱（多媒体展示），它们也满足祖暅原理的条件——休积相等，从而得到棱柱的体积为底面积乘以高，同样可得到棱锥的体积等于底面积与高乘积的三分之一。

（三）小结

（1）总结学过的体积公式，包括球、圆柱、圆锥、正方体、长方体、棱柱、棱锥。

（2）球的体积公式的推导思想：分割—求近似和—取极限得精确和。

（3）中国古代数学家刘徽。

作为研究性课题，请同学们在课下对刘徽的数学成就做进一步研究。

（四）作业

（1）三个正方体与同一个球分别满足，各面与球相切、各棱与球相切、顶点都在球面上，求这三个正方体的体积之比。

（2）在球面上有4个点，P、A、B、C，如果PA、PB、PC互相垂直，且$PA = 3$，$PB = 4$，$PC = 5$，求这个球的体积。

（原载《中学数学杂志》2002年第8期）

新课程改革要求转变学生学习方式。我倡导研究性学习、合作学习和探究学习，指导学生开展桓台县农业种植业结构调整社会调查，深入全县每个村进行调查统计，分别按面积、收入变化、增减百分比对各乡镇种植业结构调整进行汇总。学习正余弦定理后，我布置探求三角形面积公式多种形式的长作业，一周后学生展示了三角形面积公式的十五种形式。虽然这些公式不是学生的发明，但这极大地拓展了学生思考研究问题的空间。其中两个课题报告作为实践类课题和课内外结合的典范，被收入淄博市研究性学习成果集《雏凤清声》。

教学案例也可针对几节课来写。很多学校或区域举行同课异构活动，选取几节有代表性的课，进行对比，展现通过不同教学手段和教学设计来实现相同的教学目标。山东省桓台第一中学魏艳老师观摩山东省德育优质课评选后，对其中4节典型课进行对比分析，写出了非常精彩的教学案例文章。

二、教学片段

教学片段案例就是展示从优秀的教学课例中精心截取精彩片段，并进行点评分析的案例。教学片段案例大中取小、短小精悍、以小见大，在极短的时间内，使读者豁然开朗，引发相见恨晚的感情，产生立即实施的冲动。

案例2：归纳推理发现数学命题"哥德巴赫猜想"

教育理论和专业知识水平的提高，使我对教材的把握更加科学、有效。我多角度分析知识线索，全方位研究学生知识基础，探求学生学习新知识的出发点和最近发展区，对教材进行二次整合。在学习归纳法时，根据思维方式"演绎推理""合情推理"并行的原则，我把不完全归纳法和数学归纳法放在一节课内学习，引导学生用不完全归纳法猜想命题，再用数学归纳法进行证明。

从"$3 + 3 = 6$，$3 + 5 = 8$，$5 + 5 = 10$，$3 + 7 = 10$，$5 + 7 = 12\cdots$"发现规律："任意两个奇素数之和都是偶数。"

这显然是一个正确的结论。

再把这些式子反过来"6 = 3 + 3，8 = 3 + 5，10 = 5 + 5，10 = 3 + 7，12 = 5 + 7…"发现命题："大于4的偶数可以表示为两个奇素数之和。"

这就是著名的哥德巴赫猜想，学生体会伟大的猜想和发现就在我们身边。

1742年哥德巴赫猜想提出，1920年后，我国数学家、山东大学校长潘承洞等数十位中外数学家，先后证明了从"9 + 9"到"1 + 3"的中间结论。1966年，我国数学家陈景润证明了"1 + 2"，距离最终证明"1 + 1"还有一步之遥。

数学来源于现实，我坚持创设情境，引入新课，激发兴趣。

案例3："概率的性质"情景引入教学片段

在执教"概率的性质"一课时，采用"诸葛亮借东风"引入：在赤壁之战前夜，诸葛亮判断明天刮东南风的概率为0.3，刮东北风的概率为0.25，刮东风的概率为0.17。如果刮正东风和偏东风都能借到东风。问：诸葛亮明天能"借到东风"取胜的概率为多少？

下课时，又布置研究性学习课题"赤壁之战为什么能借到东风？"提示学生了解赤壁之战的时间、地点，查找气象历史资料，推断当时能借到东风的概率，得出借东风的结论。

三、教学反思

教学反思案例就是围绕一定的教育目的以教育行为、课堂教学等方面的情境作为个案，加以典型化研究和剖析，形成可供借鉴和思考的案例。教学反思案例可以帮助教师学会运用教育理论理解教学中发生的问题，学会对这些问题进行分析与反思，做出准确的判断、合理的决策，并学会对决策方案进行有效的评估和评价。

案例4：桓台一中语文张老师教学反思案例"老师，你写错了"

一次课堂上，我在黑板上写下"想像"两个字时，有几个学生站起来，对我说："老师，您写错了。'想象'的'象'应该是大象的'象'，不是'好像'的'像'。"当时，我并没有意识到这个问题应怎样处理，只是告诉学生："老师写得对，没有错。在字典上，两个词是一样的。"这件事就这样过去了。

时隔许久，我看到一个小故事，讲的是有一回，日本歌舞大师勘弥扮演古代一位徒步旅行的百姓，正当勘弥要上场时，一个门生提醒他说："师傅，您的鞋带松了。"他回了一声："谢谢你呀。"然后立刻蹲下，系紧了鞋带。当他走到门生看不到的舞台入口处时，却又蹲下，把刚才系紧的带子又弄松。有一位记者问勘弥："您应该当场教那位门生，他还不懂演戏的真谛。"勘弥答道："别人的亲切必须坦率接受，要教那位门生演戏的技能，机会多的是。在今天的场合，最要紧的是要以感谢的心去接受别人的亲切，并给予回报。"

看了这个故事，我猛然惊醒。可以想象当时学生是鼓起多大的勇气才敢说出"老师，您错了"。我却自以为聪明似的告诉学生"老师写得对，没有错"。可结果呢？正是因为我的这一句话，扼杀了学生大胆质疑的勇气。从此以后，即使老师真的写错，学生也不会给老师提出来，甚至会认为是自己想错了，老师是不会有错的。

第三节　成长类案例

成长类案例包括学生个案、教师个案等。

一、学生个案

对特别学生进行个案研究，有利于发现学生成功的密码，激发广大学生成长发展的动力；发现问题学生背后的原因，以便对症教育。

在桓台一中担任班主任时，9月1日新生入学后，在通过主题班会"体会父母的关爱"后，我会引用第二个案例对学生进行进一步的激励。

案例1：小宋——抗争改变了我的命运

小宋出生于桓台县，1995年作为初中的优秀毕业生，考入淄博市化工技工学校。那一年，技校毕业后，国家还会统一分配工作。于是，小宋1997年毕业后被分配到桓台县磷肥厂工作，结果工作一年后工厂破产，小宋没有了工作。

1998年9月，他到桓台一中跟随高三"复课"，准备考大学，圆自己的大学梦。其实小宋不能算作复课生，淄博化工技校毕业，没有系统学过高中课程，除了与化工有关的化学外，有些科目学得很少，甚至没有学。强烈的上进心激励着小宋，别人复习，他也进行着相当于学习新课的"复习"。班内成绩最好的同学考500多分，小宋也能考到同样的分数。但好景不长，随着复习内容的增加，小宋的成绩迅速下滑，到第一学期末只能考到300多分，班主任及时通过谈话、家访等方式给小宋鼓劲，各科教师对复习方法也进一步加强指导。班主任还专门给他写了一副励志对联。在老师的鼓励和指导下，小宋凭借坚强的意志，经过不懈的努力，成绩逐渐回升到班内最高水平，以优异成绩考入吉林大学化学系基地班，受到吉林大学的重点培养，从本科大四开始直到博士毕业受到中国科学院林海涛院士的专门教授指导。"抗争，改变了我的命运"是1999年考入大学后学校邀请小宋回校给全校学生做励志报告的题目。以下是小宋的经历：

1999—2003年吉林大学化学基地班，理学学士；

2002—2009年师从中国科学院院士林海涛教授；

2006年7月毕业于吉林大学，理学硕士；

2009年7月毕业于清华大学，理学博士。

博士期间被派往比利时一所大学开展合作研究9个月，师从比利时两位著名有机化学家。

2009年毕业后获2年洪堡基金资助在德国锡根大学开展博士后研究工作，合作导师为霍尔格教授。

2012年4月受聘为苏州大学材化部高分子专业教授。

同学们听到小宋的事迹后，怀着激动的心情展开激烈的讨论。"如果磷肥厂不破产，小宋可能一直就是磷肥厂的一名普通工人。""如果磷肥厂破产后，小宋不到桓台一中复课，可能就是乡村的普通村民。""实际上小宋只用一年的时间学完整个高中课程，如果在复课成绩退步时意志不坚定，可能也不会考上大学或者考不上很好的大学。"

我及时引导："回校做报告时，小宋还没意识到自己的命运因为抗争有了天翻地覆的变化。小宋的命运改变了！小宋一年就会取得如此好的成绩，我们奋斗三年会有更大的成就。"

案例2：小C发生问题的背后

2009级我上课的班级有名学生小C，入学后经常旷课，和家长、老师、社会产生很强烈的敌对情绪。

在宿舍，没人愿意和他同住，和他同宿舍的学生陆续搬走，宿舍只剩下他自己。

在家里，他把家长的关爱都当作另类教育，怨家长不疼爱他。

在班内，坐在教室的最后一张桌，很少与他人交流，我问周围同学见没见到他时，周围同学总是说，没注意。

有一次，班主任的批评惹恼了他，他和班主任直接动手打了起来。开学第一学期平均每个月我都找他谈话一次，每次都在一个小时以上，效果也不明显。面对这种情况，我当时想到在这背后一定有一些影响学生发展的往事。我就和小C说：写一下自己从小走过的路，要写5000字。从他写的回忆录里，我清楚地看到一个学生的变化过程。

变化的起点：在本乡镇上完小学后，被父母送到县城一所初中学校，他很不情愿，非常想家。他不理解为什么父母要把他送到这所学校，满脑子怨恨，从那时开始与父母的沟通就非常少了，他的父亲在济南从事建筑业，很少回家，他有时十天半个月都不跟父母说句话。可见学生在初中脱离家长的监管，脱离父母的亲情交流，很容易形成不健康心理。

变化的关键事件：初三期中考试时，他把一个学生的凳子坐坏了，对方找了一帮人硬要300元钱，在学校厕所附近双方十几个人打起了群架。他被打得嘴里出血，回到教室气急败坏地踢了地上的墨水瓶一脚，结果打坏了学校背投电视的屏幕，被学校罚款3000元。从此，班主任不让他在学校住宿，每天放学后坐车从县城到几十里地外的荆家。之后，又跟着班里的孩子上起了网，迷恋网络游戏，学习成绩一落千丈。

心理的明显变化：2009年暑假，家长为了锻炼他，让他自己坐车去济南，还不让带手机。当小C在异地迷失方向的时候，得到的是家人的嘲笑和辱骂。小C写道："就在那时，我决定就算饿死、累死在异地，也不乞求家人施舍那份践踏的尊严。"

2009年暑假开学，因为父母很忙，小C自己一个人来到了一中，怀着失落的心情带着一万多元钱来到缴费处，当时有个收款员说了一句："怎么自己来了，家长没脸见人了？"小C什么也没说，只是深深地记在心里，想着以后报复。来一中第一印象就是缴费生是让人看不起的，在班里仅有三四个人还算谈得来。班主任老师和其他老师与他谈话，谈得最多的是劝他学点技术，掌握一技之长。小C感到没有人接纳他，没有人能在乎他，先是在宿舍里胡打乱闹，再发展到晚上外出上网，白天在宿舍睡觉，反对老师向家长打电话汇报学生情况。

　　这样一个学生最终没能坚持在学校学习，在高一下学期退学了。他退学后在家，整天上网，困了就趴在桌子上睡一会儿，饿了就在电脑前胡乱吃点东西。好在春节后，他在家长的劝说下，去济南建筑队打工。虽然小C退学了，我还是经常给小C的家长打电话了解小C的情况，对他的教育提出一些合理化的建议。

　　后来，小C参了军，成了一名光荣的海军士官，每年教师节，小C都会给我发来祝福短信，同时汇报在部队的训练情况等。

　　小C的状况有其自身的因素，有父母初中把他送到县城寄宿学习的因素，但最重要的是初中时老师对他的教育力度不够，几个关键事件的处理也欠妥，多因素积累导致了最后的不良结果，使他高中都没有坚持上下来，影响了他的一生。

二、教师个案

　　教师个案就是对教师（或校长）中的个体进行全面深入的研究，通过成长经历中的典型个案，揭示其品质特征，探索其成长规律与机制。对教师群体或区域教师的专业成长提供有意的启发和启迪。在热爱教育事业、关爱学生、辛勤耕耘、严谨治学、志存高远、善于学习、与时俱进等特质中找到可借鉴的成长密码。

案例3：首批齐鲁名师史建筑老师2007年分享的实践与反思

行动理念：我的语文观（史建筑）

　　语文·学科：语文作为一门独立学科，有其自身的个性与规律，语文学习必须重视积累、感悟和运用，既尊重原始解读、个性理解，又提倡交流融合，海纳百川。在诸多的学习途径中，阅读与写作是语文学习中最有力的两翼，两翼均衡才能飞得高、飞得远。

　　语文·生活：语文学习的外延与生活的外延相等，小到人际交往，大到国际交流，语文在我们的生活中无处不在、无时不在。我们的生活中既有小说的曲折、戏剧的冲突，也有诗歌的隽永、散文的飘逸。"腹有诗书气自华"，一个语文能力突出的人，能随时通过适当的自省反思调整自己，能以得体自然的形式和内容表现自己，能使自身折射出深邃的人格魅力。随着时代的发展和文明的进步，人们会逐渐把母语水平作为衡量一个人素质和修养的重要标准。有了语文这一有力的支撑，一个人的言行中就会透射出文明、自律、谦和、幽默、深刻和自信。

语文·生命：这是语文的崇高境界，它已经超出了学科、生活的范围，进入了一个人乃至一个民族的精神世界。语文所负载的文化、思想、理念和传统，将深深地影响着生命和精神的进化。在这一境界中，我们不难理解文学巨匠可以成为一个民族或国家的精神领袖，我们不难理解一部名著可以支撑一个穷困潦倒之人不断叩问自己的心灵。如此看来，钟爱语文，就是为自己的精神家园构建屋宇；钟爱语文，就是给自己的心灵加钙；钟爱语文，就是让一个人圣洁而自信地走过人生的每一座驿站……

自我认识与发展规划

著名哲学家冯友兰将人生的境界归为四类：自然境界、功利境界、道德境界、天地境界。我在想，教师的职业境界有哪些呢？据我的体验和思考，大致可归为三类：谋生境界、奉献境界、发展境界。当然，境界之间绝不是截然分开的，例如，谋生是基本的生存需要，发展境界绝离不开奉献。

谋生境界：生存而已，精打细算，一切以谋生效益来衡量。

奉献境界：一味地付出，成就学生的同时付出了自我，遗忘了自我，透支了自我，湮灭了自我。

发展境界：成就学生的同时，成就自我；发展学生的同时，发展自我。构建属于自己的教育教学体系，实现自身价值，推动社会发展。

一、"自我"认识

"我"是谁？（茫茫人海中，我是哪一个？我从哪里来？现在在哪里？要到哪里去？）

（1）《感谢那根刺》。

（2）借调党政部门。

（3）管理——"弱智"；教书——我的兴奋点。

二、"自我"规划

生活规划，学历规划，职称规划……

专业发展规划：标志性成果（省级教学能手、省优秀教师、齐鲁名师工程人选、山东省年度创新人物等称号）、编著（山东人民版高中语文教材，主编《走进名师课堂·高中语文卷》、专著《语文的风景》、课题研究、在核心期刊发表论文、在《人民教育》发表论文）。

教学规划：

2002年，开始加入"综合阅读"，学生收获极大；

2003年，启动"立体读写"；

2004年，启动"师生同写"；

2005年，着手"文本细读"；

2006年，组建"口才社"，取得市级学生比赛第一名、海峡两岸高中生辩论赛第一名、全国"希望之星"英语大赛第一名；

2007年，启动"课题探讨"；

2008年暑假后，准备启动"名作重读""学本编写"工程。

实践探索：语文课改关键词个性解读

关键词1：活动·积累

案例1　《项脊轩志》教学实施及反思。设计了"补写文本、情境诵读、勾画点评、文本变奏、对联作结、阅读链接"六项活动。

反思：在课堂运作中，文本的解读不能流于肤浅，不能只搞貌似活跃的嘴上功夫，教师要想方设法将文本的学习体验落到实处，引导学生在活动中解读文本，进而完成语文素养和人格境界的全面提升。

活动设计坚持三个原则。一要紧扣文本。立足文本，戒玄戒浮，戒虚戒滥，这是文本教学获得成功的前提。二要有序性。梯度合理，层次清晰。三要有趣味性。从学生实际出发，设计出生动活泼的学习活动，激发学生的兴趣，调动学生学习的积极性和主动性。

关键词2：预设·生成

案例1 《石壕吏》教学实录。

学生选择喜欢的字、词、句勾画批注的预设、预生成。

案例2 《拿来主义》导入环节。

师：20世纪80年代末，我国著名作家冯骥才曾赴法国访问，当地一位记者别有用心地问他："你们不断地到我们法国来访问，不怕你们中国变成资本主义国家吗？"假如你是冯先生，你想怎样回答这位记者？

反思：在新课程背景下，经常提及的"预设"与"非预设"是一组相对概念，切忌重其一点，不及其余。绝对的"非预设"是虚无，绝对的"预设"是单边活动。"预设"的最高境界是"一切皆似无意间"，"非预设"的最高境界是"不着一字，尽得风流"。虽然时下对于"非预设"呼声很高，但我认为作为规定了具体教学内容的课堂，其教学环节还是应该仔细揣摩、精心设计的。

关键词3：个性·己任

案例1 教师引导学生将李白《将进酒》变奏为现代诗、词等文体。

案例2 将《在马克思墓前的讲话》作为副标题，为其拟一个正标题。

案例3 借鉴《劝学》论证手法、语言风格、句式特点，续写有利于学习的其他观点。

反思：好的语文课之所以姓"语"，在很大程度上是因为其紧紧抓住了文本语言这条主根。有了这条主根作为依托，再联合其他提供养料和水分的侧根、须根，才构成了枝繁叶茂的植株在地下的有力支撑。

然而，如今语文课的个性与己任却有着不同程度的虚化和缺失，许多这样的课：大肆渲染地导入，费尽口舌地绕弯子，迟迟走不进文本，或刚走进文本，却来了个"蜻蜓点水"，急匆匆地走出了文本，架空分析，虚浮链接，"外围战"打得不少，"巷战"打得不多，有时像历史哲学课，有时像主题班会，有时像《曲苑杂坛》，有时像《正大综艺》，就是不像语文课，"少、慢、差、费"带来的贫瘠且不说，还"肥水流了外人田"。

关键词4：探究·交流

案例1 《包法利夫人》连续能力大比拼。

案例2 《再别康桥》中诗人来去的方式是怎样的呢？

反思：探究、交流的相关关键词——自主、主动、独立、合作、激励……

对教学过程实质的认识：交往互动，教师的合作意识及探究品质对学生的暗示，及时纠正、完善、归纳、积累。

第三章

专题研究

3

　　从案例研究出发，发现教育教学中的突出问题，拓展为研究专题。综合因为成绩不好产生的厌学案例、因为同学关系不融洽不愿意上学产生的厌学案例、因为师生关系产生的厌学案例、因为亲子关系产生的厌学案例、因为个人心理问题产生的厌学案例，等等，我们就会意识到将厌学问题作为一个专题进行研究的必要性。

　　专题研究就是运用恰当的教育理论，以教育科研的态度把握教育问题，分析列举现象背后的原因。采取科学的方法，设计可操作的方案，有目的、有计划地探索解决问题的措施、方法与策略。达到解决实际问题，提高教学质量，提升教育品位的目的，使教师教育科研和专业发展跨上新的台阶。

　　专题研究主要有教育类专题、教学类专题、成长类专题等类型。

第一节　教育类专题研究，探求教育策略

我从"自卑的小张"等案例提炼出研究专题"学生自卑心理的成因及教育对策"，分析了自卑学生胆小、懦弱、孤僻、不爱交往、缺乏知己等外在表现，研究了自卑学生对待同学和班级态度冷淡、出现人格障碍、导致学习下降等心理现象，提出了教育措施：让自卑学生理解掌控自己的性格，利用由自卑产生的"发展自我的愿望"，树立人生目标，突破心理障碍，逐渐走向成功。

专题1-1：学生自卑心理的成因及教育对策

在班级工作中，经常见到这样一些学生，他们胆小、懦弱、孤僻、害羞、沉默寡言、不爱交往、缺乏知己。这样的学生能力差，进取心不强，对同学和班级事务态度冷淡，平时非常怕在别人面前说话做事，该说的话到了嘴边又吞吐起来，总感到事事不如人，有着难以名状的自卑感。

要教育好这些学生，首先要分析形成这种自卑性格的原因。这种性格的形成，一是个体与环境的长期不适应。这种学生开始多有较强的自尊心，但由于自己能力或其他方面的原因，常常处于失败或落后的境地中，强烈的自尊心长期得不到满足，便产生自信心不足的心态，进而逐渐形成自卑、怯懦的不良性格。二是有些同学受错误观点的影响，如"遗传决定论"、"女生不如男生"、教师对学生的错误评价等，感到自己天资不如别人。三是受到家长、教师过于严厉的批评指责，甚至受到当众羞辱，严重损害了自尊心，心里的疙瘩

长期压抑在心中，以致变得更加胆怯自卑。

自卑感同世间一切事物一样，有利也有弊。首先，自卑感是人类在成长过程中不可缺少的东西，任何人都会因为感到有所不足而去奋斗。正如美国教育学家玛丽·贝农所说的："自卑感是走向成功的踏板，没有它成功则毫无指望。"我国古代也有"寒门出才子""逆境出人才"的说法。因此，自卑感绝不是令人羞耻的，我们发现它，承认它，并设法弥补它，要让有自卑感的学生勇于承认自己的性格缺陷，坚信只要下决心去纠正，就能克服这些性格弱点。让他们善于利用由自卑产生的"发展自我的愿望"，树立人生的目标。

当然，自卑感并非全是激励人，使人奋发上进的。若对它处置不妥，将会使人消沉，以致走上邪路。因此，我们首先要耐心对待有自卑感的同学，经常找他们谈心，并和他们一起分析自己的长处和优势，使他们树立起信心，也让他们认识自己的短处和不足，制定切实可行的目标和计划。同时，鼓励他们多参加一些集体活动，并在活动前做好充分准备，努力在实践中奋斗，利用自己的长处把事情办好。要多给他们创造成功的条件和机会，对他们取得的每一点进步与提高都给予肯定。指导他们深切体验每次成功的欢欣与喜悦，使他们克服自卑和胆怯心理，恢复自尊心和自信心。

自卑感作为一种心理障碍，运用恰当的心理疗法进行调理也是非常必要的。可采用实践脱敏法、代偿迁移法、共鸣理解法。实践脱敏法，是指引导学生反复接近引起自己胆怯的事物，直至不再害怕和敏感。例如，不敢在大庭广众之中发言，就先在家中自己熟悉的环境和人群中练习说话，渐渐地扩大到班组或更大的范围，慢慢就会对大庭广众的场面不再胆怯。代偿迁移法，是指通过另一种活动来弥补自己由于对某种活动力不能及而受到的挫折，使自己心情变得愉快起来，进而增强自信心。许多出自逆境的人才，就是从自己心爱的事业中得到喜悦，抵消了逆境带来的痛苦，从而使自己性格变得坚强起来，并取得事业的成功的。共鸣理解法，是指与其去说服对方，不如对他的苦恼心情表示同情和理解，要耐心倾听他的诉说，并站在他的立场上，设身处地地替对方着想，跟他一起思考，帮他分忧解愁。

总之，自卑感是人生进步中产生的一种心理状态，正像珠贝母损伤自己后会孕育出美丽的珍珠一样，通过师生的共同努力，在自卑感困扰中的学生一定会磨砺出完美的人格，一定会取得较大的成就，成为一个卓越的人。

（此文在1996年7月15日《山东教育报》发表）

2007年我参加齐鲁名师赴美培训活动，21天考察了小学、初中、高中、大学、社区大学共11所学校，听课45节，先后居住在3个美国家庭中；参加了教师集体备课；观摩了康州中学生机器人大赛和第二届康州中华艺术节；参观了社区游泳馆、棒球馆、滑冰场、游乐场、游艇俱乐部、社区图书馆等学生社区活动场所；拍摄了一千多张照片，形成了两万多字的考察日记和感悟；对赴美考察活动进行了专题研究，论文《零距离接触美国中小学教育》在2008年《新校园（理论版）》发表，论文《从美国的学校没有"围墙"谈起》入编论著《感悟美国教育——齐鲁名师美国行》（第4篇文章）。

专题1-2：零距离接触美国社会、学校与家庭
——突出个性的课堂，注重素质的学校，高效务实的社会

2007年10月24日—11月15日，我作为首批齐鲁名师建设工程人选，参加了"齐鲁名师建设工程"入选赴美学习培训活动。在美国21天参观考察了11所学校，听课45节，先后居住在3个美国家庭中；参加了5场家庭聚会和教师晚餐会；参加了学校的集体备课；观摩了布里斯托尔镇的选举和康州中学生机器人大赛。

一、从迷茫到收获

这次培训分两种形式，9天集体参观了耶鲁大学、哈佛大学、麻省理工学院、木桥镇小学、康州教育厅等，12天分散进驻美国家庭，零距离接触美国学校与社会。考虑到语言问题，进驻美国家庭基本上都是两人一组，只有少数老师单独到学校实习。我被安排单独到布里斯托尔东方高中实习。看到接我的副校长丹尼尔先生因为我不会说英语而满脸不高兴的样子，我担心，我迷茫。美

国学校和家庭的实习会有多大收获？我感到了进入美国这没有围墙的学校是困难的。汽车在公路上疾驶着，我也在快速思考着，怎么办？最后我想明白了，我要用心去与他们沟通，用心去了解美国社会、家庭和学校。

到达实习学校的当晚，行李没放下，我就和学区的学监、校长一起观看了实习学校参加的女排比赛，与他们一起分享比赛获胜的喜悦。我的真诚赢得了他们的信任和支持。我参观了小学、初中、高中、大学、社区大学。每天6:20跟随借住家庭的校长、老师到校，整天泡在学校的课堂里，听了实习学校开设的所有类别的课；参观了学生课外活动场所，社区游泳馆、棒球馆、滑冰场、游乐场、游艇俱乐部、社区图书馆、青少年野外军事训练营等社区活动场所。看了一场美国电影，参加了第二届康州中华艺术节。

我被安排单独到学校实习是幸运的，它是我人生的又一次大突破。我凭借快译通实现了与美国家庭、学校、社会的有效沟通，拍摄了一千多张照片，形成了两万多字的考察日记和六篇感悟。当送我回宾馆的副校长与我拥抱时，我为在美国学校实习有所收获而高兴，为我用心突破了美国社会和学校的围墙而自豪。

我们学习主要在康涅狄格州。康州位于美国东北部，在美国的位置与山东在中国的位置基本相同。康州海岸线狭长，有黄金海岸之称，面积1.3万平方千米，人口不到百万，在全美排名倒数第三。首府在哈特福德。康州为丘陵地带，土壤肥沃，水运方便，气候温和湿润，是美国独立时期13州联盟之一，美国第一部宪法诞生于该州。康州虽小但处于经济最发达地带，与山东省是友好州省，2005年开始进行教育方面的交流。我们抵达时，正是康州一年中最美丽的季节，天高云淡。康州森林覆盖率超过三分之二，遍地都是栎树、桦树、山毛榉、枫树等，树林高低错落，草木葱茏，漫山红叶，如云似雾，层林尽染，美不胜收。著名的耶鲁大学就坐落在康州。

二、我看到的美国校园

当我们集体乘车在不知不觉中进入了耶鲁大学校园时，导游再次介绍耶鲁是没有校门和围墙的学校。我们从外面参观了学校的宿舍、教学楼、音乐厅等教学场馆，甚至没凭任何证件就进入了两个图书馆。各种社区商店、超市、餐馆与大学的教学场馆有机结合，确实看不到学校的校门和围墙。

七天后，我借到纽黑文中国餐馆吃饭的机会再次对耶鲁大学进行深入了解。除大学一年级的校区比较开放外，其余院系的大门都是凭证件进入的。耶鲁大学好多教学场馆都在地下，是相对封闭的。我还看到了小布什参加的骷髅社的大楼，只有两扇很小的窗子，它的组织生活是严格保密的，为了保密，它的楼顶甚至可以停放直升机。

我参观过的美国中小学校园，都是"口"字形、"日"字形，或"田"字形的二层楼房结构，没有专门的校门和围墙，校门就是楼门。但各个进出口都设计有专门的机关，上学和放学时间学生可以随意出入。除此以外的时间都是只能出不能进，正常教学时间，外面的人不经允许绝对进不到教学区。

麻省理工学院的正门也是一个很高的楼门，一进门就是通往几个方向的走廊。卫斯里大学和米德尔塞克斯社区学院都没有正规的校门。哈佛大学是有校门和围墙的，但它的门很多，正门很简单，也不是很大。

三、美国的学校和学生管理

在布里斯托尔东方高级中学，只有一名校长和两名副校长。校长直接面对每位教师，每天到校第一件事就是通过电话秘书了解教师到校情况，及时做出课程安排，最后一件事就是填写当天的教学评估报告。副校长直接面对每个学生，在他的计算机管理系统中，学生的个人信息、家庭信息、历次考试成绩、违纪情况、获奖情况可随时查阅。

美国中学都实行走读制，他们没有班的概念，只有课的概念。在课堂上学生外出去洗手间都要登记时间，并拿着写有教师姓名和教室号的牌子，见不到学生长期不归的情况。实习学校1400名学生，只有7名相当于国内班主任的指导教师，按照学生姓名开头两个字母每人分配200名学生。学生有问题可直接到副校长室，有专人接待并安排与指导教师见面。有时校长和副校长直接面对学生，在我实习的小学，校长就亲自过问一个学生在手上写的字，直到看到学生把手上的字洗掉为止。也看到实习高中的副校长直接和抗议被延缓的学生谈话的场景。虽然没有班的建制，但事事有人管。

美国小学一年级到五年级实行包班制，一个老师负责整个班级的各科教学，老师的办公室就在教室。从小学六年级开始分科教学，学生没有固定教室，实行走班制，老师教室固定，教室就是办公室，学生根据课程表每节课都要更换教室。小学、初中每节课45分钟，课间休息1—3分钟。我实习的布里斯托尔东方高级中学，早上上课时间是7：40，每节课84分钟，每天四节课，课间4分钟，这4分钟就是学生更换教室的时间。美国中小学的餐厅都不大，学生分三组轮流吃午饭，每组25分钟吃饭时间，吃饭后马上到教室继续上课，中午不回家也没有午休，学生在餐厅也有老师维持秩序。用康州教育厅分管中美交流的官员葛丹先生的话说，这样安排就是保证学生在校基本都是学习时间，不给学生做其他事情的时间。

美国学生上学、放学都有免费的校车接送。美国比较富裕的家庭都住在郊区的别墅里。别墅之间都有一段距离，学生放学回到家里很难彼此联系，并处于家长的监管之下。这样从学校到家庭，学生始终处于老师或家长的监管之下，基本没有出现问题的机会。

四、不让一个孩子掉队

美国总统布什上台后高度重视教育改革，2002年签署了《不让一个孩子掉队法案》，目标是缩小学生成绩之间的差距，为所有孩子提供高质量的教育。关于这方面让我感受最深的是美国的特殊教育。

在木桥镇小学的一个资源教室，2名老师正在给3个学习困难的学生补课；另一个资源教室有4个智障儿童，每个学生由一名老师负责，教室内有厨房和卫生间。每名老师基本上是手把手地在帮助着学生。美国有专门的法律保障智障、残疾儿童的受教育权。只要家长要求，每个学校必须接收，并且必须制订专门的培养计划，他们要求和普通儿童有同样的学习环境和交往环境。这所学校52个教室中就有10个资源教室，专门给学习有困难的儿童、特殊儿童和残疾儿童使用。这些儿童的教育由普通教师、专门教师、专职教师、生活教师共同负责。

在常春藤附属小学，一个五年级的班正在图书和计算机中心上课。这个班19名学生通过抽签被分成两组。一组查找图书资料并在旁边的阅览桌上阅读。另一组在计算机上创建电脑网络图，巩固他们所学知识，其中2名学习有困难的学生在老师专门陪护下学习。一节数学课上，3名学习困难的学生的座位就在讲桌前，助理教师坐在他们身旁，大多数时间都在专门辅导这3个学生。一节体育课上，我见到了一个坐着轮椅的脑瘫学生。这个学生全身都不能动，被固定在轮椅上。生活老师专门推着他和普通学生一起上课、一起做游戏，当老师抢到游戏的鱼给这个学生看时，他脸上露出了笑容。学生发放统计运动量的计步器，这个学生也得到一个，与普通学生完全相同。

在布里斯托尔东北初级中学。上午我听了一节六年级关于分数比较大小的数学课，下午又看了一节专门针对六年级数学不过关学生的补课。参加补课的12名学生普遍好动，课堂表现明显不如其他班学生。为了让学生学会分数大小的比较，教师设计了一系列题组。从2×6、50×1、50×50等简单题目开始，逐步过渡到比较分数大小的题目。虽然是一些学习有困难的学生，但他们精神状态都很好，丝毫表现不出自卑的情绪，都抢着回答问题和到黑板上去做题，这节课78分钟，比正常课45分钟长出许多。也是在这所学校，下午学生放学后老师们都留下来继续集体备课。其中有一个组的老师讨论热烈，陪同参观的校长告诉我，他们正在为一个学习困难的学生讨论制订专门的学习计划。

美国的特殊教育是全纳式教育，真正做到了无障碍的受教育环境和教育机会的均等、零拒绝的教育理想。美国对特殊学生的经费支持也是非常值得一提的，一般学生的经费每年4400美元，轻度残障儿童每年9000美元，中度残障儿童每年13000美元，重度残障儿童每年的经费高达80000美元，在美国社会和学校的卫生间、停车场、会议室都有残疾人专用设施或位置。

由此我们可以清楚地看到美国社会、家庭、学校及学生本人在"不让一个孩子掉队"方面所付出的努力。这是我赴美考察体会最深、最受震撼的一点。

五、美国的教学方法和课堂结构特点

美国倡导的教学方法和策略主要有9种。按照教学效率的高低依次为类比和对比，记笔记、总结，及时鼓励学生，布置作业，非语言性表达，合作学习，课前预习，实验假设和问题引入。美国的课堂有以下特点。

（一）合作学习

合作学习是美国课堂最主要的学习方式，美国学校大部分课桌和座位是连在一起的，这样便于师生根据需要随意搬动。年级越低合作学习占的比重越大。好多美国课堂的课桌被排成各种有利于学生交流的形式，有的4—6人课桌围在一起形成小组，有的课桌围成2—3个大组，有的排成三角形。在小学和初中的教室内都有一块圆形或椭圆形地毯，学生可围坐在上面阅读、讲故事等。

（二）类比与对比和形象化

类比与对比和形象化是我听过的数学课中应用最多的教学方法。通过形象化把数学问题直观化，通过类比实现知识的迁移，实现由形象思维到抽象思维的过渡。美国是讲究个性和实用的国家，在对学生的要求上不追求统一，以能解决问题为准。学习分数大小的比较，最后学生可采取三种方法：一是通过分割圆成几部分比较大小，这些学生停留在形象思维阶段；二是分母相乘做公分母通分比较，这些学生形成了可操作的技能；三是少部分学生找到最简公分母再通分比较，达到抽象思维阶段。

（三）实践性和实验性

实践性和实验性是美国课堂又一重要特点。学生每节数学课都有解决实际问题的环节，都要做一些实践性的题目，就连我听过的卫斯理大学微积分课也是以4个应用题展开教学的。例如，学过长度，老师要学生说出1毫米、1厘米、1米、2米等高度的物体。实习高中科学课每个教室都与一个实验室相连，老师讲到斜抛运动，后半节课学生就到实验室做斜抛实验，在实验纸上清楚地显示出运动轨迹，学生分组进行画图、测量和计算，教学效果相当好。

（四）学生乐学好学

学生乐学好学也是美国课堂的一个特点。及时鼓励是美国老师经常采用的教学策略，课堂上老师说得较多的是"OK""Good"等鼓励性语言。有的老师还采取物质奖励的方法，一节数学课的最后环节，老师拿出一些卡片，发给那些做得既快又准的学生，学生都把这些卡片珍藏着。在小学体育课上，老师为了让学生达到一定的运动量，每人配发了一个计步器，测量学生在体育课上和课下的运动量。中午就餐时学生们纷纷拿出计步器，给我看他们的总运动量。数学课上，学生两人一组玩扑克游戏练习分数大小比较；英语课上，学生通过设计电脑网络图，复习学过的耳朵、鼻子、眼睛、手和小猫的有关知识；等等。

六、美国学生的能力结构

原以为美国学生学的知识是浅显的，但通过实习我改变了看法。美国学校教学数学知识并不是很浅，而且他们的书都很厚，高中数学每册近900页。更重要的是学生能突破课堂与学校的围墙，将学习向课外、校外延伸，形成较好的能力结构。

我实习高中的汉语老师任彤的儿子从3岁开始进行折纸练习，现在相当熟练。自己看着书就能折出狮子等很复杂的造型，还有足球、电动车等创造性手工制作。我观摩了康州中学生机器人大赛，各中学学生制造的机器人都富有创意。在小学教室内外，我们看到很多学生的小制作展示。在高中有烹饪、刺绣、编织、陶艺、摄影等手工课程。美国学生的动手实践能力普遍较强。

在实习高中的汉语课堂上，学生纷纷拿着自己从网上搜集来的中国名人进行展示，有老子、孔子、关羽、毛泽东等。从网上搜集到的国家也是五花八门，学生甚至搜到了汤加、萨摩亚等连老师都不熟悉的国家。在会计课上，学生分组用幻灯片展示他们设计的商店或公司的规划运营模式。学生运用计算机网络获取信息、整理信息的能力相当强。

在木桥镇小学，一名女生拿出她自己写的书向我们展示。在常春藤附属小学午餐时，学生纷纷前来与我交谈，问一些中国的情况，也问到我学校的情况。很多学生拿来本子让我留言，有个小男孩在快译通上用英语打出了"你是我的朋友"的字样。走出几步后，这个学生觉得表达得还不够，又回来再次打出了"你永远是我的朋友"。在我考察的其他学校中，这样的场景也很多。美国学生的交往能力也很强。

美国中小学一般下午3：00前就会放学，放学后这段时间我实习的高中学校每天都有很多学生参加各种运动训练，项目遍及所有田径和球类项目，还有机器人设计、音乐、美术等活动。学校与学校之间也经常进行一些比赛。在实习期间我观看过实习学校和其他学校的排球、棒球、足球、橄榄球比赛。学校运动场和走廊里摆满了各种体育奖状、奖杯等，虽然正常上课时间学生都是在楼内活动，见不到阳光，但由于课外活动丰富多彩，学生身体素质都很好，也形成了较好的能力结构，形成了完整的个人素质。

（原载《新校园（理论版）》2008年第4期）

第二节 教学类专题研究

在高中学习过程中，会出现高原现象，特别是一轮复习结束，二轮复习开始后，学生感觉自己的学习技能、能力、成绩都出现停滞不前的现象，有的认为自己能力不够，按照知识顺序复习还行，进入综合复习阶段自己的综合能力不强，导致成绩真的下降了，甚至有的学生直到高考，成绩直线下降。2010年我对此进行了专题研究。

专题2-1：解析高原现象

人在学习过程中，经过一段时间并取得一定成绩后往往会出现停滞不前的现象，仿佛他的水平已到了极限，再学习也无济于事；觉得学习非常艰苦，大脑似乎被塞满，对知识和信息的加工能力跟不上，如同登山时的高原缺氧反应一样，疲惫不堪，思维麻木甚至停止运转，心理上产生一种极度厌倦、"再也进不去"的"窒息"感觉，这种现象在心理学上被称为"高原现象"。在每年的高三复习中，学生都不同程度地出现"高原现象"。具体现象是复习没有头绪，没有效果，停滞不前，甚至出现倒退现象，原来会做的题目也不能准确做出。这给参加高三复习的同学造成很大的精神负担，甚至有些同学还因此影响到了高考的成绩。

一、高原现象普遍存在于各种学习过程中

从哲学的角度看，世间一切事物都有一个从量变到质变的过程。高原现象就是将要发生质变前的量变过程。我国明代学者朱熹在《晦翁学案》中讲："读书始读，未知有疑。其次则渐渐有疑。中则节节是疑，过了这一番后，疑渐渐解，以至融会贯通，都无所疑，方始是学。"可见高原现象普遍存在于各种学习中，特别是一些技能的形成过程中。例如，射手在进行射击训练时，在训练初期，射手对武器的操作技能掌握较快，训练成绩呈上升趋势，而到训练的中期，技能达到一定水平后，却往往出现停滞不前甚至下降的现象。练习键盘打字、学习绘画，甚至股市中也有所谓的高原现象。在人的任何学习过程中，达到最终学习目的之前，总有这么一段停滞的时间，有些人以为这就是自己的最高水平，从而放弃了继续学习，造成了终身遗憾。其实这种高原现象是可以突破的，而且在突破之后，可以让自己的学习水平产生质的提高，达到新的境界。

二、产生高原现象的原因

要想尽快突破高原现象，必须明确其产生的原因。高原现象的产生，主要有身体、心理、知识和学习方式等方面的原因。

（一）身心的高度疲劳是导致高原现象的客观因素

学习过程进行到中后期，学习者在身体方面消耗较大，长时间用脑，特别是机械性地用脑，会导致大脑积累性的高度疲劳。这时大脑就自然进入一种抑制状态。在这种状态下，人的身体素质下降，视力减弱，体力、脑力达不到要求。除了学习方面所造成的疲劳之外，还有天气、睡眠、饮食、环境等方面带来的影响。如天气炎热、睡眠不足、住宿环境喧闹等，都有可能使学生大脑和身体疲劳。这种生理疲劳现象，又会引起心理上的疲劳，表现为注意力分散、情绪烦躁、思维迟缓、记忆力减退等现象。这是产生高原现象的客观原因。

（二）消极的情绪、兴趣、意志等心理是产生高原现象的重要原因

人的心理受其思维、注意力、情绪、意志等心理因素的制约，其变化会对学习过程产生直接的影响。随着学习的深入，学习者自认为已熟练掌握了基础知识，形成了一套较为成熟的解决问题的基本技能，产生了自我满足思想，从而不重视对基础知识的复习，也不愿再花更多的精力去进行新知识和方法的思考与探索，缺乏进一步提高的内在需求和动力。取得一定成绩后，产生自满情绪，导致学习刻苦程度降低，也会造成学习成绩的停滞现象。高原现象之所以在复习阶段表现得十分明显，是因为平时学习新知识，新鲜有趣，在复习阶段，学生会认为是在机械重复已学的内容、重复做过的练习题，会觉得单调、枯燥无味，渐渐失去学习兴趣，致使成绩提高缓慢，甚至下降。

（三）学习方式、方法的不科学是高原现象产生的实质性原因

学生中普遍存在着不重视基础知识，一味地去追求做题数量的现象。一些学生学习技能的形成仅仅靠表象的简单模仿和机械练习，不能运用所学知识，通过形象思维、理性分析，把技能本身的内涵弄通、弄懂，把要领的"关节点"准确地把握住。开始成绩可能有明显提高，达到一定阶段后，由于能力没有根本的提高，分析问题和解决问题的水平不会有质的突破。遇到"高原"的阻拦而停滞不前就是必然的。

高三复习一般要分为几个不同阶段，每一阶段的复习侧重点不同，复习方法也应不同，如果学生不能针对每一阶段复习的不同要求，找到针对不同阶段的复习方法，在新的一轮复习中，仍沿用旧的知识体系、技能结构、复习方法，学习方法的更新相对滞后，甚至对新阶段的复习要求不了解，会使知识和技能的再提高缺乏必要的知识和能力基础。这也是大多数学生的高原现象产生在每年的3—5月二轮复习或三轮复习开始阶段的原因。

三、克服高原现象的方法

高原现象直接制约着学生学习成绩的提高。必须针对其产生的原因，采取有效的办法，加以克服。

（一）激发学习热情，消除不良心理

首先，必须让学生清楚地认识到高原现象是学习过程中普遍存在的，一个人所掌握的各种技能不可能达到绝对的"极限"，进一步提高的潜力是很大的。许多优秀运动员一次次地打破世界纪录，先进生产者不断提高生产率的事实，就是很好的证明。当学生进入"高原期"时，教师必须及时做好思想工作，激发他们学习的热情和信心，使其懂得在困难和挫折面前，唯有不气馁，不退缩，知难而进，才能攻克前进中的"高原"堡垒。

人的各种活动，都是由一定的动机所引起的。学生学习要受一定的学习动机支配。学习动机是直接推动学生学习的一种内在动力，通常表现为意向、愿望和兴趣等。要教育学生树立远大理想，把学习和民族的振兴、祖国的繁荣富强、社会主义事业的建设联系起来，崇尚"我活着是为了他人更幸福""为中华之崛起而读书"等教育理念，逐步使学生树立正确的世界观、人生观，激发其长远的、积极的、高尚的学习动机。为实现远大理想，要引导学生树立直接的近期性学习动机。近期性学习动机是对学习活动直接结果的追求。如学生为争取集体荣誉、为参加考核或向家长汇报好成绩而刻苦学习，学生只有把具有实际效能的近期动机和远大的学习动机结合起来，当学习遇到困难、挫折或取得较好的成绩时，才不会产生怕苦怕累或骄傲自满等不良心理。因此，学习中培养和激发学生正确的学习动机，排除其不良心理影响，是克服高原现象的基本方法。

（二）积极改进学习方法，灵活掌握学习强度

如果学习本身单调，体力消耗较大，就容易出现疲劳现象和厌烦情绪。学习中，除了强调勤学苦练之外，还要提倡巧学巧练，劳逸结合。学习技能的形成，通常需要经过动作表象的建立、信息整合、熟练技能三个发展阶段。不同阶段应有不同的练习方法。初期的练习方法，一般较适应掌握针对某一单纯知识和技能的模仿型训练，到一定程度接近极限时，本身具有的优势就会逐渐稳定或减少，也就会制约技能的提高，影响学习成绩的上升。因此，在学习时，要让学生根据学习内容，恰当地选择新的方法，使学习更加合理化、科学化；向错误学习，建立错题档案，养成解题后反思的好习惯，总结题目考查了哪些

知识点，每个知识点是从哪个角度考查的，题目考查了哪些数学思想方法，本题有哪几种解题方法，最佳解法是什么，错误出自知识上还是方法上，是解题过程的失误还是心理上的缺陷导致的失误，切实解决会而不对、对而不全、全而不美的问题。在高三复习中，一方面要指导学生从思想上提高对复习的认识，主动进行复习，要以"新"提高复习积极性，如制订新的复习计划，采用灵活的复习方法，抓住新颖有趣的内容和习题，把知识串联起来，使书"由厚变薄"，向水平高的人请教，发现自己的不足并及早改进，打消随时可能产生的自满情绪，和水平差不多的朋友多交流，激励自己；另一方面要有张有弛，劳逸结合，不要一味提倡勤学苦练，要适时把握学习强度，注意人脑的生理机能，做到科学用脑。通过开展形式多样的评比竞赛活动解除疲劳心理和厌烦情绪，调动学习热情。

（三）掌握相关学科知识，准确理解学习要领

知识是形成能力的基础，也是克服高原现象不可缺少的条件。通常在其他条件（技能、经验、智能水平、身体状况等）相同的情况下，学生的知识程度与练习成绩成正比。知识程度越高，学习成绩越好，反之则越差。如果学生的文化基础与相关的知识缺乏，那么在学习中所表现出来的就是对学习要领的简单模仿，对学习技能、学习方法的生搬硬套，其结果很难逾越高原现象。因此，加强学生相关学科知识的学习，使学生全面掌握基础知识，注重知识之间的关联，把基础知识网络化、系列化，形成知识系统，对准确理解学习要领，把握学习方法，克服各种因素的不良影响，预防高原现象的产生具有十分重要的意义。

（四）站在系统的高度学习，是防止出现高原现象的根本方法

全面理解所学习的知识，突出重点，抓住关键。复习中，突出重点，主要是指突出教材中的重点知识，突出不易理解或尚未理解深透的知识，突出学习的思想方法，站到系统的高度认识所学知识，就能做到融会贯通。

例如数学学科，从这个高度上看有理数、实数、复数、向量，它们的有关概念、运算律、有关性质是何等的相似！从这个高度上看学过的一次函数、二次函数、幂函数、指数函数、对数函数，它们在参数对图像变化的影响、函数性质等方面是相通的。

要指导学生掌握分析方法，并从不同角度出发思索问题，由此探索"一题多解""一题多变"和"多题一律"之法，更要站到系统的高度，总结一题多解、一题多变的实质性的规律，并自觉在学习中应用这些规律。培养学生正确实现日常语言、代数语言、几何语言间的相互转化，逐步掌握读、听、议、练、评的数学语言技能。数学思想方法是数学的精髓，是联系数学中各类知识的纽带。从一个更高的角度来理解这些学科知识，才能够更快地提高能力。这就像站在珠穆朗玛峰上看青藏高原，你会觉得那高原并不高。

我们对高原现象有了较深刻的认识，就可以有针对性地指导学生学习，尽量避免高原现象的产生。对被高原现象困扰的学生，必须引导帮助他们找准原因，对症下药，充分发挥学生的主观能动性，挖掘他们的潜力，指导他们改进活动结构，采用新的学习、练习方式与方法，鼓励他们突破纪录，争取更好的成绩。

课堂教学小结是重要的教学环节，也是我进行"心智数学教育方式实验研究""高中数学教学策略研究"等课题的研究主题。我对此专题进行了研究总结，系统总结了课堂教学小结的作用、原则、七种方法。

专题2-2："心智数学教育方式"的课堂教学小结

课堂教学小结是重要的教学环节之一，做好教学小结既需要教师讲究策略，也需要学生积极参与，还是课堂笔记的一部分。

一、课堂教学小结的作用

课堂教学小结的作用主要体现在六个方面。

（一）加深印象，增强记忆

课堂小结可以对本节课的中心内容"画龙点睛"，总结归纳，提纲挈领地加以强调、梳理或浓缩，使学生将学到的知识和技能理解得更加清晰、准确，抓住重难点，牢固记忆。

（二）知识系统，承前启后

知识间有严密的逻辑性和系统性，新旧知识有必然的内在联系。通过课堂小结能够帮助学生将所学知识系统化，形成知识网络。在总结中为新课创设教学意境，埋下伏笔，使前后内容衔接严密，过渡自然。

（三）指导实践，培养能力

新课结束后，有针对性地做一些练习或提出具体的课外实践活动，对提高知识的运用巩固、培养学生分析解决问题的能力是大有裨益的。

（四）质疑问难，发展智力

课堂教学时间是有限的。课堂小结时结合教材内容提出一些有争议的问题和一些技能训练，让学生课后观察思考探讨，既可以拓宽学生知识视野，又发展了他们的自学能力、思维能力、观察能力和想象力。

（五）及时反馈教学信息

教师设计一些练习、实验操作、回答问题、改错评价等活动，从中及时了解学生学习中的困难和对知识掌握的程度，以便改进教学。

（六）活跃气氛，情感交流

新颖的课堂小结会使课堂气氛活跃，沟通师生情感交流，有助于师生活动的顺利进行。

课堂小结方法有多种，不论哪种方法都必须调动学生积极性，使学生集中注意力，把学生思维吸引到课堂小结环节上来，使他们能在最佳状态下进行学习。

二、课堂教学小结的原则

（一）突出重点难点

课堂小结应做到：语言精练、内容准确、紧扣重点。这样有利于学生强化记忆，巩固所学知识，提高综合运用知识的能力。

（二）激发求知欲望

课堂小结不单是总结一节课的主要内容，更是引导学生探求新知识，激发学生高昂的学习热情，从而使学生自觉学习更多知识的方式。

（三）注意前后联系

讲台如舞台，教学似评书，既具阶段性，又不乏连续性。评书说演讲究悬念、设置"扣子"。教师进行小结要善于把握时机，成功地把学生注意力迁移到下一节课，促使学生自觉预习，为下节课学习做好铺垫，使课堂小结成为学生进一步学习的导向，把一节一节相对独立的课时教学连接起来，成为一个统一的教学系统。

（四）学生自主小结

指导学生自己小结是大有益处的，不但能提高他们理解和运用知识的能力，而且能真正实现让学生做学习的主人，达到水到渠成的效果。这不仅加深了学生对知识的理解，也发展了学生的语言智能，极大地提高学生的综合概括能力。不仅经过学生想象力丰富的头脑加工出来的语言让人惊叹不已，而且往往会有新的知识和方法出现在学生的总结中。

（五）形式多样化

根据学生心理特点的差异和教材内容的不同，以拓宽学生知识面和培养学生的能力为目的，课堂小结的形式应是丰富多彩的。新课程标准提出数学课的总体目标应包括知识与技能、数学思考、解决问题、情感态度等方面。课堂小结应围绕目标进行，不应仅仅关注知识与技能。课堂小结应多样化，有围绕知识点的"本课学习了哪些新知识"，有围绕数学思考的"你还能提出什么问题"，有围绕解决问题的"想一想，我们是如何解决开始提出的问题的"，有围绕情感态度的"今天这节课你觉得自己发挥得怎么样"，等等。这就需要教师根据学生的实际和课堂教学的实际，去选择并创造出灵活多样的课堂小结方法。

（六）注重迁移升华

教师对课堂小结要进行适度提升，让学生获得更丰富的学习经验，通过对知识的迁移，获得更多的方法和结果。我们应让课堂小结充满活力，在每节课或每段知识的教学结束时，设法在学生心里留有余味，为以后的课堂教学蒙上一层"神秘面纱"，为学生的自主学习提供一些素材，使学生有"一波未平，一波又起"之感，不管是课前、课后、课上、课下，自始至终都能自主参与学习活动。

三、课堂教学小结的方法

课堂教学小结主要有七种方法。

（一）构建网络法

把课堂教学内容有条理、简明扼要地归纳总结，使学生得规律、悟窍门，加深印象，便于应用。师生有条不紊地在"画龙"的基础上，"终曲"要恰到好处地"点睛"，这有助于学生快速再现课堂教学内容，起到理解、巩固、强化知识的作用。这种概括性结尾，是对教学内容的提炼、浓缩，既能帮助学生厘清纷乱的思绪、构建知识网络，又能点明教学的重难点，使学生的学习有所侧重，减轻学生的记忆负担，培养学生的抽象概括能力。此法可由教师来做，也可引导学生来做。

构建网络法要形式多样。可运用图示、表格、脑图、纲要信号等形式进行概括总结，揭示新旧知识之间的区别和联系，使知识之间脉络清晰，一目了然，将一节课的内容以及本节课与前后知识的联系勾画出来，构建开放型知识网络。

在高三数学复习课上，我指导学生整理章节知识网络，作为课堂知识小结。学生采取了多种方式，有的采取网络图，有的采取框图，有的采取树形图，有的采取倒树形图对模块二——立体几何的知识网络进行总结。一名学生采取了树形图，把知识模块画成立体几何这棵大树的一个个喜人果实，形象直观。这个整理过程就是学生运用和展示自己多元智能的过程。学生在整理、展示的过程中会整体把握所要复习的基础知识。立体几何复习课"树形知识网络"如图3-2-1所示。

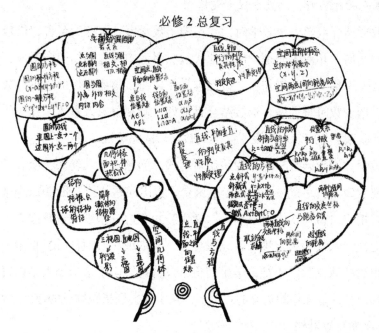

图3-2-1 立体几何复习课"树形知识网络"

（二）首尾呼应法

课堂教学应首尾衔接自然，照应"良好的开端"，做到前后呼应，浑然一体。对问题式引入，课堂小结应力求较好地解决所提出的实践性、情境性、探索性问题，以增强学生的问题意识。对直接式引入，课堂小结要对课题的基本特征及重要概念进一步升华。对复习式引入，课堂小结要突出先从已知引向未知，后由未知走向已知，再产生更多未知的过程体验。对悬念式引入，课堂小结要让学生体验惊奇、疑惑、矛盾的心理认知冲突。对直观式引入，课堂小结要体现由点及面，由感性到理性的思维路线。对故事、诗文式引入，课堂小结也要采取故事、诗文的形式。

课堂教学小结要处理好本节课的课首与课尾的呼应，也要处理好本堂课尾与下节课首的衔接。

在"等差数列求和"的教学小结中，我采用了诗文式小结：

等差数列要求和，倒序相加是首要；

通项求和相结合，知三求二互迁移；

基本元素把握好，函数方程主旋律。

在数形结合数学思想教学时，我用瑞士数学家日尔梅的名言"代数无非是写出来的几何，几何无非是画出来的代数"引入。课堂小结照应引入，采用我国著名数学家华罗庚的诗句："数形本是相依倚，焉能分作两边飞，数缺形时少直觉，形少数时难入微，形数结合百般好，割裂分家万事休，几何代数统一体，永远联系莫分离。"启发学生实现数与形的完美统一。

在教学"指数函数"时，我采用情境式、问题式导入新课，激起学生对问题的研究欲望。我手拿一张白纸走上讲台，提出问题："一张厚0.1毫米足够大的纸，若把它对折30次，有多高？"学生纷纷拿起一张纸试着叠起来，一次、两次、七次、八次……七嘴八舌地猜想着，有的说1米，有的说1千米……学习相关知识后的课堂教学小结，学生们迫不及待地算出了这个令人难以置信的高度为107374米，是珠穆朗玛峰的12倍多，从中体会到指数增长的速度之快。

（三）布惑置疑法

在课堂教学小结中，巧设悬念，立"疑"激趣，可引人入胜，调动学生的好奇心，激发他们学习的兴趣。悬念的设置要因时而异，因材而异，新章节的绪论课可考虑用悬念性结尾。除了向学生介绍即将学习的课程特点、内容以及学习方法外，在结尾时，不妨展示其有趣的"片段"或精彩的"镜头"，引发学生强烈的求知欲望。理解性较强的内容也可设立巧妙的疑问，诱发学生积极探究，达到举一反三、触类旁通的效果。悬念性结尾，"收"中欲"展"，使学生思前，觉余音缭绕；顾后，兴味盎然，欲奋力再攀。在课堂小结中巧妙设疑，往往能起到"一石激起千层浪"的奇效，学生会兴趣大增，进而思维活跃，马上自由检索已有的知识和经验并进行思考，比较全面地总结所学内容。

在高中数学绪论课的教学小结中，我采用了我国著名数学家华罗庚先生的名言："宇宙之大，粒子之微，火箭之速，化工之巧，地球之变，生物之谜，日用之繁，无处不用数学。"同时提出了我暂时没有结论的想法：运动是相对的，地球相对于太阳的运行轨道是椭圆，如果在宇宙中看地球的运行轨道就不再是椭圆，而是一种空间曲线，它的方程如何，形状怎样？我愿与同学们一起研究。以此在"开学第一课"激发学生对高中数学的学习兴趣。

在解析几何绪论课的课堂教学小结中，我从"数学坐标系"升华到"人生坐标系"：在人生坐标系中，时间是横轴，价值是纵轴，若把人的一生逐点描绘在上面，就会发现，一些"点"处在高峰，光辉闪烁；一些"点"置于低谷，平淡无奇，如果闪烁点密密麻麻，连成极有价值的"实线"，就没有虚度一生；如果暗淡的点比比皆是，构成无所作为的"虚线"，就难免让人惆怅叹息；如果横轴下面还有"负点"，那将是羞耻和悔恨。

（四）讨论比较法

将新学知识与原有知识通过讨论进行类比和对比，找出它们各自的本质特点和不同点，找出它们之间内在联系和相同点，可使学生对新旧知识的理解更准确深刻，记忆更清晰牢固。进行短时间的讨论，有利于培养学生分析、归纳及语言表达能力。基于教学内容的难点、重点，发挥学生好胜心强的特点，培养他们的想象能力，促进他们创造思维的发展。

在"对数运算"的课堂教学小结中，我引导学生将指数与对数的概念、性质进行对比，在对比中掌握知识之间的本质联系，理解方法之间的相通之处。（图3-2-2）

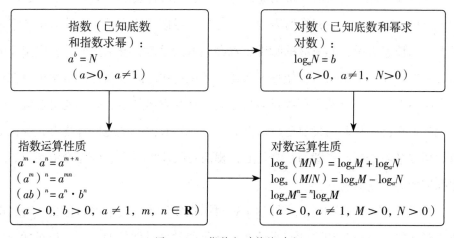

图3-2-2 指数与对数的对比

（五）达标巩固法

课堂结束或部分教学内容结束时，都可以适时安排学生的实践活动。这样既可使学生所学的基础知识、基本技能得到强化和应用，又可使课堂教学效益得到及时反馈，从而获得下面或下节课教学内容乃至教学方法的调整信息。达标巩固包括实验操作、习题训练、题组测验、解题竞赛、板演展示等形式。

在"类比推理在几何中的应用"教学小结时，我介绍了在参加教育部国培计划培训时，林群院士"以退为进——退到原点可进到任何不可知领域"的思想，并当堂提出两个问题，让学生在解决问题的同时达标巩固。

（1）三角形有"五心"，即内心、外心、重心、垂心、旁心。我们已知四面体也有内心，探索一下四面体有没有类似的其余"心"。

（2）请将有关四面体的结论进行系统总结，并判断其正确性，不正确的举反例说明，正确的用演绎推理的方法进行严格证明。

（六）反思评价法

通过设计问题，启发学生思考、回味。通过反诘，学生进一步思考巩固知识，并从思索中得出结论，对新旧知识起到瞻前顾后的衔接作用。把课堂教学内容编成问题串，逐一向学生发问。这样既避免了讲授的重复，又可以让学生活学活用。

充分发挥课堂小结的评价功能，对学习过程进行反思。要总结学会了哪些知识，更要总结学习过程中所表现出来的行为习惯、意志品质。让学生知道课堂上自己该怎么做，养成好的听讲、发言、独立思考、自主探究、合作交流的学习习惯。让学生明白自己做得怎么样。通过自评、同学互评，学生可以在反思中明白自己这一节课中哪些行为是好的、哪些方面是不够的。能更客观、公正地认识自己，从而明确自己今后努力的方向，最大限度地发挥优点，改正缺点，树立学习的恒心、毅力、自信心，提高自我反思能力、合作交流能力、自主探究能力、创新能力。

在反思评价的基础上，指导学生针对课堂教学的三维学习目标自主写出课堂教学小结、学习日记或学习小论文，强化课堂反思评价的功能，记录学习成长与发展的成功历程。

在"几何概型"课堂教学小结中，我设计了一个问题串用于总结本课。

问题1：几何概型的概念是什么？

问题2：几何概型的特点是什么？

问题3：古典概型与几何概型的区别是什么？

问题4：几何概型的概率公式是什么？

问题5：平面上有长为12cm、宽为10cm的矩形ABCD，有一半径为1cm的圆O在矩形对角线交点处，把一枚半径1cm的硬币掷在矩形内（硬币完全落在矩形内），求硬币不与圆O相碰的概率。

在均值不等式的课堂小结中，我要求学生课后对均值不等式进行研究，写出研究论文。其中，学生王坤写出的研究性学习论文《均值不等式的几个推论》被收入志鸿网。

（七）研究开拓法

针对教学内容，恰当地把学习眼光由课内引向课外，开辟广阔的第二课堂。可在教学内容上开拓，引发学生进一步思考；可介绍有关课外读物，拓宽学生的知识视野；可引导学生带着超课堂预设而生成的问题继续课后的探究和研究。

在指数函数的图像与性质课堂教学小结中，我运用建模的思想，引导学生总结研究函数性质的基本思想方法，将指数函数研究的基本思路拓展到任意函数。对于函数性质要从定义域、值域、单调性、最值、奇偶性、周期性、对称性、过定点等方面研究。研究的方法是结合函数图像的作图，实现数形结合。

我在用二分法求方程的近似解的教学小结中提出问题："在26枚崭新的金币中，混入一枚外表与它们完全相同的假币（重量稍轻），现只使用一台天平。①请你用二分法的思想找到这枚假币。②你能否用其他方法找到假币，并与二分法比较优劣。

研究开拓法还可通过给学生布置作业，使学生的学习从课堂延伸到课下。作业布置不是简单的让学生做题训练，可结合课堂教学内容给学生一些具有操作性、实验性、实践性和探究性的作业，引发学生进一步探究。布置与下一节内容联系的作业，引发学生对新教学内容的关注。可布置一些需要几天或更长时间完成的长作业。

在学习正余弦定理后，我布置学生课后探求三角形面积公式的各种形式，结果学生探求到三角形面积公式的15种形式，有些是老师也没见过的。由此形成的研究性学习论文被收入淄博市研究性学习论文集《雏凤清声》和志鸿网。

教学是一个复杂系统，课堂每个环节既有自己的任务，又相互影响、相互制约，构成一个有机整体。课堂教学小结是众多教学环节中较重要的一环，它的设计必须根据学情、教情灵活选择不同方式，必须照应整个教学系统的完整性。

课堂小结应有利于学生问题意识的培养。从课堂引入发现并提出问题，到课堂教学分析问题、解决问题，再到课堂教学小结反思问题，并发现新问题，形成循环往复、螺旋上升的问题解决模式。

（原载《基础教育参考》2012年6月）

专题2-3：素质教育环境下学习方式的有效选择

引言：伴随着新课程改革，当今的课堂上有了更多的自主学习、合作学习、探究性学习环节。转变学生的学习方式是新课程改革的重点内容，我对素质教育环境下学习方式的有效选择进行专题研究。要科学规划"自主学习"，充分利用"合作学习"，经历"研究性学习"的过程，在接受学习中进行"探究"，重视"网络式学习"等信息化学习方式。探求信息技术背景下的新型学习方式。研究论文《素质教育环境下学习方式的有效选择》在2009年《新校园（学习版）》发表。

国家《基础教育课程改革纲要（试行）》对学习方式做了专门的论述，要"改变课程实施过于强调接受学习、死记硬背、机械训练的现状，倡导学生主动参与、乐于探究、勤于动手，培养学生搜集和处理信息的能力、获取新知识的能力、分析和解决问题的能力，以及交流与合作的能力"。伴随着新课程改革，我们欣喜地看到在当今的课堂上，有了更多的自主学习、合作学习、探究性学习和研究性学习的环节。学生要发挥这些新型学习方式的优势，争取更大的收获和提高。

一、科学规划"自主学习"

实施素质教育后，每周只上五天课，每天七节课。再加上寒暑假、双休日、节假日，学生自由支配的时间大大超过了课堂教学时间。学生大部分时间处于自主学习状态。

自主学习，也叫自我调节学习，理论上指的是学生自己确定学习目标、选择学习方法、监控学习过程、评价学习结果的学习。

自主学习包括自我监控、自我指导、自我强化三个子过程。自我监控是指学生针对自己的学习过程所进行的一种观察、审视和评价；自我指导是指学生采取那些致使学习趋向学习结果的行为，包括制订学习计划、选择适当的学习方法、组织学习得以维持或促进的过程。

通俗地说，自主学习就是建立在自我意识发展基础之上的"能学"；建立在具有内在学习动机基础之上的"想学"；建立在掌握了一定学习策略基础之上的"会学"；建立在一直努力基础之上的"恒学"。

要根据自己的学习能力、学习任务，积极主动地调整自己的学习策略，构建富有个性的自主学习计划。

把每天晚上的时间分成三段。

第一段是复习回顾所学知识，这是每天晚上的第一必修课。现在课堂教学时间较少，老师讲授的时间更少，学生如果不加上自己个性化的复习，往往很难掌握教学要求的知识系统。这种复习不能平均用力，要根据老师授课和自己掌握情况确定。如果老师讲的相对较多，往往重点、难点突出不够，知识网络不清晰。这种课复习重点在于总结知识框架，突破重点和难点。如果老师讲的很少，只是建立了知识框架，学生在复习时就要往细处考虑，往深处钻研，把知识的"血肉"填上。

第二段是要高质量地独立完成课外作业。这既是对知识掌握情况的检验，也是对知识的深化过程。这段时间要高效率，准备好演算纸等学习用具，不再翻书，尽量不请教其他同学，一鼓作气。

第三段是在反思当天内容的基础上，对第二天要学的课程进行预习，做好预习笔记。预习的目的有三个：一是对知识的重难点、思想方法、知识结构有所了解，整体把握将要学的知识；二是尝试解决课本上的简单问题或老师布置的预习学案；三是站到学科高度看这节课的地位和作用。

每个双休日也要自主安排好，对一周所学课程做整体总结和反思。及时将所学知识纳入自己的知识体系。反思一周学习出现的问题，做好学科典型题和错题的积累。也要反思一周在学习方法、学习态度等方面的落实情况。

每学期开学后，学生经过两周时间就会形成自己的自主学习课程表。

做到学习活动之前自己确定学习目标、制订学习计划、做好学习准备；在学习过程中对学习进展和学习方法做出自我监控、自我反馈和自我调节；在学习活动后对学习结果进行自我检查、自我总结、自我评价和自我补救。这样自主学习才是高效的。

二、充分利用合作学习

我们每个人都与世界是相互依存的，与学校和班集体是相互依存的，和每个人也是相互依存的。这种相互依存是积极的还是消极的，很可能取决于我们是否能致力于合作并达到真正有活力的学习和生活。

无论是在课堂上、工作中，还是在生活中，有三种方式可以达到目标：合作的、竞争的和个人主义的。在合作的方式中，我们为达到目标而进行的努力对他人是有帮助的，同时他人的努力对我们也有帮助。在竞争的方式中，我们为达到目标而进行的努力降低了他人达到该目标的可能性，他人也降低了我们达到目标的可能性。在个人主义的方式中，我们自己个人为达到目的而付出的努力与他人的努力无关。为达到一个预期目标，个人独立工作是令人满意和重要的，有时候，竞争也很有趣，更多的时候，合作是至关重要的。

在学习目标具有良好结构的条件下，强调合作的学习目标往往比强调个人主义和竞争的目标能更好地提高成绩。这对每门学科和每个年级来说都是这样的，在高级思维技能参与的情况下尤其如此。建构主义的发展理论是思考这一问题的一个很好的切入点。成熟积极的经验、社会传递和自我调节是认知发展的基本因素。

在国外的课堂上，合作学习是最常用的学习方式。到美国康州教育考察时我深深体会到这一点。他们的小学教室都有一块圆形或椭圆形的地毯，方便师生坐在上面讨论问题。好多学校的课桌和课椅是连在一起的，便于搬动。有些学校在上课时，课桌围成各种有利于合作学习的形状。（图3-2-3、图3-2-4）

图3-2-3 美国教室的课桌排列成不同形式　　　图3-2-4 坐在椭圆形地毯上的美国小学生

我国普遍性的合作学习开展较晚，但从一开始就受到学生的重视。要克服图热闹的浅层次或无意义的合作学习。作为合作学习的成员，一是要以主动的心态和行动参与讨论。我们有个体会，印象最深的是我们讲给他人的东西。在合作学习中要积极发言参与讨论，不要只做听众。正所谓"直到我努力讲给别人听时，我才真正理解了自己的想法"。二是要认真听取同学的发言。正所谓"心有灵犀一点通"，有时自己思考了半天，老师又讲了半天仍不理解的知识，经同学一说就会茅塞顿开。这是因为同学之间有着相似的知识背景和结构，也有着相似的思维方式。三是要积极提出问题。只有不断提出新问题，合作学习才会发生思维碰撞，才会产生宝贵的思维火花。提出问题比解决问题更重要，更富有创新意识。四是要发挥合作学习的优势，解决一些独自一人无法解决的问题。五是通过小组合作学习要形成学习共同体，小组成员可超越知识意义上的相互帮助，建立在学习动机、学习态度、学习方法上的相互帮助，甚至在生活和更广范围意义上的相互帮助。自己能解决的问题自己解决，不依靠他人，自己解决不了的问题拿到组内讨论解决，组内解决不了的问题，拿到全班讨论解决。

三、经历研究性学习的过程

研究性学习是促进学习的有效方式之一，是让学生直接体验所面临的实际问题、社会问题和哲学问题、个人问题等研究问题的学习。

学习不能只发生在"颈部以上"，只有全身心投入的学习，才会对学生产生深刻的影响。当学生尝试着自己得出一个新概念，学习一种难度较高的技能，或从事艺术创作活动时，就会产生这类学习。在这些创造性的学习中，学生不由自主地投入学习。在这些学习情境中的一个要素是，学习者认识到这是他自己的学习，他可以一直学习下去，也可以中途而止，无须权威人士来决定。

研究性学习是模拟科学家研究问题全过程的学习。所以，学生要努力经历研究性学习的全过程。对研究性学习来说，过程比结果更重要。首先，要根据自己的兴趣在自然科学、社会科学、生活等方面选取有意义的研究课题；其次，成立研究小组，进行课题的信息检索，了解目前的研究现状和进展情况；最后，选取研究方法，制定切实可行的研究方案，对研究过程进行详尽的设计，初步预计研究成果，确定研究结果呈现形式。

研究性学习的课题不一定要多大，结果也不一定都是独创的，也可以来自课本。我在学生学完正余弦定理后，建议学生把"搜集、整理三角形面积公式的多种形式"作为研究性学习课题，经过一周的时间，同学们整理出三角形面积公式的15种形式。

四、在接受学习中进行探究

我们有了合作学习等新型学习方式，也不能全盘否定接受式学习。有意义的接受式学习仍然是我们快速获取大量知识的有效手段，也是当今和以后课堂教学中的主要学习形式，特别是高年级课堂。

作为学生，我们要在教学过程中做一个积极的探究者，进行探究式学习。抓住教师提供的能够独立探究的情境，引发类比和对比、归纳和演绎等深层次的思考，而不是仅限于接受现成的知识。传统的老师"灌"为学生自觉地"吸"。据美国学者研究，在美国倡导的九种教学策略中，类比和对比教学效率最高，为45%，合作学习的教学效率只有27%，排在类比和对比、记笔记和总结、及时鼓励学生、布置家庭作业、非语言性表达之后，列第六位。

除上述学习方式外，在信息化社会的今天，我们还要重视网络式学习等信息化的学习方式。注重利用网络搜集获取知识，利用网络交流知识，利用网络整理知识，利用网络发现和解决问题。探求信息技术背景下的新型学习方式。（图3-2-5）

图3-2-5 交流探讨

（原载《新校园（学习版）》2009年第2期）

本节小结

教学类专题研究指向教学面临的问题，有较强的实效性和实用性。桓台一中王倩主任，在2019年参加英语教研组"英语读后续写新题型教学研讨会"后，对思维导图应用于高中英语读后续写进行了专题研究，写出了《思维导图在高中英语读后续写中的应用》并在省级刊物发表。淄博市教育科学研究院副院长陈鲁峰，连续十几年专题研究高考作文题命制。每年6月7日考完后，当天晚上研究天津、上海、山东等地高考作文题，写出高质量论文，在中文核心期刊和国家级期刊发表，相关成果被评为省市教学成果奖。桓台一中逯志山老师对作文写作进行专题研究，编写了三本作文写作专著。桓台一中历史老师耿殿龙结合教学实际，专题研究日本侵华战争，发表了5篇国家级论文，其中2篇核心期刊以上论文，相关成果被评为淄博市教育科研优秀成果一等奖

第三节　学科专题研究

高中数学教师需要在进行教育、教学研究的同时，进行必要的初等数学（学科）研究，亲自经历初等数学研究的过程。2002年我被聘为山东省初等数学研究会常务理事，这增强了我的研究信心和决心。

一次桓台县教研会上，老师们探讨数列通项公式的问题，人教版数学教学参考书上给出了"有些数列没有通项公式"的论断，并列举了$\sqrt{2}$的不足近似值构成的数列没有通项公式，但对数列通项公式的存在性没有深入研究。会后我对此进行了专题研究。

专题3-1：关于数列通项公式的新认识

数列通项公式是给出数列和研究数列性质的重要方式。长期以来人们对通项公式的认识仅仅局限在"数列的通项公式不唯一，有些数列没有通项公式"，而对数列通项公式的存在性却没有深入研究，以致出现了一些关于数列通项公式的错误说法和错误举例。

一、无理数近似值构成的数列有通项

把"由无理数精确到不同位数的各种近似值构成的数列"作为没有通项公式的例子是在各种书刊中的常见错误。

由$\sqrt{2}$的不足近似值与过剩近似值构成的数列：

1.4，1.41，1.414，1.4142，…

1.5，1.42，1.415，1.4143，…

实际上以上数列都是有通项公式的。

用取整函数前者可表示为 $a_n = [10^n \cdot \sqrt{2}] \cdot 10^{-n}$；

后者可表示为 $a_n = ([10^n \cdot \sqrt{2}] + 1) \cdot 10^{-n}$，

其中"$[x]$"表示不超过 x 的最大整数。

由无理数 0.101 001 000 100 001…（两个1之间依次多一个0）化归出的数列

0.1，0.10，0.101，0.1010，0.10100，0.101001，…

和上两数列属同一类型，可设

$d = 0.101001000100001\cdots$

此数列的通项公式可表示为

$a_n = [10^n \cdot d] \cdot 10^{-n}$

同样，由无理数按四舍五入精确到各位的不同近似值构成的数列也有通项公式。

如 $a_n = [10^{n-1} \cdot \sqrt{2} + 0.5] \cdot 10^{-n}$。

这样，像上面由无理数化归出的数列都有通项公式。

二、有穷数列都有通项公式

在实数理论中，所有的有限小数都可化成既约分数，且分母的位数最多等于小数部分的位数加1，如 543.123456 化为分数后分母的位数小于或等于7。

与此意义类似，任何有穷数列都可写出通项公式，尽管有些通项公式看起来较为复杂，但在当今信息化时代，计算机参与各种计算和问题处理，这种通项公式还是有其实际意义的。本文给出两种方法，以证明有穷数列通项公式的存在性。

对于有穷数列 a_1，a_2，a_3，…，a_k

定义一个函数（可称为分零函数）$C(x) = \begin{cases} 1 & \text{当} x = 0 \text{时} \\ 0 & \text{当} x \neq 0 \text{时} \end{cases}$

借助于函数 $C(x)$ 可把 $\{a_n\}$ 的通项公式表示为：

$$a_n = a_1 C(n-1) + a_2 C(n-2) + \cdots + a_k C(n-k) \quad (n = 1, 2, \cdots, k)$$

我们还可证明，对有穷数列都可构造出多项式形式的通项公式。

设 $a_n = x_1 + x_2 n + x_3 n^2 + \cdots + x_k n^{k-1}$

让 n 分别取 $1, 2, \cdots, k$，可得到一个关于系数 $x_1, x_2, x_3, \cdots, x_k$ 的 k 元线性方程组：

$$\begin{cases} x_1 + x_2 + x_3 + \cdots + x_k = a_1 \\ x_1 + 2x_2 + 4x_3 + \cdots + 2^{k-1}x_k = a_2 \\ \cdots \\ x_1 + kx_2 + k^2 x_3 + \cdots + k^{k-1}x_k = a_k \end{cases}$$

其系数矩阵的行列式为：

$$\begin{vmatrix} 1 & 1 & 1 \cdots 1 \\ 1 & 2 & 2^2 \cdots 2^{k-1} \\ \cdots \\ 1 & k & k^2 \cdots k^{k-1} \end{vmatrix}$$

其转置行列式：

$$\begin{vmatrix} 1 & 1 & 1 \cdots 1 \\ 1 & 2 & 3 \cdots k \\ \cdots \\ 1 & 2^{k-1} & 3^{k-1} \cdots k^{k-1} \end{vmatrix}$$

是一个 k 级范德蒙行列式，其值为：

$$\prod_{1 \leqslant i \leqslant j \leqslant k} (i - j) \neq 0$$

由克莱姆法则知，方程组一定有唯一解。即通项公式：

$$a_n = x_1 + x_2 n + x_3 n^2 + \cdots + x_k n^{k-1}$$

存在且唯一，它最多是一个 n 的 $k-1$ 次多项式。

从而，有穷数列都有通项公式。

对于已给出其有限项及以后各项规律的无穷数列，如果后面的构成规律能用函数关系表示，从以上论述可见，这个数列也有通项公式。

三、没有通项公式的数列举例

数列没有通项的例子，可根据函数不能用解析式表示的情况构造一个无穷数列。

如图3-3-1所示用温度自动记录仪记录下的某地某日24小时气温变化。

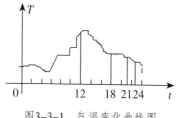

图3-3-1　气温变化曲线图

依次取12时、18时、21时……对应的气温（取0时至24时中间的时刻12时的气温，再取12时至24时中间的时刻18时的气温，然后取18时至24时中间的时刻21时的气温……）构成一个无穷数列，这个数列是没有通项公式的。

（原载《中学数学教学参考》2002年第10期）

专题3-2：用"算法思想"认识和解决数列通项公式的相关问题

数列通项公式是给出数列和研究数列性质的重要方式。随着国家《普通高中数学课程标准》的实施，"算法思想"已成为高中数学课程的一条重要主线。在信息技术背景下，我们对数列的通项公式有了全新的认识，通过设计程序用计算机求通项公式和由通项公式求数列的某些项，变得可行且十分简单方便。

一、关于数列通项公式的新认识

"由无理数精确到不同位数的各种近似值构成的数列"都有通项公式。

例如，由$\sqrt{2}$精确到各位的不足近似值构成的数列

1.4，1.41，1.414，1.4142，…

其通项公式为：$a_n = \left[10^n \cdot \sqrt{2} \right] / 10^n$，

其中"$\left[x \right]$"表示不超过x的最大整数。

其他无理数精确到不同数位的不足近似值、过剩近似值、四舍五入近似值化归出的数列，都可仿上例给出其通项公式。

有穷数列都有通项公式。

对于有穷数列a_1，a_2，a_3，…，a_k

用《高等代数》中的克莱姆法则证明了一定存在多项式型的通项公式：

$$a_n = c_1 + c_2 n + c_3 n^2 + \cdots + c_k n^{k-1} \ (n = 1, \ 2, \ \cdots k)$$

虽然这种通项公式看起来较复杂，但在当今信息化时代，计算机参与各种计算和问题处理，这种通项公式还是有其实际意义的。以下就给出用计算机处理此类问题的程序设计。

二、用计算机编程求数列的通项公式

（一）用VB6.0求由无理数化归数列的各项

我们首先看用Visual Basic 6.0编写的根据$a_n = \left[10^n \cdot \sqrt{2} \right] / 10^n$求由$\sqrt{2}$精确到各位的不足近似值构成的数列的各项，以此进一步证明这种通项公式的可行性。

```
Private Sub Form_Activate（        ）
Print "求2的算术平方根精确到各位的不足近似值构成的数列第n项"
Dim y，x As Double，m，n As Integer
Dim a（ ） As Integer
x=Sqr（2）
Print
m=Val（InputBox（"要求数列的多少项？"））
```

```
i=1
Do While i<=m
n=Val（InputBox（"欲求数列的第几项"））
y=（Fix（10^n*x））/10^n
i=i+1
Print
Print "数列的第"；n；"项为："
Print "A（"；n"）="；y
Loop
End Sub
```

运行以上程序，先输入要求数列的项数（如3），再根据要求输入具体求哪几项（如1，2，5）。计算机输出该数列的第1，2，5项（1.4，1.41，1.41421…）。

（二）用VB6.0求数列多项式型通项公式和指定各项

以下用Visual Basic 6.0编写的求数列多项式型通项公式的程序代码，进一步证明数列存在多项式型的通项公式，并证明这种通项公式的实用性，进而可求数列的指定项。

$$a_n = c_1 + c_2 n + c_3 n^2 + \cdots + c_k n^{k-1} \ (n = 1, 2, \cdots k)$$

```
Private Sub Form_Activate（）
Print "求数列的多项式型通项公式及指定项"
Dim k As Integer，i As Integer，j As Integer
Dim t As Integer，s As Integer
Dim x As Integer，c As Integer，d As Integer
k=Val（InputBox（"输入已知数列项数"））
Dim b（）As Integer
i=1
x=Val（InputBox（"请输入数列的第"&i&"项，-999结束输入"））
Do While x<>-999
```

```
ReDim Preserve b (i)
b (i) =x
i=i+1
x=Val（InputBox（"请输入数列的第"&i&"项，-999结束输入"））
Loop
ReDim a（1 To i， 1 To i+1）As Long
For i=1 To k
For j = 1 To k
a (i， j) =i (j-1)
Next j
Next i
For i=1 To k
a (i， k+1) =b (i)
Next i
For i=1 To k
For j=1 To（k+1）
Next j
Next i
For i=1 To k
c=a (i， i)
For s=i+1 To k
d=a (s， i)
For t=i To（k+1）
a (s， t) =a (s， t) -d*a (i， t) /c
Next t
Next s
Next i
For i=1 To k
```

```
c=a（i，i）
For j=1 To（k+1）
a（i，j）=a（i，j）/c
Next j
Next i
For i=k To 1 Step –1
For s=（i–1）To 1 Step –1
d=a（s，i）
For t=i To（k+1）
a（s，t）=a（s，t）–d*a（i，t）
Next t
Next s
Next i
For i=1 To k
For j= 1 To（k+1）
Next j
Next i
For i=1 To k
a（i，k+1）=Int（10^2*a（i，k+1））/10^2
Next i
ForeColor = RGB（255，0，0）
Print
Print "数列的通项公式为："
Print "A（n）=";a（1，k+1）;
For i=2 To k
If a（i，k+1）>0 Then
Print "+";a（i，k+1）;"n";（i–1）;
ElseIf a（i，k+1）<0 Then
```

```
Print a（i，k+1）；"n"；（i-1）；
Else
End If
Next i
Dim m As Integer
 m=Val（InputBox（"继续求数列的项吗？（求输入1，不求输入0）"））
If m=1 Then
t=Val（InputBox（"要求数列的多少项"））
Dim e（ ）As Integer
s=1
x=Val（InputBox（"输入欲求数列的项数x，-999结束输入"））
Do While x＜＞-999
ReDim Preserve e（s）
e（s）=x
s=s+1
x=Val（InputBox（"输入欲求数列的项数x，-999结束输入"））
Loop
ReDim f（1 To t）As Long
f（d）=0
For d=1 To t
For j=1 To k
f（d）=f（d）+a（j，k+1）*e（d）（j-1）
Next j
Print
Print
Print "数列的第"；e（d）；"项为："
Print "A（"；e（d）；"）="；f（d），
Next d
```

End If

End Sub

例1：求数列1，8，27，…的通项公式。

输入数列项数3；输入数列的前三项1，8，27；输入–999结束数列项的输入；运行后，得到通项公式：

$a_n = 6 - 11n + 6n^2$（$n \in N*$）

例2：求数列1，16，81，256，…的通项公式。

在输入前4项后得到通项公式：

$a_n = -24 + 50n - 35n^2 + 10n^3$（$n \in N*$）

继续求出它的5、6、7、8项得到601，1176，2041，3256。

三、数列通项公式不唯一的新认识

以往我们说数列的通项公式不唯一，指的是一个数列可写出不同形式的通项公式。

由以上例1和例2可以看到通项公式不唯一的另一层意思。

由例1可见，数列1，8，27，…的通项公式为：$a_n = 6 - 11n + 6n^2$（$n \in N*$）

显然，$a_n = n^3$（$n \in N*$）也是该数列的通项公式。

由例2可见，数列1，16，81，256，…的通项公式为：

$a_n = -24 + 50n - 35n^2 + 10n^3$（$n \in \mathbf{N}*$）

显然，$a_n = n^4$（$n \in \mathbf{N}*$）也是该数列的通项公式。

两组通项公式，都反映了相同的数列已知有限项的规律，可以认定是同一数列的不同通项公式。从这个意义上讲，数列有限项的规律可以有不同理解，根据不同理解就得到不同的通项公式。

本文给出了由无理数的不同近似值构成数列的通项公式；用克莱姆法则证明了有穷数列都有多项式型的通项公式。可以说数列绝大多数都是有通项公式的。用VB 6.0编程求数列的通项公式及其指定项，克服了传统意义上靠观察求通项公式的局限性，发现了新的规律，对数列的通项公式有了新的认识。这充分体现了信息技术与数学课程有效整合的另一种形式，即把信息技术作为认识问题、分析问题和解决问题的有效手段，实现"问题解决"的信息化，在这方面大有文章可做。信息化进程的深入，必将促使初等数学及其教学在信息技术背景下有新的开创意义上的发展。

（原载《中学数学杂志》2008年第11期）

> 专题3-2总结：我沿着数列这条线继续研究，思考杨辉三角的推广，杨辉三角是 $(a+b)^n$ 展开式的各项系数，$(a+b+c)^n$ 如何表达。终于在一年后的一个早上，我突然有了灵感：从平面到空间 $(a+b+c)^n$ 展开式系数的三角剃型立体结构已经形成，三个面都是杨辉三角，内部每个数都等于其上面三个数之和。
>
> 圆锥曲线椭圆、双曲线、抛物线都有非常好的光学性质，这些光学性质在日常生活和工农业生产中也有广泛的应用。我运用高中数学导数等知识对其性质加以证明，进行了专题研究

专题3-3：圆锥曲线的光学性质的专题研究

在物理学上我们学过光的反射定律：在同一介质中，当反射面是一个平面时，入射光线与反射光线在同一平面内，此平面垂直于反射面，且入射角等于它的反射角。入射角与反射角分别是入射光线、反射光线与法线（法线就是过入射点垂直于反射平面的直线）所成的角；当反射面是一个曲面时，入射光线与反射光线在同一平面内，此平面垂直于反射面的切平面，且入射角等于它的反射角，此时法线为过入射点垂直于切平面的直线。以下给出椭圆、抛物线、双曲线的光学性质及其应用。

一、椭圆的光学性质

性质1：从椭圆一个焦点发出的光线，经椭圆反射后反射线经过椭圆的另一个焦点。

设椭圆的方程为$\dfrac{x^2}{a^2}+\dfrac{y^2}{b^2}=1$

$P（x_0，y_0）$是椭圆上的任意一点（图3-3-2）

则$\dfrac{x_0^2}{a^2}+\dfrac{y_0^2}{b^2}=1$，即$b^2x_0^2+a^2y_0^2=a^2b^2$

椭圆的两个焦点为：$F_1（-c，0）$，$F_2（c，0）$

过P的切线PT的方程为$b^2x_0x+a^2y_0y=a^2b^2$

所以，过P的法线PH的斜率为$k=-\dfrac{a^2y_0}{b^2x_0}$

$K_{PF_1}=\dfrac{y_0}{x_0+c}$，$K_{PF_2}=\dfrac{y_0}{x_0-c}$

因而，入射角的正切为$\tan\angle F_1PH=\dfrac{\dfrac{a^2y_0}{b^2x_0}-\dfrac{y_0}{x_0+c}}{1+\dfrac{a^2y_0^2}{b^2x_0(x_0+c)}}=\dfrac{a^2x_0y_0+b^2x_0y_0+a^2cy_0}{a^2y_0^2+b^2x_0^2+b^2cx_0}$

$=\dfrac{c^2x_0y_0+a^2cy_0}{a^2b^2+b^2cx_0}=\dfrac{cy_0}{b^2}$

同理，$\tan\angle F_2PH=\dfrac{\dfrac{y_0}{x_0-c}-\dfrac{a^2y_0}{b^2x_0}}{1+\dfrac{a^2y_0^2}{b^2x_0(x_0-c)}}=\cdots=\dfrac{cy_0}{b^2}$

即$\angle F_1PH=\angle F_2PH$，这样就证明了，从椭圆一个焦点发出的光线，经椭圆反射后反射线经过椭圆的另一个焦点。

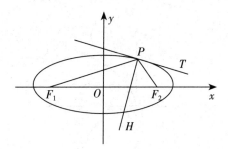

图3-3-2　椭圆的光学性质图

二、抛物线的光学性质

性质2：从抛物线的焦点发出的光线经抛物线反射后，反射线与对称轴平行。

设抛物线的方程为：$y^2 = 2px$（图3-3-3）

$P(x_0, y_0)$为抛物线上的任意一点

则$y_0^2 = 2px_0$，其焦点为$F\left(\dfrac{p}{2}, 0\right)$

过P的切线方程为$y_0 y = p(x + x_0)$

因而，抛物线过P点的法线PH斜率为$k = -\dfrac{y_0}{p}$，$k_{PF} = \dfrac{y_0}{x_0 - \dfrac{p}{2}}$，$k_{PQ} = 0$

这时，$\tan\angle FPH = \dfrac{-\dfrac{y_0}{p} - \dfrac{y_0}{x_0 - \dfrac{p}{2}}}{1 - \dfrac{y_0^2}{p\left(x_0 - \dfrac{p}{2}\right)}} = \dfrac{-x_0 y_0 + \dfrac{p}{2}y_0 - py_0}{y_0^2 - px_0 + \dfrac{p^2}{2}} = \dfrac{x_0 y_0 - \dfrac{p}{2}y_0}{px_0 + \dfrac{p^2}{2}} = -\dfrac{y_0}{p}$

又因为$\tan\angle HPQ = -\dfrac{y_0}{p}$

因而，$\angle FPH = \angle HPQ$

由以上证明可得，从抛物线的焦点发出的光线经抛物线反射后，反射线为与对称轴平行的光线。

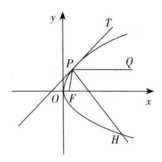

图3-3-3 抛物线的光学性质图

三、双曲线的光学性质

性质3：从双曲线的一个焦点发出的光线经双曲线反射后，反射线的反向延长线经过另一个焦点。

设双曲线的方程为：$\dfrac{x^2}{a^2} - \dfrac{y^2}{b^2} = 1$

$P(x_0, y_0)$ 为双曲线上的任意一点（图3-3-4）

则 $\dfrac{x_0^2}{a^2} - \dfrac{y_0^2}{b^2} = 1$，即 $b^2x_0^2 - a^2y_0^2 = a^2b_2$

双曲线的焦点为 $F_1(-c, 0)$，$F_2(c, 0)$

过 P 的切线 PT 的方程为：$b^2x_0x - a^2y_0y = a^2b^2$

因而，法线 PH 的斜率为：$k = -\dfrac{a^2y_0}{b^2x_0}$

$k_{PF_1} = k_{PQ} = \dfrac{y_0}{x_0 + c}$，$k_{PF_2} = \dfrac{y_0}{x_0 - c}$

$$\tan\angle F_2PH = \dfrac{-\dfrac{a^2y_0}{b^2x_0} - \dfrac{y_0}{x_0 - c}}{1 - \dfrac{a^2y_0^2}{b^2x_0(x_0 + c)}} = \dfrac{-a^2x_0y_0 - b^2x_0y_0 + a^2cy_0}{a^2y_0^2 - b^2x_0^2 - b^2cx_0} = \dfrac{-c^2x_0y_0 + a^2cy_0}{a^2b^2 - b^2cx_0}$$

$= \dfrac{cy_0}{b^2}$

同理 $\tan\angle HPQ = \dfrac{\dfrac{y_0}{x_0+c} + \dfrac{a^2 y_0}{b^2 x_0}}{1 - \dfrac{a^2 y_0^2}{b^2 x_0(x_0-c)}} = \cdots = \dfrac{cy_0}{b^2}$

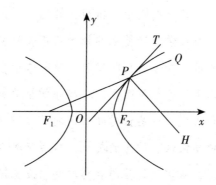

图3-3-4　双曲线的光学性质图

因此，$\angle HPQ = \angle F_2 PH$

从而证明了：从双曲线的一个焦点发出的光线经双曲线反射后，反射线的反向延长线经过另一个焦点。

圆锥曲线的光学性质在日常生活和工农业生产中有着广泛的应用。例如，汽车的大前灯、探照灯，它们的反射面是一个抛物线绕着它的轴旋转而成的曲面（旋转抛物面），经过轴的每一个纵截面都是有共同焦点的抛物线，其光源（灯泡）就在这些抛物线的共同焦点处。根据抛物线的性质，光源射出的光线经抛物面的反射，变成一束与抛物线轴平行的光线。又如，电影放映机等设备上的聚光镜，反射面就是椭圆的一部分绕其长轴旋转而成的曲面（椭球面），其纵截面都是具有共同长轴和焦点的椭圆。使用时光源放置在椭圆的一个焦点处，经椭圆面的反射，光线汇聚在另一个焦点处。

（原载《中学数学杂志》2001年第5期，2008年后的人教版高中数学教材把圆锥曲线的光学性质作为阅读材料编入教材）

本节小结

　　每个人的精力有限，不可能对整个学科体系进行整体研究，可根据自身特点和教学需要从学科体系中选一个点或一条线持续进行相关研究。对教材涉及的历史问题、猜想、悖论、知识前沿进行高端研究。邹平市教研室原数学教研员姜坤崇老师擅长研究圆锥曲线，有多篇论文在《数学通报》等专业刊物发表。聊城二中李耀文老师专题研究平面几何周界三角形等相关问题，在指导学生参加奥林匹克竞赛中有了充分的应用和实践。这些针对教育问题的专题研究，从日常教育事件与偶然现象中捕捉教育学生的契机，从教师教育行为中发现教育实践的灵感与智慧，从实践经验与教育取向中发掘研究课题，谋求教育的性质和规律

第四章
教育课题研究

4

教育课题研究是在案例研究、专题研究基础上进行的，属于更高级的教育科学研究形式。它的研究主题内容范围与适用范围更加宽广。课题研究一般必须经过相关教育科研机构批准立项。按照审批单位分为校级微课题、县级教育科学规划课题、市级教育科学规划课题、省级教育科学规划课题、全国教育科学规划课题等不同级别。每级课题又分为重大课题、重点课题、一般课题、青年课题、专项课题等不同类别。

课题研究不是凭空设立的，是基于本单位或本区域内存在的突出问题为基础设立的，也不是随意进行的，必须运用教育科学的视觉对问题的现状和学术史进行梳理综述，对研究内容、框架结构、研究方法、研究步骤等方面进行预先设计，并组建课题研究组，整体开展研究。

课题研究具有严格的审批和管理程序。课题研究必须经相关部门审查、评审、通过后，才能发放立项通知书。再经过相关部门组建的专家组对课题进行开题论证、中期检查、结果鉴定等过程性和结果性的完整指导、监管。

课题研究是运用科学方法探索教育现象的性质和规律，并取得科学结论的一种创造性活动。其功能在于教师审视教育实践，发现教育规律，探索教育实质，提升教育理念，提高教育水平。课题研究解决具有普遍意义的问题，使教师教育科研和专业发展跃上新的高度。

第一节　研究课题的确立

一、课题研究的价值

（一）课题研究提升学校教育品质

贯彻落实党和国家的教育方针、教育法令。党和国家的教育方针要求各级各类学校要做到"五育"并举，全体学生在德、智、体、美、劳各方面全面发展，党中央和国务院先后出台关于德育（思政课）、美育、体育、劳动教育的文件，也出台了关于学党史、学五史、弘扬中国传统文化精神等的宏观文件和具体指导性纲要和意见。如何将党的教育方针和这些指导性文件落实到区域、学校、年级、班级直至每个学生，都需要开展课题研究。落实党和国家的教育方针也是课题研究"顶天"方面的要求。

解决社会亟待解决的问题。在社会发展的过程中，会产生一些在一定区域或领域范围内的问题。我国高科技领域的发展，急需一大批高素质创新型人才，这种人才的培养需要从幼儿园到大学和研究生教育的全程培养，山东省教育科学研究院设立了山东省教育科学规划"创新素养专项课题"。仅山东省教育科学研究院近年就设立过多项专项课题，包括2017年山东教育学会"家庭教育"专项课题、2017年海北州教育合作专项课题（支持济南市、青岛市、威海市、临沂市、聊城市、滨州市对青海省海北州的教育对口支援）、2018年山东省教育学会科技教育专项课题、2020年山东省教育学会"教育评价专项课题"、2020年山东省教育学会中华优秀传统文化专项课题、2022年山东省"黄河流域生态保护和教育高质量发展"教育教学专项课题。这些课题针对性强，研究周期短（一般1—2年），能够快速集中解决一类问题。

解决学校难以解决的教育教学问题。随着教育事业的改革、创新和发展，学校教育教学会面临一些难以解决或亟待解决的问题，这些问题很多需要通过课题研究的方式加以研究解决。随着全国新高考方案的先后实施，高中"学生选课走班的组织与实施""学生生涯规划及选课指导"等问题需要理论的支撑，也需要实践的具体操作；国家招生制度的改革需要学校对"综合素质评价招生"和"强基计划招生"进行研究。

国家先后出台了基于核心素养的2017年版高中各科课程标准、2020年高中各科课程标准修订版、2022年义务教育国家课程标准，把学科核心素养进行了系统化综合设计。各学科关于学科核心素养的表述不尽相同，就数学学科来说，小学阶段数学核心素养具体表现为数感、量感、符号意识、运算能力、几何直观、空间观念、推理意识、数据意识、模型意识、应用意识、创新意识11项，表述多为"感、意识、观念"，初中阶段数学核心素养具体表现为抽象能力、运算能力、几何直观、空间观念、推理能力、数据观念、模型观念、应用意识、创新意识9项，表述为"意识、观念、能力"。高中阶段数学核心素养为数学抽象、逻辑运算、数学建模、直观想象、数学运算、数据分析6项。数学学科核心素养具有整体性、一致性和阶段性，在不同阶段具有不同表现。小学阶段侧重对经验的感悟，除运算能力与空间观念外，其余都是基于经验的感悟；初中阶段要求基于概念的理解，形成相对明确的观念，并发展更多的关键能力；高中阶段集中进行核心素养的养成。对数学学科素养的分项目研究、项目组群研究、分学段研究、跨学段过渡研究、一体化研究都是很有意义的关于数学核心素养的研究。

（二）课题研究助力教师专业发展

提升教师理论与实践水平。课题研究是教师专业发展的重要一环。国家级课题总课题组都会在全国各地设立一些子课题，因为有总课题的总体设计和引领，参与进而主持这些子课题研究，可作为教师参与和主持规划课题研究的基础性研究。因为各级规划课题分配到学校的初步名额都十分少，课题主持人往往由教育教学经验丰富的学校领导和骨干教师担任，这些优秀教师在主持课题研究的过程中，提升教育教学的理论与实践水平，进而提升综合素质，逐渐成长为优秀教师、卓越教师和专家型教师。课题研究的参与者逐渐明晰了教育科研的原理与方法，也会不断提升教育教学的理论与实践水平，有些会成为下一轮课题研究的主持人。

1. 教师高层次专业发展的有效途径

课题研究的基本步骤包括：第一，实际联系理论。调研本区域教育教学中存在的与教育方针和国家要求不协调的问题，提炼研究课题。第二，奠定理论基础。包括相关研究史梳理和文献综述，再通过课题申报制定解决问题的初步方案，最后通过课题研究解决问题并发现新问题。在这个循环往复的过程中逐渐形成教师问题解决思维方式：提出问题—理论基础—理论联系实践—创造新理论（实践）。在这一过程中，实现普通教师—研究型教师—专家型教师—教学名师的逐步提升。在课题研究过程中实现总结教育方式—凝练教学主张—形成教育教学理念的高层次教师发展目标。

2. 提升教师的职业幸福指数

促进教师职业能力的提高（理论水平、实践能力提高，问题意识，思考与研究问题的能力，教育、教学水平提升等）。

促进教育与人文素养的提升（写作能力、规划能力、逻辑思维能力的提升）。

3. 扩大工作成绩，提升人生价值，形成可持续发展的教师发展梯队

笔者从2005年成立崔佃金齐鲁名师工作室到国家万人计划教学名师工作室，前后历时18年，课题研究是工作室建设和发展的主要抓手，贯穿始终。其间，我先后主持过10多个课题，近百名工作室成员参与课题研究，在研究过程中培养团队成员逐渐成为优秀教师，走向卓越。有的成为学校领导，有的获评山东省特级教师、正高级教师、齐鲁名师（名班主任）、淄博名师（名班主任）等，形成了桓台一中可持续发展的教师梯队发展模式。

二、课题研究的逻辑结构

（一）课题研究申报的逻辑结构

实际申报研究课题的逻辑顺序与申报书的顺序不是完全一致的。

　　课题研究的逻辑结构如图4-1-1所示：第一，确定研究课题。第二，规划研究内容（主课题或者子课题5个左右）。第三，围绕这些研究主题，设计问卷，根据申报课题的级别确定问卷范围。第四，围绕这些研究主题进行学术史梳理、研究现状分析及综述。第五，围绕这些研究主题设立研究目标、设计总体框架、设计实施步骤、设计研究思路与方法。第六，根据研究内容、总体框架及实施步骤选择能胜任的教师参与课题研究，组建课题组，并设计预期成果。第七，按照申报书顺序填写有关栏目。

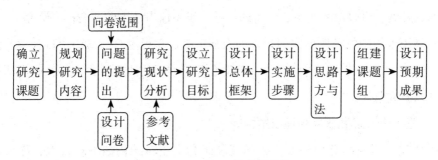

图4-1-1　课题研究逻辑结构

（二）学校课题选题的逻辑结构

　　课题研究的主持人应该基本符合学校整体管理架构，课题选取符合学校整体理念和课题研究规划。

　　关于学校理念方面的课题一般由校长牵头进行，成员可为各分管校长或各处室主任，便于研究学校理念在各自分管（或主管）单位的细化与落实，并在研究中进一步提升和优化学校理念的内涵。2011年，山东省淄博第十一中学新一届领导班子立足学校实际，确定了"六年打基础、六年求发展、六年创品牌"的中期发展规划。第一层次"低重心教学"，即"从低处做教育，办高品质学校"的办学理念。学校校长主持申报了淄博市教育科学规划课题"低重心教学"，通过学校文化理念引领学校各项工作，进一步优化了"低重心教学"理念，即"从高处着眼，从低处起步，从小处入手，从最基础、最常规、最细微处开始，扎扎实实，一步一个台阶地去做教育"。各分管校长和主任将"低重心教学"理念运用和分解到学校管理、队伍建设、教育教学、德育创新、校园建设、后勤保障等各方面，极大地促进了学校的全面特色发展，学校教育教学质量得到较大提升。高质量完成了第一层次发展目标，并步入第二层次"求发展"。

学校规划中关于"学校文化体系""学校育人方式""学校课程体系""课堂教学模式""教师专业发展"等专题，可通过分管校长或各处室主任牵头设立规划课题加以研究落实。

学校规划中第三层次目标任务，包括教研组文化、班级文化、备课组文化、各学科特色课程体系、各学科创新教学模式、教育方式、班主任工作、教师梯队发展，可以由教研组长、备课组长、班主任申请课题开展相关研究。

学校规划中的第四层次问题，如教学策略、学科融合、薄弱学科教学、优生培养、后进生转化、弱科转化、学生心理等方面的研究可由学科教师申请课题加以研究落实。

（三）个人课题研究的逻辑结构

从问题研究的类型来说，教师课题研究的逻辑结构如下：首先，作为课题组成员参与课题研究，熟练掌握课题研究的基本方法；其次，主持子课题研究，在总课题引领下，全面掌握课题研究的申报立项、研究过程、课题结题的整个过程。在此基础上，申报规划课题全面开展课题系列研究。我的课题研究之路就是遵循这个路子进行的。

第一，参与课题研究3项。1998年6月—2001年12月，参与桓台一中申报的市级课题"探究式教学实验研究"。2005年6月—2011年7月设计申报并参与淄博市电教馆课题"利用智能工具软件促进学生英语学习的研究"。2013年11月—2019年12月，作为核心成员参与淄博市教育科学规划重点课题"教师美育思想研究"，主持结题鉴定报告的撰写。

第二，主持子课题研究3项。2002年6月—2005年12月，在天津市宝坻区教研室教研员杨世明先生（总课题负责人）的指导下，申报、主持全国教育科学规划课题"MM数学教育方式"子课题的实验研究，桓台一中被确定为"MM实验学校"。2005年6月—2010年12月，主持全国教育科学"十一五"规划教育部重点课题"有效推进区域教师专业发展"子课题研究2项：一是2005年6月—2007年11月，主持子课题"以名师工作室为依托，构建教师研究自愿者组合"；二是2007年6月—2010年12月，主持子课题"培训者实施培训的有效性研究"。

第三，申报主持规划课题或项目研究5项。2006年8月—2011年9月，主持山东省教育科学"十一五"规划重点课题"心智数学教育方式"的实验研究；2011年11月—2017年6月，主持山东省教育科学"十二五"规划课题"关于高中数学教学策略的实验研究"；2012年6月—2017年12月，主持淄博市教育科学"十二五"规划重点课题"当前高中数学教育中存在问题的研究"；2018年4月—2020年12月，参与淄博市"十三五"重点课题"基于核心素养的高中数学美育研究与实践"；2019年3月—2021年12月，主持山东省基础教育教学改革项目"普通高中实施全学科美育的理论与实践研究"。

从研究内容来看，教师的课题研究也要根据教育教学的实际需要，自成体系，形成独具特色的逻辑结构，切忌毫无章法，东一榔头西一棒槌地随意进行。我主持的省市课题与项目，首先进行的是聚焦课堂教学的"心智数学教育方式"，形成自己独特的教学模式与方法；其次对高中数学普适性的教学策略进行系统研究，成为心智数学教育方式的支持系统；再次将视角扩大到整个数学教育，开展"当前数学教育中存在的问题研究"；从次将视觉扩大到高中数学美育的理论与实践；最后在教师美育思想研究的基础上，发挥名师工作室教师卓越团队的优势，扩大到普通高中全学科美育，构成"教学模式—教学策略—存在问题—数学美育—全学科美育"的研究系列。

（四）研究层次的逻辑结构

案例、专题、课题是教师从事教育科学研究的三个不同层次。教师教育科学研究往往是从案例研究开始的。在众多案例研究的基础上，归纳部分有共同原因或共同结果的案例产生研究专题。进行多个研究专题后，产生研究课题。

我的研究专题和课题的生成很多是按照这个顺序进行的。具体可以参见本书第二章、第三章中的有关论述。

三、教育研究课题的选择与确立

（一）教育研究课题

1. 教育研究课题的意义

课题就是按照教育科研的规范程序和方法所要研究解决的教育科学领域或教育教学实践领域中的问题。

问题不等于课题，"问题即课题"这个说法流传很广，在很多教育科学规划、计划中常用。但是没有进行规划研究的问题，不能叫作课题，有些简单的问题或者价值不大的问题也很难规划成研究课题。

课题是课题研究评审的第一要素，必须十分重视。否则，仅从题目上就不符合规划课题的要求，就会被评审专家剔除出局。

2. 研究课题的确立有六项标准

一是课题的政治性标准。不得有错误的政治倾向，不能出现错误方向的引领，不能采取错误的思路方法。二是课题的价值性标准。课题要有理论意义、实践意义，符合教育科学及学校发展的需要。三是课题的科学性标准。课题要有理论基础，有科学的立项论证，必须应用科学的思路与方法。四是课题的表述性标准。课题表述要限制在一定范围内，不能过于笼统。五是课题的创新性标准。通过对课题进行学术史梳理，对国内外研究现状进行综述。课题必须有新意，在某些方面具有独创性，是前人没有解决的或前人没有完全解决的。六是课题的可行性标准。具备充分的主客观条件，课题符合研究者的知识、能力、经验、专长、资料、时间、经费、设备、技术、研究时机等。

3. 课题的一般来源主要有四个方面

（1）选题申报

每年国家、省、市各级都要对规划课题征集课题选题，汇总成为《课题申报指南》，涵盖当前研究的重点和热点。可以根据《课题申报指南》选择本单位或区域亟待解决的问题。使用原题目，或者根据所列范围自行确定题目。这样选择的课题针对性强、命中率较高。例如，桓台一中附属学校"九年一贯制学校学生生涯规划研究"，就是根据课题申报指南关于"生涯规划"的指引，在"九年一贯制学校"这一特殊范围开展生涯规划教育。这种生涯规划教育有别于其他课题大多是"高中段"的研究，最后成功立项。我的研究课题"当前高中数学教育存在的问题研究"是2009年在首都师范大学参加教育部国培计划时的规划课题。

（2）经过精心选择的教育问题

从当前教育方针、政策、法律、法规中选择；从学校规划体系中选择适合自己身份和研究能力的课题；从自己教育教学理论与实践中按照"案例—专题—课题"的顺序提炼的课题。桓台一中数学组王祎老师平时非常注重板书设计，已经到了非常精通的实践程度。为了提升板书的理论基础与支撑，实现更高层次的板书设计，他申报了"关于高中数学板书设计的策略研究"的市规划课题。2007年，我作为首批齐鲁名师参加了赴美培训活动，在当时美国康州教育厅负责中美交流的葛丹先生的报告中，讲到美国有九种教学策略，并且提供了它们的不同教学效率。在实习学校布里斯托尔东方高中，校长送给我一份他听课的评课表，就是对教师这九种教学策略使用情况的评价。我还参加了一次区域性教研活动，老师们研讨的就是九种教学策略中的两种。副校长丹尼尔先生送给我一本英文原版书也是关于九种课堂教学策略的。由此我想，中国有没有关于课堂教学策略的研究？高中数学有没有教学策略的研究结论？它们的效率是多少？经过文献梳理发现国内没有相关的研究结论。由此，我申报了"高中数学教学策略研究"，被确定为山东省教育科学规划课题。

（3）持续研究的课题

学校、学科、个人对某一个（类）教育问题进行了研究，形成了成果，通过了结题鉴定，为深入研究，也可以申报立项课题，但要有新意、有突破、有创新。我在市规划重点课题"基于核心素养的高中数学美育的研究与实践"基础上，借助我名师工作室教师卓越发展团队包含高中所有学科优秀教师的优势，进一步申报了题为"普通高中全学科美育的理论与实践研究"的2019年度山东省基础教育教学改革项目。

（4）引进课题的研究

这类课题往往已经立项或已取得显著成效，其研究成果对解决本校或本学科的同类问题具有针对性，可提出申请，以子课题或实验学校的方式进行课题研究。2002年我主持的课题"MM数学教育方式"就是全国教育课题的子课题。也可在原课题的基础上突出个性特色，改变名称自己申报课题，我申报的山东省教育科学规划重点课题"心智数学教育方式"就是在总结"MM数学教育方式""探究式教学模式"等课题的基础上突出个性特色申报成功的。

（二）学校教育课题的价值特征

学校教育课题主要从实践性价值和理论价值两方面加以设计。

1. 实践性价值

课题研究成果能够解决教育教学中的实际问题，具有可操作性，有较强的实用价值，有利于推广应用；能够促进学生身心健康地发展，有利于提高教育质量和学校教育品质。

2. 理论价值

课题研究理论价值体现在两个方面：

（1）课题的提出应当具有一定的教育理论依据，课题研究的方向和理论基础应当符合教育规律，不能违背教育科学的基本原理。比如，在教育均衡的大环境下，研究划片招生的初中学生全都考入重点高中就违背规律了。

（2）课题研究成果所体现的创新价值。可以是解决了教育教学领域亟待解决的重要问题或关键问题；可以是课题研究有新发现、新见解、新创造，在某一范围内填补了教育科学的空白；可以是对原有的研究成果、教育理论或流行观点做了纠正，或者对原有研究成果做了补充完善；可以是形成新的简便有效、可操作强的教学或教育管理方式。

课题研究的价值衡量评价要实事求是，如有的课题负责人认为自己的课题研究成果具有"国内领先水平""国内首创""填补空白"等，但从其课题研究报告来看缺乏充分根据。

（三）研究课题的表述

1. 研究课题要规范表述

课题规范的表述方式，就是要用规范、简洁的陈述句表述课题，字数不宜过多，淄博市规定不超22字，山东省规划课题要求不超40字。申报相应课题不能超过字数要求。

　　课题表述采用陈述句，包括研究范围、研究对象、研究内容、研究方法四方面。如"淄博市××中学高一年级男女数学成绩对比研究"，"淄博市××中学"是研究范围，"高一男女学生"是研究对象，"数学课成绩"是研究内容，"对比研究"是研究方法。

　　研究课题一般不采用疑问句、反问句等问句形式。

　　表述课题要客观，不能加入研究者的事先的主观判断。如"淄博市××中学高一年级男女数学成绩是均等的"，其中"均等"可以是对比研究后在研究过程和结题报告得出的结论，但不能是研究前在课题中的结论性表述。

　　有的课题可以省略研究方法，如在课题"在初中数学教学中引导学生学会学习的研究"的表述中没写研究方法，但研究的对象和研究的问题必须表述清楚，如果缺少就不能确定为相关研究课题。如"自主学习能力形成的研究"，表述就不完整，缺少研究对象。又如2022年前只是在普通高中课程标准中提出学科核心素养的界定，初中数学、小学数学都没有，有的初中数学教师借用高中数学学科核心素养申报"基于学科素养的初中数学探究式教学研究"是不合适的。义务教育阶段课程标准出台后，我们发现初中数学、小学数学课程标准中关于学科素养的表述不相同，与高中数学更是不同。

2. 科研课题表述时要用语严谨

　　要用规范的学术性语句，不能应用"大白话"，如"反复抓，抓反复，提升教学质量的策略研究"中"反复抓，抓反复"表述不科学。又如，"浅谈教职工队伍建设"中，"浅谈"不是研究，不能作为研究课题的表述，"浅谈"也不是研究结论表述的学术性语言，这个题目也不能作为研究总报告的题目。

　　研究课题尽量不使用比喻句。例如，"构建托起明天的太阳的教育体系""让学生扬起自信的风帆"等，看起来很生动，但其中"托起明天的太阳""扬起自信的风帆"的表述很不严谨，也是不可测、不可评、不好落实的，没有确切的含义。

3. 课题研究中可以使用专有名词或数字

　　研究课题使用专有名词或数学会起到加深印象、简化表述的作用，但必须在核心概念或研究内容中界定清楚其意义。例如，上海优秀教学模式"茶馆式教学""后茶馆式教学"中的"茶馆式""后茶馆式"都是专有名词。我的山东省基础教育教学改革项目"普通高中实施全学科美育的理论与实践研究"中的"全学科美育"也是专有名词。山东省桓台县教研室在全县推广的"桓台县课堂教学一二三四五工程""桓台县三课型五环节教学模式"使用了数字简略表述，让人印象深刻，便于记忆。

4. 使用代表性语言扩大课题覆盖范围，提升课题的适用范围

将"××中学高中学校学生数学能力培养的实验研究"（薄弱学校），改为"薄弱高中学校学生数学能力培养的实验研究"，可以适用全省市同类学校，更容易被确定为省市级研究课题。又如，现在各区县、市区都在沿着一定的自然方向发展，有的往南发展，有的往西扩展。这样原来处于中心城区的学校，随着主城区的迁移面临生源质量下降，教学质量会下滑，随着教师大量流失，新教师流入，学校优良传统会面临某种程度的丢失，如果据此设立课题也很有较大范围的推广应用价值。

5. 研究课题要有一定的前瞻性，起码要与时代同步

例如，高中、初中、小学的新课程标准都是用学科素养作为制定学科教学目标的新表述。这时再研究三维教学目标肯定不行。高中段学科素养是2017年课程标准提出的。尽管2017—2022年小学、初中还没有提出学科素养立意的课程标准，这时段将"三维目标"作为研究课题也是不会被批准立项的。

6. 课题表述要特指，不可笼统

例如，将"构建普通高中高效课堂模式的研究"作为研究课题就不如"构建普通高中××高效课堂模式的研究"更具有可操作性。

第二节　教育研究课题的选题依据

一、问题的提出

（一）关注问题的背景因素

关注国家背景、区域背景、学校背景等方面。国家背景指的是国家教育方针、政策、法律法规，中办国办、教育部文件精神，推行素质教育、推行新课程改革的大背景，实行新高考的背景等国家层面上对课题相关的要求；区域背景指当地社会、经济、教育发展和评价对课题研究内容、研究主题等方面的需要等；学校背景指的是学校规划、学校课程体系、学校文化、学校特色发展等方面与课题的联系等。

背景因素要条目式、标题式，要简明扼要，表述重要性即可，不要泛泛而谈。

（二）基于存在的问题提出课题

问题来源之一是通过观察法了解问题。特别是对有关学生的教育教学问题，在课堂和教育活动中对学生的各种表现进行观察了解，是对问题必不可少的研究方法。

问题来源之二是针对问题开展问卷调查。梳理问题的要素并设计选择题、填空题或问答题等，组成调查问卷。选择题、填空题主要是根据研究内容和研究专题事先设计的问题，将问题结果用数据说明。问答题设计是为研究方向、研究内容做的开放性调查，由学生或老师作答，收卷之后进行数据统计，分析问题有关各要素的表现情况。对有些具有普遍性的问题，可以在相邻市县选择学校进行问卷调查，通过数据统计与本校调查情况进行比较分析。对有些问卷反映出来的问题可以进行进一步访谈。

将问卷的多个问题汇总，结合访谈、座谈情况，总结出5个左右要解决的问题（这正是课题要研究的内容和主题）。认真剖析问题的成因，探求问题解决的思路。把问题阐述得准确、透彻，把问题摆得明确具体，问题的研究解决才会有明确的方向和目标。不要直接展示问卷和问卷结果，更没必要用柱图、饼图展示。

要将问题的研究情况写成调查报告，放到研究总报告的第一个附件位置，作为阶段性研究成果。也可发表论义，这是课题鉴定不可缺少的研究成果。

（三）问题研究方面的常见问题

一是没有采取多种研究方法对问题进行多方面的了解，只有问题的大致轮廓，既没有数据，也没有个案，那么解决问题的研究就是以空话套话应对，什么问题也难以解决。二是对问题粗放式地概述、泛泛地表达，在研究解决问题的方法时，就失去了具体问题，无法构建课题研究严谨的逻辑结构。三是以背景替代问题的研究，有的课题大谈课题的背景，却对问题大而化之，甚至避而不谈，将问题虚化就不可能科学地解决问题。问题与研究内容是对应的，有几个研究内容，就要有几个存在的问题，因为存在问题才进行研究。

举例："普通高中实施全学科美育的理论与实践研究"（以下简称"全学科美育"）问题的提出

1. 美育是党和国家教育方针的重要组成部分

1952年3月国家颁布的《中学暂行规程（草案）》和十六大以来党的教育方针，都提出"德智体美全面发展教育"的要求。党的十八届三中全会对全面改进美育教学做出部署，习近平总书记在2018年全国教育大会上指出："要全面加强和改进学校美育，坚持以美育人、以文化人，提高学生审美和人文素养。"国务院办公厅〔2015〕71号文《关于全面加强和改进学校美育工作的意见》，对全国美育做了详细部署。此后，各省（市、自治区）都出台了学校美育的配套文件。2017年普通高中课程方案对美育提出新要求，设立了"美与数学、音乐中的数学、美术中的数学、体育运动中的数学"等美育课程。

2. 各学校学科美育达不到预期

淄博市教育局2013年出台了《关于加强中小学美育的指导意见》，在全市范围内实施"大美育"，从幼儿园到高中29册《学科美育指引》于2017年5月全部编写完成，项目主持人主编了《高中数学美育指引》（上、下）。在全市首届美育大会上，淄博市教育局提出在全市范围内推广《学科美育指引》，但实践效果还不够理想。

通过学生问卷和师生访谈，发现了普遍存在于全市各学校的五个问题。

一是教师缺乏学科美学思想，实施的学科美育停留在浅层次上；

二是《学科美育指引》大多只是美育教学案例，没有建立学科美育机制；

三是现有的美育资源远远不能满足学科美育的需要；

四是《学科美育指引》中的审美化设计各科单打独斗，没有形成全学科美育的合力；

五是学科美育没有形成系统的评价体系。

据此，提出"普通高中实施全学科美育的理论与实验研究"改革项目，以期推动全校、全市"大美育"的开展，助力全国"大美育"的开展。

问卷详细内容见本书附件：桓台一中关于学校"美育"的问卷调查（2019年1月20日）。

二、国内外相关研究学术史梳理及研究动态

以研究问题、调查问题为线索，进行资料检索，学习继承学术成果，进行学术述评，为课题研究奠定扎实的学术基础。淄博市要求学术继承20项以上。

（一）带着问题对所研究的课题进行追根溯源的研究

把问题放到学术环境中，要找出这一问题研究起点，已取得的主要研究成果，国内外主要代表人物、典型单位或典型经验等，并从自己研究的问题的角度做出述评。

一要通过大量查阅资料，基本把这一问题的学术状况搞清楚，为课题研究打好学术基础。比如中小学课堂教学改革课题，要查阅对课堂教学改革影响较大的教学理论，代表学术发展前沿的教改思想，有哪些专家学者的论著论文，

教学改革的实践层面影响较大的有哪些样式，有效课堂、高效课堂、合作教学、分层教学等有哪些典型学校。

二要组织课题组学习研究学术资料，使课题组成员具备共同的学术基础。可组织专题学术讲座或座谈会，也可采取访问专家、邀请专家座谈和做报告等方式进行学术指导，这些都是行之有效的学习方式。对典型单位可进行实地考察。

三要梳理问题领域的学术研究，并从课题研究的角度进行学术述评，为问题的研究解决打下必要的学术基础。可将学术成果的学习研究情况写成学术述评报告。

（二）遵守学术规范的要求

申报书关于这部分的填写，一般包括学术史梳理、研究现状、文献综述三部分。学术史梳理是纵向的梳理，包括课题有关名词的提出、国外最早使用、引进国内的标志性人物事件、国内外主要代表人物、国内外纵向的发展状况等。研究现状以研究的内容（存在的问题）为线索展开横向的文献梳理，一般格式是：关于××问题，张三在××年××月××刊物发表××文章，提出××观点等。一个问题列举3—4个主要代表人物的研究观点即可。最后根据学术史梳理与研究现状做出文献综述。

引用资料一定要注明出处，阐述国内外相关研究成果的述评，可在课题书之后，以"参考文献"的方式附录。具体引述要做注释，标明：书籍（或文章）名称、作者，出版社名称（或报刊、网站、博客等），出版（或发表）时间，引述观点所在页码等。

（三）常见的问题

有些教师习惯于自己的做法，不善于检索学术资料，了解别人是怎么做的，进而找到解决问题的办法。有些教师对相关学术资料的获取很不充分，选取的文献不是高水平的，学术继承不准确，影响课题研究方向。有的教师学术引用不规范，没有遵守各级教育科学规划主管部门提出的课题研究报告引述资料的方式，也会影响课题研究成果的表达。

根据对已有学术成果比较分析，找出本课题与现有研究成果的"联系与区别"。根据"联系"部分，确定课题研究的学术继承，"区别"作为本课题的研究的范围和特点，为后面界定课题研究的内涵和外延打下基础。

举例："全学科美育"的国内外相关研究的学术史梳理及研究动态

1. 中外学校美育历史发展历程

古希腊柏拉图最早提出美育理论，18世纪德国康德最早提出美育概念。五帝时代成均之学是中国最早的学校美育，春秋战国时期以孔子为代表的儒家以"六艺之教"实施美育。东汉末年设立艺术教育学校鸿都门学，唐代设书学，宋代设画学。民国时期王国维对美育作了基本规定，民国元年蔡元培自德文翻译了"美育"一词，积极弘扬美学理论，倡导以美育代宗教，将美育与德育、智育、体育相提并论。1952年国家颁布的《中学暂行规程（草案）》提出对学生"实施德育、智育、体育、美育全面发展的教育"。党的十八届三中全会对全面改进美育做出部署，习近平总书记在2018年全国教育大会上指出："要全面加强和改进学校美育，坚持以美育人、以文化人，提高学生审美和人文素养。"国务院办公厅〔2015〕71号文《关于全面加强和改进学校美育工作的意见》，对美育做了详细部署。2017年普通高中课程方案对美育提出新的要求，新课程设立"美与数学、音乐中的数学、美术中的数学、体育运动中的数学"等美育课程。

2. 关于美育的内涵、作用及意义

国务院办公厅《关于全面加强和改进学校美育工作的意见》中指出："美育是审美教育，也是情操教育和心灵教育，不仅能提升人的审美素养，还能潜移默化地影响人的情感、趣味、气质、胸襟，激励人的精神，温润人的心灵。美育与德育、智育、体育相辅相成、相互促进。"美育不仅能陶冶情操，提高素养，而且有助于开发智力，对于促进学生全面发展具有不可替代的作用。

3. 关于美育的实施途径

刘鸿麻在《略论苏霍姆林斯基的学校美育思想》中提出了美育六种途径：在观赏大自然美景中接受美的陶冶；艺术是美育的有力手段；创设优美的环境；在劳动中感受创造之美；将美育融渗进教学过程；重视文学创作、音乐戏剧、文艺阅读欣赏等业余艺术活动。张耀军、何英在《当代学校美育的价值选择与实现路径》中提出学校美育实现路径：高举爱国主义旗帜，坚持以人为本，坚持和谐精神，发展创新精神，充分利用大自然、社区和社会资源，从自然和社会中寻找突破。

4. 关于美育课程体系建设

赵伶俐在《21世纪初中国基础教育改革中综合美育发展的新形态》中提出实施综合艺术审美教育，提高艺术类课程的综合性，强化各学科的综合审美引导。将认知与情感整合起来，将和谐发展与个性发展整合起来，将多样与统一整合起来。樊美筠、罗筠筠、王德胜在《21世纪我国学校美育的操作设计》中提出美育课程设计要考虑"面向21世纪人才培养模式、美育的本质和特征、美育对象"等因素，与"美育是感性教育、趣味教育与人格教育"的本质特征相适应。马维林在《基于创新人才培养的美育课程体系构建——以江苏省南菁高级中学为例》中介绍了江苏省南菁高级中学"科学与人文相通，体验与鉴赏为主，与优秀传统文化融合"的美育课程设计原则。依托沈鹏艺术馆，建立陶吧、兰花坊，开设民间传统纺织印染工艺鉴赏、中国陶瓷艺术鉴赏与审美、乐器的研究与复制等美育课程。

5. 关于学科美育实施

周荫昌探讨了"对美育与艺术教育几个问题的再思考"。黄耿东《高中美术教学实现审美教育校本化的对策》提出"基础训练与审美感悟有机统一、扩大参与艺术学习的审美领域、发展学生必备的审美品格"等策略。彭磊《多媒体与音乐课堂碰撞出"美"的火花》研究了多媒体在音乐教学中的独特作用。林培荣《基于核心素养下的中学音乐学科测评观察与研究》提出音乐测评可感、可知、可测三原则和笔试、面试结合的测评方式。叶悬冰《让语文课堂充满美感和生机——论语文教学的审美转变》等文对学科教学审美化设计做了探讨。石雷先《挖掘物理教科书的美育功能——以教科版初中〈物理〉为例》分析了物理"现象之美、规律之美、思想之美、人物之美、人文之美"。汪德善《论学科间美育的横向联系与施教》提出了学科间美育横向联系研究方向。彭文晓《论学校美育的心理健康功能》和宋守军《社团在中学校园中的美育功能》对学校美育新功能提出了可借鉴的思路和方向。

文献研究表明，近年来对艺术学科美育研究很多，对非艺术学科美育研究较少；对学科美育理论研究较多，对实践研究较少；对单学科美育研究较多，对全学科美育缺乏研究，没有形成普通高中全学科美育理论与实践体系。关于美育研究的高层次课题较少，2011—2018年共11项关于美育的国家级课题立项，其中中小学美育课题仅1项。

本课题相对已有研究的独到学术价值和应用价值：

（1）学术价值：①课题组提出"全学科美育"的概念，是基于普通高中各学科美育不是孤立的，只有整体实施，相互融合，才能发挥学校美育的整体效能，学校需要全学科美育；②形成全学科美学思想，构建全学科美育机制，才能实现全学科美育；③全学科美育的审美化设计坚持文理艺融合，是本课题的根本研究方向；④学校即社会，学校美育在某种程度上也是社会美育的缩影，将"全学科美育"放在整个美育发展历史的长河中加以研究，探寻全学科美育发展、实施的规律。

（2）应用价值：①实施全学科美育研究对推动学校美育的整体开展具有非常重要的实践意义；②研究成果《普通高中全学科美育指导纲要》是可推广的全学科美育理论与实践成果，适用于全部高中学校，对其他学段开展全学科美育也有借鉴意义；③全学科美育案例，体现各学科美育特点，又集中统一于五种美的形态，可供广大教师参考借鉴；④研究发挥影视对人们各种感官的综合冲击力，发挥影视在全学科美育中的不可替代的作用。

第三节 课题研究的研究内容

一、核心概念界定

核心概念界定就是对题目的内涵和外延进行界定。首先，对课题题目的核心概念和题目本身进行界定。课题往往由几个核心概念组成。如"关于偏远农村中小学教育问题的调查与对策的研究"，就由三个核心概念组成，"偏远农村中小学教育问题""调查"以及"对策研究"，对课题核心概念内涵和外延的界定，就基本上规划了课题的研究范围与要重点解决的问题。其次，对课题研究过程和报告中使用的重点概念进行界定。

表述方式，如"调查"，可以先简要说明比较权威（《辞源》《辞海》）的界定，再以单独一段详细说本课题的界定（这是一定要有的，前者可以没有）。

举例： "普通高中实施全学科美育的理论与实践研究"的核心概念界定

"普通高中"是面向大众的中等教育高级阶段，是学生进入高等学校或社会的过渡。

"全学科"涵盖普通高中14门国家课程和学校活动课程，分艺术类、人文社会科学类、数学及自然科学类、体育与健康类、技术类、活动类6类。

本课题中"美育"仅限学校学科课程教学中实施的美育。

"全学科美育"既要在全部学科中实施美育，又要"文理艺融合"，发挥全学科美育的整体效能。

二、研究对象

研究对象是指被研究的人、事、物等，一般用一句话简明扼要地表述清楚，不要长篇大论。

三、研究内容

（一）对课题研究内容进行要点式呈现

列出课题研究内容的具体要点，或者将课题研究的内容通过一个个标题列出来，并进行简要概述，让读者简要了解该项课题研究所要解决的主要问题，及将在理论与实践上进行哪些创新研究。也可以根据课题研究过程中解决问题的先后，列举并概述该项课题所解决的问题，尤其是要做好解决重点难点问题的概述。因此，将课题研究内容进行要点式呈现，是对课题研究内容的纲领性规划。

举例：普通高中全学科美育

"普通高中实施全学科美育的理论与实践研究"主要包括6个研究问题。

1.普通高中全学科美学思想研究

整体把握普通高中全学科的形式美、科学美、艺术美、自然美、社会美五种形态美，研究全学科美育的原则、方法、途径等。

2.普通高中全学科美育机制研究

探究五种形态美在各学科中的具体表现，挖掘高中各学科内在美，研究其准确表述及实施策略。

3.普通高中全学科美育资源研究

挖掘课本全学科美育资源，积累关于全学科美育的学科发展史、历史文化、人物传记、发展前沿、读物、网络资源、音视频、影视剧等美育资源。编制《淄博美术》《吕剧》《马踏湖风韵》《数学与美》等校本美育教材。

4.普通高中全学科审美化设计

按文理艺融合的总体原则，对普通高中课例进行审美化设计。遵循艺术、人文社会、数学及自然科学、体育与健康、技术、活动6类课程的不同美学特征，按照基础、突出、突破、探索四方面进行审美化设计。

5.普通高中全学科美育评价体系研究

从美育设计、美育实施、美育效果三方面对教师美育思想、教师美育实施、学生美育体验三方面，建立对6类课程全学科美育的项目评价表、活动量规等评价体系。

6. 构建普通高中全学科美育主题网站

积累美育资源，综合各学科发展史、历史人物、关键事件、美育读物、美育案例、美育活动等资源构建学校美育主题网站，探索"互联网＋美育"新模式。

（二）研究课题一般需要分解成几个子课题

根据课题研究内容分解设立子课题，由子课题组开展内容研究。在子课题研究过程中，还可以进行适当调整。在子课题研究完成后，由总课题组进行验收。子课题的研究内容将在总课题组研究报告的研究内容中简要列举，并将子课题研究报告以附件的方式附在总课题研究报告之后，作为总课题的一项研究成果。

（三）结合框架图展示

举例："研究过程"的逻辑结构框架（图4-3-1）

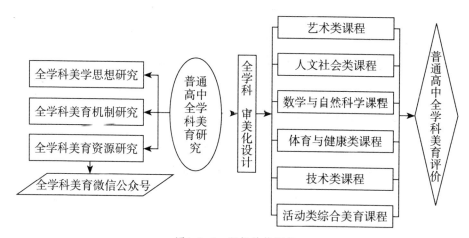

图4-3-1　逻辑结构框架

四、重点难点

找出本课题所要解决的主要问题，再从主要问题中提出重中之重的问题和核心问题，即明确本课题的重点。重点问题也是课题研究的创新价值所在。难点问题是课题研究中较难解决的问题，如有关评价的实施等。找准重点和难点问题的关键是从整体和系统的角度审视课题研究的主要问题。有的问题既是重点问题，也是难点问题。

举例：课题研究重难点

课题研究重点：①普通高中全学科美学思想研究；②普通高中全学科美育机制研究；③普通高中全学科审美化设计。

课题研究难点：①普通高中全学科美学思想研究，学科内在美的提炼总结及相关美育活动设计；②全学科教学审美化设计中"文理艺融合"；③学科影视美育资源的开发及运用；④普通高中全学科美育评价体系研究。

五、主要目标

课题研究目标即对课题研究的方向所做出的规划。目标的确立既有宏观背景下的研究问题总体目标的概括，又有解决问题的具体性和着力点，体现了解决问题的方向性目标。课题研究目标不是一成不变的，在课题研究过程中，可以根据研究的阶段性成果，或者重要发现修改研究目标。

设立课题研究目标常见的问题包括：课题研究目标过于笼统抽象，导致在课题研究中很难把握和体现；把课题研究的时间、过程等不属于研究目标的内容当作研究目标写到其中；凭空设定课题研究目标，不具有课题研究的方向性意义，课题研究所解决的问题与目标设计相脱节，失去制定研究目标的意义。

举例：全学科美育课题研究主要目标

（1）解决学科美育研究各学科分散进行、没有形成全学科美育整体效应的问题，形成可广泛借鉴的校域普通高中全学科美育理论体系。

（2）改善学科美育理论多、实践少、实施难的困境，形成可推广的普通高中全学科美育实践体系，每学科形成学科美育案例。

（3）解决学生认为美育重要但不重视的问题。让学生在全学科美育中体验美、感悟美、鉴赏美、创造美，由学科美升华到自然之美、人生之美、世界之美。

（4）解决学生在日常教学中感受不到学科美育的问题，通过全学科美育的实施，提高学生学习兴趣，激发学生学习积极性、主动性，提高学校教学质量。

（5）解决学校师生对美育不重视的问题，培育教师美育思想，形成校域普通高中全学科美育范例。

第四节　课题研究的思路方法

一、本课题研究的基本思路

主要表述完成课题研究、解决课题主要问题的线索。研究思路的表达主要是解决问题的宏观思维，是对课题研究可行性线索的思考，但也有解决具体问题，特别是解决难点问题的线索思考。研究思路切合实际，解决问题的方向正确，是完成课题研究必要的思维基础。

举例：全学科美育研究的基本思路

理论设计—实践研究—理论与实践创新

理论设计：整体把握普通高中全学科的形式美、科学美、艺术美、自然美、社会美五种形态，构建全学科体验美、感悟美、鉴赏美、创造美的原则、方法、途径等。整体把握高中学科内在美的特征，分别研究各学科内在美的表现特点；研究中外美育代表人物思想，做好传统美育思想传承；研究本地自然、人文、社会、生活等方面的美育资源。

实践研究：依据各学科内在美的特征，从基础、突出、突破、探索四方面对全学科2019年教材进行审美化设计。将全学科美育案例在课堂教学中实验、评价，并进一步优化。实地考察桓台博物馆15个门类、王渔洋纪念馆、马踏湖湿地，开发综合美育课程，探索学校全学科美育的实施方案。

根据全学科美育思想、全学科美育机制研究、全学科审美化设计形成专著《普通高中全学科美育指导纲要》，积累全学科审美化设计案例，构建全学科美育主体网站，实现普通高中全学科美育理论与实践的创新。

二、具体研究方法

研究方法是完成课题研究必须应用的方法工具。具体应用哪种研究方法，要根据课题所要解决的问题来确定。

中小学课题研究常用的研究方法一般是文献法（资料检索法）、调查法、行动研究法、总结法、实验法、比较法等。此外还有抽样法、观察法、预测法、统计法、测量法、表列法、内容分析法等。

课题研究方法的规划不能只列标题。要对在哪些研究环节使用，解决什么问题，得到什么阶段性成果（结论）进行简要阐述。

文献法。需简要说明采用什么工具，查阅了哪些文献，对文献资料进行什么样的分类，各有什么观点，得出什么结论。

调查法。调查法是课题研究最常用的研究方法，用于对问题的了解和研究，对课题实验效果的测定等。调查法可分为问卷调查、访谈、座谈等形式。对于问题的深入了解或实验效果的测定，通常要综合运用各种调查方式，以便全面深入地了解问题或测定实验结果。通常对问题的调查结果要写成调查报告，并以附件的方式附在研究报告之后。写好调查报告还要综合运用其他研究方法，如资料检索法、总结法、行动研究法等，才能对问题进行透彻的调查和鞭辟入里的剖析，为课题奠定扎实的研究基础。在课题研究报告中呈现问题所需资料也要从调查报告中引用。因此，一个高水平的调查报告是课题研究的重要阶段性成果。

实验法。中小学教育研究课题大都离不开教学实验，因此实验法是课题研究不可缺少的研究方法。中小学教育类课题常用的实验法大致可以分为两种。①单组法。就一个组或班进行实验，测评施加某一实验因素与不施加实验因素或在不同时期施加另一实验因素，在效果上有何不同。②等组法。就各方面情况相同的两个班或组，分别施以不同的实验因素，再来比较其效果。

在教学实验中运用实验法，第一，要注意确定实验对象，同时说明实验分组形式，单组实验还是等组实验，然后制订实验计划。第二，要根据制订的实验计划，准备实验。需要进行前测的，实验进行前要根据实验目的，拟定测验题目，进行实验前的测验。设法控制实验因素，使重要因素不变或少变。第三，在实验过程中要做准确、翔实的记录，在各阶段中要做准确的测验。为了排除偶然性，可反复实验多次。第四，实验结果要利用各种数据分析工具进行分析处理。考虑各种因素的作用，慎重得出实验结论，力求排除偶然因素作用。对有疑问的实验数据要再次进行实验，以便得出可靠的实验数据。目前中小学开展的教育教学实验主要使用单组法，主要进行实验前后的测量，对比分析实验效果。

举例：全学科美育的研究方法

文献研究法：①深入学习研究美育、学科美育文献，提升课题组教师的美学素养。②搜集学科美育研究最新成果，将各学科美育的研究成果统一于五种形态美之中，突出各学科的内在美，也要实现"文理艺"美育的融合。③广泛搜集各学科美育案例，按照美学思想及美育机制加以优化。④对中外美育历史进行纵向研究，探寻全学科美育发展规律。⑤以问题为导向，开展美育文献的横向研究，探寻对某一美育问题的解决方案。⑥开展跨学科的交叉学习借鉴，为文理艺学科美育融合打下坚实的理论基础。

调查法：通过问卷调查、师生访谈、课堂观察，了解师生对学校美育的认识及感受，了解全学科美育的实施状况及效果。通过访谈了解师生对全学科美育的建议，实地调查桓台博物馆等美育资源。

行动研究法：根据全学科美育教学设计在课堂教学中实验、评价，录制美育课堂教学视频，积累高中全学科美育的课本诗、课本剧、吟唱篇目等美育教学资源。

实验法：①在不同年级、学科实施美育，观察、测量其在提高学生学习兴趣、提升学生综合能力等方面的显著效果。②开展"学科美育大家说""学科美育推广交流"等活动，探求高中学科美育的实施及经验推广。

经验总结法：在实验中不断探索和反思，及时撰写教学反思、经验总结、论文等，适时在一定范围内交流，编写、出版《普通高中全学科美育指导纲要》，在全国范围内推广交流全学科美育的理论与实践。

三、研究计划及可行性

（一）对完成课题研究的过程进行阶段性规划

预计分几个阶段，解决哪些问题，包括前期研究内容、课题申报立项、举行开题论证会、研究内容分几个阶段完成，预计取得哪些阶段性研究成果，预计在什么时间完成课题研究任务，什么时间进行结题鉴定，等等。各个阶段的内容以时间为轴，择要进行条目式表述，不必详细表述。

常见的问题，一是不理解"研究过程"与"研究步骤"的内涵是一致的，在课题规划中写了"研究过程"之后，又写了"研究步骤"，造成内容重复。二是表述不当，有的课题规划详细表述了各个阶段的研究内容，把课题研究过程写得十分臃肿，形成明显的表述不当。尤其是在撰写课题研究报告时把研究成果都写在研究过程中，而在表达"解决问题的策略与效果"时却只有结论的内容，这都属于表述不当。

举例：全学科美育研究计划

1. **普通高中全学科美育文献学习（2019年2—10月）**

课题组集体学习美育历史及综合文献，个人分类研究参考文献。2019年9月前分别召开"美学与美育综合知识"及"学科美育实施"学习交流会。

负责人：崔佃金　赵志强

2. **普通高中全学科美育思想研究（2019年2月—2020年9月）**

确定"以美育人、以文化人"美育原则，理解形式美、科学美、艺术美、自然美、社会美五种形态美，整体把握全学科美育的原则、方法、途径。

负责人：崔佃金　赵志强

3. **构建普通高中全学科美育机制（2019年2—9月）**

在五种形态美的总体框架下，探寻各学科的内在美及实施策略，挖掘学科美的内涵，探索学科美的辩证统一，找寻学科美育的根本。

负责人：崔佃金　赵志强

4. **学科教学审美化设计（2019年9月—2021年10月）**

选择2019年新教材，按照"总体框架"中设计的"基础、突出、突破、探索"四方面进行设计。"基础"体现学科内在美，"突出"是学科美育设计的重点，"突破"解决学科美育存在的问题，"探索"体现"文理艺融合"的审美设计原则。

负责人：崔佃金课题组全体成员

5. 普通高中活动课程的美育渗透（2019年9月—2021年6月）

在影视美育课程、社团美育课程、综合美育课程中进行美育渗透，实现全学科美育融合。

负责人：崔佃金 赵志强 李清刚 于璐铭

6. 构建普通高中全学科美育评价体系（2019年6月—2020年12月）

编制美育活动、美育实施评价量表，编制对美育课程进行课前、课中、课后调查的问卷和评价量规。

负责人：崔佃金课题组全体成员

7. 构建普通高中全学科美育主题网站（2019年10月—2021年10月）

综合各学科发展史、历史人物、关键事件、美育读物、美育案例、美育活动等资源构建学校美育主题网站，实现互联网+美育。

负责人：崔佃金 张渤

8. 总结结题（2021年6—12月）

撰写研究报告，出版专著《普通高中全学科美育指导纲要》，发表至少3篇核心期刊论文。

负责人：崔佃金 赵志强 张渤

9. 推广交流（2019年9月—2022年12月）

参加百灵艺术节展现学校全学科美育成果。参加全市、全国美育大会，接待各地来访，参加艺术展演和美育研讨会，交流、推广全学科美育成果。

负责人：崔佃金 赵志强 张渤

（二）简要分析完成课题研究的可行性条件

一项课题能否完成取决于主客观条件。一是课题组研究人员的研究能力与敬业精神，包括课题组成员已取得相关研究成果的社会评价（发表论文、评奖、引用等），课题组主要成员的学术背景和研究经验、组成结构（如学历、专业、职务、年龄等）。其中课题组负责人的学术水平、意志品质、协调能力具有不可替代的重要作用。二是完成课题研究的保障条件（如研究资料、实验设备、研究经费、研究时间及所在单位条件等），也包括单位领导的支持意向。完成课题研究要具备适当的客观条件。

采取总结概括式的描述，如课题组成员学历高、教学经验丰富、教学能力强、多次受到表彰奖励等（不要过分罗列表彰，把县级、校级表彰都列入）；课题研究经验丰富，主持了几个课题等。与课题无关的不要展示。

举例：全学科美育研究计划可行性分析

主持人入选第三批国家万人计划教学名师，国家、省、市都给予资金、政策、项目方面的支持。主持人还被评为山东省特级教师、首批齐鲁名师和首批中小学正高级教师、山东省十大科研名师、山东省教科所兼职研究员，有突出的学术基础和研究能力，课题组成员都是主持人"名师工作室"教师卓越发展团队成员，遍布高中14个学科。

主持人自2006年起围绕高中数学先后主持关于教育方式、教学策略、存在问题、学科美育4个省市级教育科学规划课题的实验研究，形成了《心智数学教育方式》《关于高中数学教学策略研究》《当前高中数学教育中存在的问题研究》3个研究报告，总字数40多万字，都涉及高中数学教学的审美化设计，有承担国家级课题的实验研究基础。主持人带领全市18位老师编写的《高中数学学科美育指引》2019年12月出版，初步建立高中数学美育的理论及实践体系，为全学科美育研究奠定了坚实的理论与实践基础。

项目组成员是"崔佃金名师工作室卓越发展团队"成员，遍布普通高中全部学科，还有高校教授参与实验研究，参与或主持过省市级课题研究，有较强的研究能力。

学校订阅知网，图书馆有专门教育理论专柜，主持人个人藏书丰富，能满足项目研究对理论基础及文献支持的要求。

四、课题研究的创新之处

（一）必须据实做出价值评价

对课题研究价值进行预测性评价，需要实事求是地评定课题研究的预期成果与已有研究成果相比，该项研究有什么独到之处，对于解决同类教育或教学问题有什么作用，对于教育教学改革有什么影响。评价课题研究价值或意义通常是从理论与实践方面进行的，省课题要求从学术思想、学术观点、研究方法三方面进行表述。

（二）价值评价常见的问题

因为对学术资料占有不够充分，课题组找不到评价的落脚点，只能凭空做出评价，或者以大而空的内容填充；因为对课题研究的主要问题和突破点确定不当，导致所确定的研究意义与价值过高或者不当。

评价课题的研究意义与价值要立足于两个点，一是根据课题研究所确定的主要问题和突破点进行评价，二是准确把握学术研究成果及其发展方向。如此，才能有效地防止凭空评价和偏颇评价，从而实事求是地评价课题研究的实践意义和理论上的创新价值。

举例：全学科美育的创新之处

在学术思想方面，提出全学科美育的概念，形成以普通高中全学科美育思想、全学科美育机制、全学科美育评价为代表的全学科美育理论体系。

在学术观点方面，提出文理艺各学科在美育理论与实践中相互借鉴、相互融合，全学科美育"文理艺融合"的观点；提出充分利用吟唱、课本剧、课本诗、辩论赛、虚拟人物表演创新学科美育方式的观点；提出利用影视剧实现全学科综合美育的观点；提出建设全学科美育主题网站，探索互联网+美育的设想。

在研究方法方面，采取"理论研究—实践探索—理论与实践创新"的总体研究方法，在理论研究中探寻实践基础，从大量文献资料中找寻全学科美育理论与实践的突破，探究全学科美育实施的统一路径和关键措施；在实践探索中反复运用、验证理论研究成果，不断优化、完善全学科美育的理论与实践成果，实现理论与实践的不断创新。

五、课题研究的预期成果

（一）成果形式

对课题取得的研究成果做出预测（在实施步骤中已有规划），包括对主要阶段完成研究成果的时间、成果形式等进行明确的预测。

课题研究成果主件是课题研究报告，填写在第一项；调查报告、实验报告、文献综述、教学案例、论文、论著、校本课程等填写在后面；论文题目、论著书名可暂定或大致写一下方向，不必准确确定，也不是不可改变的。

发表论文数量达到或略超要求即可，否则会出现完不成任务的情况，影响结题。

研究报告全面总结本项课题研究的内容、过程、方法及所取得的成果。包含调查报告、学术述评、实验报告、案例、论文、著作等内容。

举例：全学科美育成果形式

（1）课题研究报告。

（2）专著《普通高中全学科美育指引》。

（3）发表全学科美育论文3篇。

（4）构建普通高中全学科美育公众号。

（二）使用去向及预期社会效益

根据课题规划据实填写，不要夸大，也不要谦虚。

举例：全学科美育使用去向及社会效益

使用去向：①逐步将实验的理论与实践成果推广到学校其他老师和课堂，实现全校"大美育"。②依托淄博市"大美育"的实施，在全市范围内推广课题研究成果。以高中学校全学科美育为蓝本，推动全市所有学段、所有学校开展学科美育。参加全国美育大会、美育推广活动，在全国范围内推广全学科美育成果，引领全国学校美育。

预期社会效益：①提升学生学习兴趣。通过学科美育，学生深刻体验学科内在美，在学科教学的审美化设计中，提高学习兴趣和学习质量。②提升学生幸福感。引导学生通过美育，祛除不健康心理，积极应对困难与挫折，实现身心愉悦与健康；感受学习与生活之美，促进心灵敏感细腻、睿智博大，创造并享受美好人生，实现人生幸福。③形成校域全学科美育模式。遵循美育特点和学生成长规律，以美育人，以文化人，形成以艺术学科为主体，全部学科协同参与的普通高中全学科美育模式。④实现美育教育目标。切实发挥美育在教化人伦、提高国民素质中的巨大作用。引领学生树立正确的审美观念、陶冶高尚的道德情操、培育深厚的民族情感、激发想象力和创新意识、拥有开阔的眼光和宽广的胸怀，培养造就德智体美全面发展的社会主义建设者和接班人。

六、课题研究的参考文献

（一）参考文献学术规范格式

1. 文献类型的字母标示

根据GB/T7714–2015《信息与文献　参考文献著录规则》规定，以单字母方式标识。

2. 文献著录格式

主要责任者.题名［J］.刊名，年，卷（期）：起止页码.

主要责任者.书名［M］.版本（第一版不著录）.出版地：出版者，出版年.

学位论文作者.题名［D］.学校所在市：学校.年份.

专利申请者或所有者.专利文献题：专利号［P］.公告日期或公开日期.获取或访问路径.数字唯一对象标识符.

作者.题名.引用日期.访问路径.

3. 参考文献目录

引著作：［1］张永春.数学课程论［M］.南宁：广西教育出版社，1996.

引杂志：［2］刘海峰.科举制对西方考试制度的影响新探［J］.中国社会科学，2001（5）：188–202.

引报纸：〔3〕秦春华.中学教育正被异化为高考强化培训班〔N〕.中国青年报，2013-02-01.

（二）参考文献的筛选

输入关键词，知网搜索的论文很多。如以美育为关键词的有1200多篇。选取足够数量的、有代表性的、权威专家的书籍，如选取当代美育十大名家的著作等。

（三）参考文献的动态呈现

参考文献不是截止申报书中的呈现，在开题、中期总结、结题报告中要不断纳入最新的著作和研究论文。

参考文献的排列顺序不一定按照在申报书或研究报告中出现的次序排列，可以按照重要程度加以重新排列。

国外参考文献不一定是外文的，翻译的著作也可以。

七、组建课题组填写数据表

组成有效工作的课题组。一个团结有效工作的课题组是完成课题研究、取得研究成果的组织基础。组成一个有效工作的课题组，首先，课题组成员要有共同追寻教育规律的教育理想，有着研究问题的共识和解决问题的兴趣基础。课题负责人和课题组主要成员对课题有着深切的关注和研究的兴趣，如果前期已取得一些研究成果，对于课题研究将是很好的基础。其次，体现研究能力。课题负责人和课题组主要成员过去承担、参与课题研究的经历，及其取得的研究成果，都可以体现出完成课题研究任务的能力。最后，课题组要建立完成课题研究的信心和决心，要有吃苦奉献的精神准备。课题组成员要坚信课题研究的价值，相信通过深入细致的课题研究可以提升自己的专业素养，走上成才之路。从工作精神上来说，选择一项课题进行研究，就是选择了一项艰难的攻关任务，是自身追求教育理想的具体实践。

将课题组建设成一个研究团队、学习团队、创新团队、专业发展团队，充分发挥团队优势，克服各种困难完成课题研究，取得多方面的研究成果。通过完成一项课题研究，带出一个成长的人才团队，进而完成课题规划，开展课题研究，完成研究任务。

这部分出现的主要问题是，填写内容不规范，如填写教师职称采用"副高""初级教师"等不规范表述。

第五节　教育科研课题的研究过程

一、教育研究课题的开题

（一）课题开题的基本程序

开题活动主要研讨课题研究的可行性，重在清晰思路、聚焦问题和分工落实。省级课题开题活动由市级教育科学规划领导小组办公室或高校科研管理部门负责组织实施，市级课题由区县教育科学规划领导小组办公室负责，并尽可能向社会开放。

举行课题开题论证会，论证研究方案，正式启动课题研究。

开题论证会要做好三项工作，一是课题负责人在申报书的基础上写出课题开题报告，形成切实可行的课题研究方案。二是邀请有关专家与课题组一起论证课题研究的相关内容，对课题研究的可行性做出评估意见。三是课题组提交初步研究存在的问题，专家指导解决，如高中数学教学策略框架结构、高中数学教学策略的教学效率。

举行课题开题论证会后要做好四件事情：一是根据论证会讨论的情况修订课题研究方案；二是写出课题开课论证会会议纪要；三是将修订后的课题研究方案和会议纪要上报立项的教育科学规划办；四是提交重要事项变更（课题名称、人员等）。

（二）撰写课题开题报告

开题报告也叫课题研究方案，它主要说明这个课题应该进行研究，自己有条件进行研究以及准备如何开展研究等问题，也可以说是对课题的论证和设计。

　　通过开题报告的思考与写作可以帮助课题组清楚地了解自己为什么要做这个课题，究竟想做什么，想得到什么，怎么做，能否达到自己的预期目标。

　　开题报告是日后开展研究工作的准绳，可以作为课题研究工作展开时的一种暂时性指导，避免无从下手；经过立项之后，到开题这段时间的初步研究，若觉得有偏差，它也可以作为课题修正时的重要依据。

　　（三）制定课题研究方案

　　一般包括以下几个部分：①课题名称；②课题提出的背景及所要解决的主要问题；③国内外同一研究领域的现状与趋势分析，本课题与其联系及区别；④课题研究的实践意义与理论价值；⑤完成课题研究的可行性分析；⑥课题界定及支撑性理论基础；⑦研究目标、内容、过程、方法设计；⑧完成本课题研究任务的保障措施；⑨预期研究成果；⑩参考文献。

二、教育研究课题的中期总结

　　（一）中期检查活动

　　主要是分析已取得的研究成果，研讨课题研究的可持续性，重点是反思、归纳、深化、细化。中期检查活动建议由区县教科室集中组织，或由所在单位科研管理部门负责组织实施，并尽可能向社会开放。

　　（二）中期检查活动简况

　　检查时间、地点、评议专家（课题组外专家，专家应不少于2人）、参与人员等。

　　（三）中期报告要点

　　研究工作主要进展、阶段性成果、主要创新点、存在的问题、重要变更、下一步计划、可预期成果等，限5000字左右。

　　（四）主要阶段性成果及影响

　　成果名称、成果形式、完成或发表时间、成果影响等，限3000字左右。

　　（五）专家评估要点

　　侧重于过程性评估，检查前期课题研究计划落实情况，进行可持续性评估，调整研究计划建议等，限1000字左右。

（六）重要变更

会后修改，提交县、市教科所。

三、教育研究课题的结题鉴定

结题报告是课题研究的最后阶段，旨在反映课题研究过程和结果的书面材料。

（一）结题报告的要素

结题报告主要介绍课题研究过程和结果。报告要将以下几个问题介绍清楚：①研究的题目；②课题组成员，包括课题负责人、组员；③课题的目的、意义、来源及背景；④课题研究的过程；⑤课题研究的结果；⑥讨论或体会（有哪些尚待解决的问题需要和同行探讨；有哪些感受与同行交流）；⑦参考文献（要注明作者、名称等）。

（二）结题报告的一般格式

结题报告一般由标题、摘要、研究背景、正文、参考文献等部分组成。

1. 标题

标题是课题研究内容的高度概括，在整篇论文中起"画龙点睛"的作用。

2. 摘要

摘要是课题研究的内容提要和研究成果的简短总结，能直接说明研究的问题、方法、过程和主要结论，使读者看了摘要后能了解结题报告的概况，以决定是否阅读全文。摘要撰写要短小精悍、准确完整、严谨流畅，一般不要越过300字。

3. 研究背景

研究背景又称提出问题、前言、引言，这是研究报告的开头部分，其重点是提出研究问题和研究假说。引言的逻辑结构为：阐述问题的前后联系，提出研究问题，形成研究假说。其主要内容包括：①介绍研究背景和目的，阐述前人在这方面的研究成果、尚未解决的问题及研究进展；②简介本课题的研究方法；③概述本课题研究成果的理论意义和现实意义。

4. 正文

正文是研究者表达研究成果和研究过程的主体部分，在研究报告中占绝大部分篇幅。要求详细阐述本课题所采用的研究方法、过程，说明产生结果的条件及相关因素，对一些不容易了解的地方要给予明确的解释。正文主要包括方法、结果和讨论三部分。

（1）方法。研究方法是研究报告的主体部分之一，其主要内容包括：①对课题出现的主要概念的定义与阐述；②研究对象的条件、数量、取样方式及研究的时间安排；③各变量间的关系分析；④研究的操作设计与研究成效的比较方式。这部分内容与前面选择研究方法相关。

（2）结果。结果是总结课题研究的数据和有关的统计分析或调查结论，是研究报告的另一个主体部分。主要包括：①列举整理原始资料所得的统计图表等数量资料和经过归纳的定性资料；②用统计学等技术手段得出结果或结论；③简要说明结果或结论与研究假说的联系。

需要注意三点：一是选取数据和现象描述要实事求是。二是图表要少而精，简洁明了。三是结果或结论要科学严谨。写结论时措辞要严谨、逻辑要严密、内容要具体，不能使用"也许""可能""大概""前茅"等模棱两可的词语，更不能夸大其作用，如"达到国际先进水平""国内领先"等。

（3）讨论。讨论是研究者对研究结果的主观认识与分析，其作用在于从理论上加深对研究结果的认识，并对研究结果不完善之处做补充说明，对研究本身的局限性进行探讨，并指出需要进一步研究的问题。

5. 参考文献

参考文献列于研究报告的末尾，应注明报告中直接引用或提到的文献资料来源。这不仅反映了作者科学求实的态度，而且是对他人劳动的尊重，还是一种文献资料的积累方式，今后要使用同样资料时，参考文献目录无疑是查找的索引。参考文献一般引用正规报纸、杂志和正式出版物，未经出版的资料、网络资料和不正规报刊不宜引用。资料引用应列出文献的名称、作者、刊物（或出版社）名称及页码、发表（或出版）时间等。

参考文献目录排序有4种方式：①按研究报告所提到或引用的顺序；②按文

献发表（或出版）的时间顺序；③按姓氏笔画排序；④按照重要程度排序。

（三）撰写结题报告的注意事项

1. 注意科学性、真实性和新颖性

科学性是指题目与结论的合理程度，要做到书写规范、文理通顺、叙述明确、层次分明、逻辑严谨。真实性是指原始材料是否完整，论文是否符合学生的年龄特征和认知水平。原始材料完整是指有原始记录，并附有必要的实验数据、图表、照片、标本等。不能凭自己的主观意愿任意修改数据或素材为自己的观点服务。

2. 要善于运用图表

在文中恰当运用图表，可以简洁明了地表述研究的主要结果。通过图表可以对研究过程中一些零乱的原始数据进行初步加工整理，从而直观地反映数据的某些规律和特征，显示事物发展规律、变化趋势及分布状况。常用表格有分类表、频数频率分布表、累积频率分布表等。使用表格一般要进行显著性检验，如卡方检验。有时为了更直观地表达研究结果，可以用统计图，如条形图、圆形图、线状图等。

3. 篇幅要适宜

要做到行文流畅，不说空话、大话，对于一些谦虚和自夸之词、一般公式及推导、一般常规的实验方法等都可省略。凡能用表格说明的问题，就不必用文字描述；能用图像表达的，就不必列表格。总之，要做到删繁就简，字无废言。

（四）结题论证

（1）结题时应准备的资料：立项通知书，开题报告资料包（包括经整理、归类的所有资料），研究报告，课题结题鉴定评审表，等等。

（2）研究报告知网查重，必须反复修改以达到有关要求。

（3）研究报告：总分总的结构形式。理论与实践相一致。用事实数据来说话。措施效果相统一。反思与发展相结合。

（4）材料装订：研究报告用A4纸打印并装订。结题鉴定材料包括：评审通知书、开题报告、中期检查报告、研究总报告、附录等。

评审书：《课题结题鉴定评审表》用A4纸打印，配页以A3纸复印，骑缝装订。

（五）研究报告的分类撰写

本书第五章给出教育方式（教学模式）类研究报告的撰写方法，本书第六章给出教学策略类研究报告的撰写方法，本书第七章给出关于普通高中全学科美育的理论与实践研究的报告撰写方法。

第五章
心智数学教育方式研究

5

　　面对新课程改革，我总结多年的教学经验，对积累的大量课例进行了研究；反思了"MM数学教育方式"等课题实验；赴俄罗斯、韩国、美国短期教育考察并与我国教育现状进行了对比分析；综合学习方式、高原现象、多元智能等专题研究，设计了研究课题"心智数学教育方式"，2006年被列为山东省教育科学"十一五"规划重点课题。2011年结题鉴定。课题研究总报告110626字。

第一节　心智数学教育方式的基本模式

高中数学课以掌握基础知识、训练技能技巧、发展思维、修炼数学文化为主要任务。教学设计按照整体、有序和适度原则，做到有目的、有实效、有层次，逐步提高。课堂教学模式的设计要注意使学生树立问题意识，不断提出问题、分析问题、解决问题，激起学生学习数学的思维火花，提升学生的多元心智。心智数学教育方式总结出高中数学课的"导学启悟""以点带面""题组教学"和"变式教学"四种基本教学模式。

一、导学启悟："自主—合作—问题探究"教学模式

环节一：自主学习

前置性作业提前一天发给学生。前置性作业包含三项内容。

第一项是学生通过自主学习和课下小组学习必须完成的最基本内容，指导学生进行课前预习。此项内容由小组自主检查。各小组长将完成情况、存在的问题等情况课前交给任课教师。任课教师通过小组反馈情况和抽查，针对学生预习情况进行二次备课，进一步设计导学的思路和措施。

第二项是引发学生思考和探究的开放性、拓展性问题，可通过课内小组合作学习和其他形式展示对问题的思考与理解。

第三项是学生填写自主学习过程中遇到的问题、疑惑的问题和生成的问题。

环节二：交流展示

课上，学生以小组为单位进行合作学习交流，通过互帮互学解决自主学习中个人不能解决的问题，对所解答的问题在组内达成共识；汇集出小组内解决

不了的问题。

以小组为单位分不同题组进行汇报展示，展示可采取口述、板书、投影、表演等形式，展示一般应小组成员全员参与、分工进行。展示后，其他组的同学先补充完善和提出疑问，再由教师做适当点评和总结。

小组展示交流要讲究实效，学生都会的知识不需再展示，也不需每节课都展示。

展示过程中，教师要善于捕捉课堂生成信息，进行再次备课。

环节三：问题探究

这是课堂教学的核心环节，指导学生通过合作学习、互动讨论、生生互动、师生互动、讨论质疑、典例剖析、实验演示等教学措施，对教学重点难点、学生中普遍存在的疑难问题和学生生成的问题进行导学启悟。这一环节要注意不要变成老师的单纯讲解，重点体现老师的导和学生的悟。

环节四：归纳深化

指导学生总结本节课的技能、规律、方法，通过知识树、知识框图和结构图梳理知识脉络，及时把新学知识纳入学生已有的知识体系。在这一环节中教师的导很重要，教师要帮助学生构建知识体系，巩固、完善、深化对知识、规律内涵的认识；要通过归纳，使学生发现新问题，激起学生课后自主学习的兴趣。

环节五：实践应用

通过训练巩固、实践评价，将本节课的基础知识、基本技能和基本思想方法运用到学习实践中，在实践中规范学生的思路、语言和解题过程。

采取定时训练方式，通过板演、投影展示等形式对学生学习实践进行评价。

课后作业的设置要适量，并分层设计，要求不同层次的学生在规定时间内定时完成规定的不同题目。教师通过批改作业及时了解学生反馈信息，对课堂教学做出及时的调控。

通过学生自学自悟、师生互动启悟、教师导学启悟实现学习过程的不断优化。"导学启悟"教学模式是各种数学课型通用的教学模式。

二、以点带面："探究—解决—拓展提高"模式

数学教材体系是以知识和数学思想方法为核心的，在数学教学中忌就题论题，应重视培养学生的观察、分析和归纳能力。要使学生通过探索性问题，掌握解决一类问题的各种方法，达到以点带面、触类旁通的效果。以点带面教学模式主要有五个教学环节。

环节一：创设情境、导入新课

以典型的数学探究性问题、实际问题、数学史志故事等引入新课，创设引发学生探究欲望的情境。

环节二：自主探究、合作学习

教师提出或引导学生发现典型的探究性问题，学生遵循一般解题方法，以自主学习与合作讨论为前提，以教材内容进行探究，教师为学生提供质疑、讨论、表达问题的机会，让学生通过个人、小组、集体等多种解难释疑活动，将自己所学知识应用于解决数学问题，初步解决在自主探究中遇到的认识问题和思维障碍。

探究性问题一般是根据教材重难点编制的一题多解问题，学生在认知冲突中产生强烈的求知欲，在思想最活跃的状态中进行探究学习。

教师通过观察、交谈、提问、分析、课内巡视、课堂练习和考查考试等反馈方法，及时了解学生掌握知识的情况，有针对性地进行质疑和讲解。

环节三：成果展示、汇报交流

以小组为单位汇报交流解题思维过程和解答过程，可采用学生"说题"、学生板演、学生投影展示、学生辩论等形式。成果展示还可采取学习小组代表板演—其他小组学生评议—教师再评议的方法。

这一环节要特别注重解题思路的分析，在学生面前暴露寻找解题方法的全过程，通过学生的发散性思维，找到解决一类问题的多种方法。

环节四：反馈训练、巩固落实

通过变更概念中非本质特征、变换问题中的条件或结论、变换问题的形式或内容，进行变式训练，培养学生举一反三、灵活应变、独立思考的能力。在

变式训练中，对探索性问题的多种解法做出优选，找到问题的最佳解决方案。

这一环节要注重让学生参加解题的全过程，形成"自己能完成的不依赖他人，小组能解决的不依赖全班，学生能解决的不依赖老师"的良好习惯。

环节五：归纳总结、提升拓展

组织和指导学生归纳概括知识和技能的一般结论，结合必要的讲解，揭示这些结论在教材整体中的相互关系，揭示新旧知识之间的内在联系，完善学生认知结构。

以点带面教学模式要重视解题的态度教育。波利亚说过，发明创造的第一条规律是动脑筋和碰运气，第二条规律是锲而不舍直到出现一个好念头。教师应重视对学生进行"锲而不舍"的思想教育，并以自己的言行作为学生的楷模，这是成功地进行教学的关键。

让学生的思维由问题开始到问题深化，始终处于积极主动状态。教师在精心创设的问题情境中"导"，学生在问题解决中生动有趣地"活动"。给学生充分的想象和思维的空间，揭示获取知识的思维过程，使学生在过程中"学会""会学"，优化思维品质。

三、题组教学："探索—研究—综合运用"模式

题组教学就是根据学生的认知规律和教学目标，合理有效地设计几个题组，将有关数学基本知识、基本技能、基本方法与数学思想融于其中。以题目开路，引导学生分析、讨论、研究和解答，教师借题生话、借题发挥。在问题解决过程中，使学生通过题组问题的前后联系以及解决这些问题的方法变化，形成更高层次的思维方法，达到了解问题本质、掌握规律、巩固知识、拓展思维等目的。这种题组并不是几个独立数学问题的简单组合，而是注重题目之间的内在联系，题组的解决能启示解题规律，提高思维能力。

题组教学法实施的关键是精心编选探索性题组、研究性题组、综合性题组。这种教学法实际上是一种理论探究教学法。将学生原有认识结构中的已有知识作为一种直观材料，依据这些旧知识选编习题，让学生通过对习题的观察和思考，为新知识找准适当的固定点，通过训练，顺利完成知识的迁移。

题组教学要围绕一个"探究点"设计出不同层次要求的题组，分别对应探索、研究、运用三个层次，作为教学的主线。以教师精讲为主导，学生思考精练为主体，形成一个完整探究过程。题组教学模式主要有五个环节。

环节一：创设情境、导入新课

引导学生回忆与本课有关的先行组织者材料，可以是本节课要用到的基础性公式、方法、思路、思想等，目的是以此为基础，展开关于公式、方法、思路、思想的进一步探索。

环节二：题组探索、自主探究

探索性题组是建立和巩固概念的知识型题组。其应反映出知识的基本特征，有利于形成知识的基本结构，又要适合大多数学生已有的认知水平，有助于学生举一反三，有助于知识的迁移。探索性题组也可是由与类型要求相近题目组成的题组，学生在完成题组的过程中逐渐总结出知识的基本特征或解题规律，体现多题一律、多题归一。探索性题组的问题设置，一般是基本题型，坡度较小，让学生顺利地自主发现解题方法和规律。

环节三：题组研究、汇报交流

研究性题组是知识和解题方法纵横沟通的综合型题组。一忌太难，二忌太杂，应紧扣知识的探究点，使学生在自学思考时跳一跳便能摘到桃子，而答案正好落在探究点上。该题组是课堂教学的重心所在，问题选择要有研究性，要有丰富内涵，既要注重结果，又要注重质量，以期"一题多解，达到熟悉；多解归一，挖掘共性"。在此环节可以以小组为单位汇报交流展示解题方法和部分题的解答过程。

环节四：题组综合、巩固提高

综合性题组应是多角度多层次的综合型题组，在指导学生解答习题时应注意一题多变。在提高学生发散思维，并使之条理化、科学化，注重培养学生的聚合思维，以使学生的思维得到全方位发展。对于有一定难度的问题，如果完全让学生自己去分析，存在较大的困难，可师生共同参与，对某一具体的数学问题，边分析、边讨论，逐步解决问题，最后得出正确的解题方法。这种方法贯彻了启发式教学原则，充分调动学生的学习主动性和积极性，有利于促进师生间的信息交流，并能发现学生分析问题的错误思路、方法，及时予以纠正，进一步培养学生分析和解决问题的能力。

环节五：归纳总结、提升拓展

教师的评讲、解疑、总结应是画龙点睛之笔。题组教学模式中教师的主导作用一是体现在题组的设计上，二是体现在控制学生的思维方向，启发学生思考，解答学生疑问，引导学生完成知识升华的过程中。教师在课堂教学中应及时注意学生的反馈信息，随时结合训练过程察言观色，指导提示，矫正问题，鼓励肯定学生的独特的做法和想法，使学生及时得到教学的反馈信息，即使失误了，也会很快地纠正失误转向正确的思维方向。充分发挥教师的教学机智，对课堂的新的意外情况及时快速地做出反应，善于因势利导，随机应变，对症下药，牢牢把握课堂教学的主导指挥棒。课堂教学中，教师还应及时抓住对知识的独特理解、创造性的教法、引人入胜的教学情境等教学灵感，促使教学目标更优地实现。教师的讲应是精讲，讲知识的结构，讲问题的难点，讲学生的疑点，讲思考问题的方法，避免那种面面俱到，即所谓到边沿的平铺直叙。

举例：题组教学模式——数列的裂差消项求和法解题课

【课例解析】

（一）教材的地位和作用

本节课是人教A版《数学（必修5）》第2章数列学完基础知识后的一节针对数列求和方法的解题课。通过本节课的教学，学生感受到裂差消项求和法在数列求和中的魅力，体会裂项相消的作用，以提高学生运用裂项相消求和的能力，并把培养学生的建构意识和合作探索意识作为教学目标。

（二）学情分析

学生学习了数列的一般概念，对等差、等比数列从定义、通项、性质、求和等方面进行了深入研究。数列求和问题重点学习了通过转化为等差、等比数列求和的方法，在推导等差、等比数列求和公式时用到了错位相减法、倒序相加法和裂差消项求和法，本节课在此基础上进一步对裂差消项求和法做深入研究。

【教学方法】

本节课教学采用心智数学教育方式之"题组教学"模式，从学生在等比数列求和公式推导过程中用到的裂差消项求和引入，从课本习题的探究入手展开教学，使学生自主发现裂差消项求和法，并进入深层次思维状态。研究性题组和综合性题组又从更深更广的层面加强裂差消项求和法的应用。

【教学目标】

1. 掌握裂项相消法解决数列求和问题的基本思路、方法和适用范围，进一步熟悉数列求和的不同呈现形式及解决策略。

2. 经历数列裂差消项求和法的探究过程、深化过程和推广过程。

3. 通过数列裂差消项求和法的应用，认识到在学习过程中的一切发现、发明，一切好的想法和念头都可以进一步推广，感悟数学的简单美、和谐美。

教学重点和难点：本节课的重点为裂差消项求和的方法和形式。能将一些特殊数列的求和问题转化为裂项相消求和问题。本节课的难点为用裂项相消的思维过程。不同的数列采用不同的方法，运用转化与化归思想分析问题和解决问题。

【教学过程】

（一）创设情境、导入新课

教师：请同学们回忆，在推导数列求和公式时，你们先后发现了哪几种数列求和的方法？

设计意图： 在推导等比数列求和公式时，有的小组根据等比数列求和公式的形式，想到用裂差消项求和法。这节课正是从学生的这种想法开始，使学生体会到自己的一个想法，再继续下去就能解决一类问题。

（二）题组探索、自主探究

教师：请同学们思考下列探索性题组中问题解法。

出示探索性题组。（多媒体投影）

求和：

（1）$S_n = \left(1 - \dfrac{1}{2}\right) + \left(\dfrac{1}{2} - \dfrac{1}{3}\right) + \left(\dfrac{1}{3} - \dfrac{1}{4}\right) + \cdots + \left(\dfrac{1}{n} - \dfrac{1}{n+1}\right)$

（2）$S_n = \dfrac{1}{1 \times 2} + \dfrac{1}{2 \times 3} + \dfrac{1}{3 \times 4} + \dfrac{1}{4 \times 5} + \cdots + \dfrac{1}{n \times (n+1)}$

（3）$S_n = \dfrac{1}{1 \times 3} + \dfrac{1}{3 \times 5} + \dfrac{1}{5 \times 7} + \dfrac{1}{7 \times 9} + \cdots + \dfrac{1}{(2n-1) \times (2n+1)}$

（4）$S_n = \dfrac{1}{2 \times 5} + \dfrac{1}{5 \times 8} + \dfrac{1}{8 \times 11} + \cdots + \dfrac{1}{(3n-1) \times (3n+2)}$

学生独立思考后，各小组讨论交流各自的想法，然后选派代表在全班交流。

学生1：第1题去括号后，除第一项和最后一项外，其余各项都能消去。

学生2：第2题的每一项都可裂成两项，裂项后与第一题相同。

数列通项 $a_n = \dfrac{1}{n \times (n+1)} = \dfrac{1}{n} - \dfrac{1}{n+1}$

教师：对于第3题的各项都具有 $\dfrac{1}{m \times (m+2)}$ 这种形式，$\dfrac{1}{m \times (m+2)} = \dfrac{1}{m} - \dfrac{1}{m+2}$ 对吗？为什么？

学生3：不行，很明显，左右是不相等的关系。

教师：怎样改变呢？

学生3：待定系数法，配平系数，达到平衡。应该乘以 $\dfrac{1}{2}$，和第2题相似，每一项也可裂成两项实现裂差消项求和。

数列的项 $\dfrac{1}{m(m+2)} = \dfrac{1}{2}\left(\dfrac{1}{m} - \dfrac{1}{m+2}\right)$

学生4：第4题的变形与第3题类似。

$a_n = \dfrac{1}{(3n-1)(3n+2)} = \dfrac{1}{3}\left(\dfrac{1}{3n-1} - \dfrac{1}{3n+2}\right)$

求得，$S_n = \dfrac{n}{2(3n+2)}$

变式问题：

求和 $S_n = \dfrac{1}{1 \times (1+k)} + \dfrac{1}{(1+k)(1+2k)} + \cdots + \dfrac{1}{(1+(n-1)k)(1+nk)}$（其中 $k \in \mathbf{N}^+$）

学生5：每一项同样可裂成两项，通过裂差消项求和法求和。

$$S_n = \frac{1}{k}\left(1 - \frac{1}{1+k}\right) + \frac{1}{k}\left(\frac{1}{1+k} - \frac{1}{1+2k}\right) + \cdots + \frac{1}{k}\left(\frac{1}{1+(n-1)k} - \frac{1}{1+nk}\right)$$

$$= \frac{1}{k}\left(1 - \frac{1}{1-nk}\right)$$

$$= \frac{n}{1+nk}$$

教师：通过以上探索性题组我们发现了什么结论呢？

结论：一般地，$\{a_n\}$ 是公差为 d 的等差数列，

则 $S_n = \dfrac{1}{a_1 a_2} + \dfrac{1}{a_2 a_3} + \cdots + \dfrac{1}{a_n a_{n+1}}$

$$= \frac{1}{d}\left(\frac{1}{a_1} - \frac{1}{a_2}\right) + \frac{1}{d}\left(\frac{1}{a_2} - \frac{1}{a_3}\right) + \cdots + \frac{1}{d}\left(\frac{1}{a_n} - \frac{a}{a_{n+1}}\right)$$

$$= \frac{1}{d}\left(\frac{1}{a_1} - \frac{1}{a_{n+1}}\right)$$

$$= \frac{n}{a_1 a_{n+1}}$$

教师小结：分母为等差数列的某相邻两项之积，分子为常量的分式型数列的求和，将它的每一项分解为两项差的形式，前一项的减数恰与后一项的被减数相同，求和时中间项互相抵消，这种数列求和的方法就是裂差消项求和法。

（三）题组研究、汇报交流

出示研究性题组。

（1）求数列 $\left\{\dfrac{1}{n(n+2)}\right\}$ 的前 n 项和。

（2）求数列 $\dfrac{1}{1 \times 5}$，$\dfrac{1}{3 \times 7}$，$\dfrac{1}{5 \times 9}$，$\cdots$，$\dfrac{1}{n(2n-1)(2n+3)}$ 的前 n 项和。

（3）求和：$S_n = \dfrac{2^2}{1 \times 3} + \dfrac{4^2}{3 \times 5} + \cdots + \dfrac{(2n)^2}{(2n-1) \times (2n+1)}$。

（学生分组讨论解题思路，教师巡回，对个别学生问题进行指导，师生共同讨论）

教师：观察研究性题（1）和探索性问题的解法有何不同呢？

学生6：消去的项不同，前面和后面各有两项没有消去，前面两正项，后面两负项。

解：数列的通项公式可变形为 $a_n = \dfrac{1}{n(n+2)} = \dfrac{1}{2}\left(\dfrac{1}{n} - \dfrac{1}{n+2}\right)$

所以 $S_n = \dfrac{1}{2}\left(1 - \dfrac{1}{3}\right) + \dfrac{1}{2}\left(\dfrac{1}{2} - \dfrac{1}{4}\right) + \dfrac{1}{2}\left(\dfrac{1}{3} - \dfrac{1}{5}\right) + \cdots + \dfrac{1}{2}\left(\dfrac{1}{n} - \dfrac{1}{n+2}\right)$

$$= \dfrac{1}{2}\left(1 + \dfrac{1}{2} - \dfrac{1}{n+1} - \dfrac{1}{n+2}\right)$$

$$= \dfrac{n\ (3n+5)}{4(n+1)(n+2)}$$

学生7：第2题解法与第1题类似。

教师分析：研究性题（3）中数列的分子是偶数的平方，分母是奇数列相邻两项的乘积。从上面的经验来看，该数列求和使用"裂项相消法"的可能性较大，那就看分子能否化为常数。注意到该数列的通项公式的特征：分子、分母同次且没有一次项。

考虑到 $(2n)^2 = (2n)^2 - 1 + 1 = (2n - 1)(2n + 1) + 1$。

学生8：$a_n = \dfrac{(2n)^2}{(2n-1)(2n+1)}$

$$= \dfrac{(2n)^2 - 1 + 1}{(2n-1)(2n+1)}$$

$$= 1 + \dfrac{1}{(2n-1)(2n+1)} + 1 + \dfrac{1}{2}\left(\dfrac{1}{2n-1} - \dfrac{1}{2n+1}\right)$$

所以，$S_n = n + \dfrac{1}{2}\left(1 - \dfrac{1}{2n+1}\right) = n + \dfrac{n}{2n+1}$

教师：从答题情况看，裂项求和类型大家掌握得比较好了，我们来看下列问题。

（四）题组综合、巩固提高

（1）求数列 $\left\{\lg\left(1 + \dfrac{1}{n}\right)\right\}$ 前 n 项的和。

（2）求数列 $\left\{\dfrac{1}{\sqrt{n+1}+\sqrt{n}}\right\}$ 的前 n 项和。

（3）已知数列 $\{a_n\}$， $a_n=\dfrac{1}{n(n+1)(n+2)}$，求数列的前项和 S_n。

（分组讨论解题思路，教师做适当点拨和引导，学生展示解题过程）

学生9： $\lg\left(1+\dfrac{1}{n}\right)=\lg\dfrac{n+1}{n}=\lg(n+1)-\lg n$

所以， $S_n=(\lg_2-\lg_1)+(\lg_3-\lg_2)+\cdots+(\lg(n+1)-\lg n)=-\lg_1+\lg(n+1)=\lg(n+1)$

学生10：也可不裂项变为各项相乘约项。

解： $S_n=\lg\left(1+\dfrac{1}{1}\right)+\lg\left(1+\dfrac{1}{2}\right)+\cdots+\lg\left(1+\dfrac{1}{n}\right)$

$\qquad =\lg\left(\dfrac{2}{1}\right)+\lg\left(\dfrac{3}{2}\right)+\cdots+\lg\left(\dfrac{n+1}{n}\right)$

$\qquad =\lg\left(\dfrac{2}{1}\times\dfrac{3}{2}\times\cdots\times\dfrac{n+1}{n}\right)$

$\qquad =\lg(n+1)$

教师：这又是一个好想法，课后同学们可探究一下哪些数列求和适用这种方法。

教师：第2题的分母不是乘积形式，不符合以上方法。我们搜寻一下，以前我们见过这种式子吗？对它有什么变形方法？

学生11：可以分母有理化。变成两项之差的形式，同样可用裂差消项求和法。

解：分母有理化， $\dfrac{1}{\sqrt{n+1}+\sqrt{n}}=\sqrt{n+1}-\sqrt{n}$

$\therefore \dfrac{1}{\sqrt{2}+\sqrt{1}}+\dfrac{1}{\sqrt{3}+\sqrt{2}}+\cdots+\dfrac{1}{\sqrt{n+1}+\sqrt{n}}$

$=(\sqrt{2}-1)+(\sqrt{3}-\sqrt{2})+\cdots+(\sqrt{n+1}-\sqrt{n})=\sqrt{n+1}-1$

学生兴奋起来，课堂气氛空前高涨。

小试牛刀：在数列 $\{a_n\}$ 中， $a_n=\dfrac{1}{\sqrt{n}+\sqrt{n+1}}$，且 $S_n=9$，则 $n=$ _____。

教师：对于第3题，我们又遇到新问题。分母变成三项积的形式，如何变形？

学生12：还是应该考虑裂项。我最先试验的是能否像探索性题组那样分裂成 $\dfrac{1}{n}$、$\dfrac{1}{n+1}$、$\dfrac{1}{n+2}$ 的和差形式，发现不能直接化为它们的差，即使化为它们的差也不能相消。

教师：你们希望是什么样的变形？

学生13：我希望也像探索性问题一样，每一项分裂成两项的差，并且要能消项。

教师：对，"两项，能消项"，有想法就要设法按照自己的思路试一下。

学生14：按照"两项，能消项"的要求，先考虑最简单项的变形 $\dfrac{1}{1\times2\times3}$。

我试验过了 $a_n = \dfrac{1}{n(n+1)(n+2)} = \dfrac{1}{2}\left[\dfrac{1}{n(n+1)} - \dfrac{1}{(n+1)(n+2)}\right]$

解：$S_n = \dfrac{1}{1\times2\times3} + \dfrac{1}{2\times3\times4} + \dfrac{1}{3\times4\times5} + \cdots + \dfrac{1}{n(n+1)(n+2)}$

$\quad = \dfrac{1}{2}\left[\dfrac{1}{1\times2} - \dfrac{1}{2\times3} + \dfrac{1}{2\times3} - \dfrac{1}{3\times4} + \cdots + \dfrac{1}{n(n+1)} - \dfrac{1}{(n+1)(n+2)}\right]$

$\quad = \dfrac{1}{2}\left[\dfrac{1}{2} - \dfrac{1}{(n+1)(n+2)}\right]$

$\quad = \dfrac{n(n+3)}{4(n+1)(n+2)}$

（五）归纳总结、提升拓展

今天主要学习了用裂差消项求和法求和的问题。

所用的裂项公式有：

（1）$\dfrac{1}{(m+k)} = \dfrac{1}{k}\left(\dfrac{1}{m} - \dfrac{1}{m+k}\right)$, $m\in\mathbf{N}^{\star}$

（2）$\dfrac{1}{n(n+1)(n+2)} = \dfrac{1}{2}\left[\dfrac{1}{n(n+1)} - \dfrac{1}{(n+1)(n+2)}\right]$

（3）$\dfrac{1}{\sqrt{n+1}+\sqrt{n}} = \sqrt{n+1} - \sqrt{n}$

教师：最后，留几个问题供大家课后继续研究，仔细观察和例题中的题目具有哪些相似之处，联系在哪里？又有哪些不同，可以类比的方法是哪些？

1. 求和：$S_n = 1 + \dfrac{1}{1+2} + \dfrac{1}{1+2+3} + \cdots + \dfrac{1}{1+2+3+\cdots+n}$。

2. 求数列 $a_n = \dfrac{8n}{9} \dfrac{1}{(2n-1)^2 (2n+1)^2}$ 的前 n 项和。

3. 求和：

$$S_n = \frac{1}{1\times2\times3\times4} + \frac{1}{2\times3\times4\times5} + \frac{1}{3\times4\times5\times6} + \cdots + \frac{1}{n(n+1)(n+2)(n+3)}。$$

【教学反思】

心智教育方式之题组教学法充分体现以学生为主体，以问题为中心，以探索为主线。问题是人类思维的一种普遍形式，在数学教学中，从课堂提问到新概念的形成、新知识的巩固与应用和学生思维方法的训练，无不从问题开始。在研究问题、解决问题的过程中，师生重组旧知识，不断发现问题、研究问题、解决问题。

本节课通过逐步引导、层层设疑等教学情境，让学生经历裂差消项求和的过程。引导学生合作与交流，强化合作意识、协作精神，突出了类比、归纳等数学思想方法；充分注意了学生观察、猜想、发现、归纳等学习过程的体验；突出体现了特殊到一般的思想，借助函数的背景和研究方法研究有关数列问题，体现了数学知识的内在关联。

四、变式教学："一题多问、一题多解、一题多变"教学模式

在高中数学的变式教学中，数学问题的设计应以变式题为主。变式训练包括一题多问、一题多释、一题多解、一题多变。

变式教学模式主要有"创设情境、引入新课—自主探究、成果展示—变式训练、巩固落实—归纳总结、提升拓展"四个教学环节。

一题多问，就是在同一大前提下，设计平行或递进的多个问题。在没有小前提的情况下，前一问题的结论可以作为后续问题的条件。这种题型涉及多个知识点，能使学生系统地对基本知识进行归纳和巩固。

一题多释，就是对同一问题、同一式子可给出多种解释，考虑多种发散背景，有利于理论联系实际和数学建模。例如，函数式 $y = \frac{1}{2}ax^2$ 可看成自由落体公式，也可看成动能公式 $E = \frac{1}{2}mv^2$，还可看成热量公式 $Q = \frac{1}{2}RI^2$。各种解释最终都落脚到二次函数关系式上。

一题多解，就是对同一问题尽可能地超越常规，提出多种设想和解答。一题多解可以激发认识灵感，提高思维的发散性和创造性。在一题多解训练中，要密切注意每种解法的特点，发现解题规律和最有意义的简捷解法。数学是一个有机整体，各部分之间存在概念上的亲缘关系。学习每一分支时，注意横向联系，把亲缘关系结成一张网，就可覆盖全部内容，从而融会贯通。这种横向联系可以靠一题多解来完成。

一题多变，就是在解题教学中善于引申问题，使思维向纵深发展，使思维达到突破常规的灵活变通的特征。引导学生对所解问题做适当的推广和改变。变条件、变结论，延伸出更多具有相关性、相似性、相反性的新问题，深刻挖掘例题的教育功能。一题多变训练了学生思维的递进性，通过条件和结论的换位，训练学生思维的变通性；通过多向探索，训练学生思维的广阔性。

举例：变式教学模式——"利用导数研究函数单调性的解题课"教学设计

【课例解析】

（一）教材的地位与作用

本节课是人教版《数学（选修2）》第一章导数及其应用，1.3.1函数的单调性与导数的第二课时解题课。导数是微积分的核心内容之一，它有极其丰富的实际背景和广泛应用，导数更是研究函数性质的强有力的工具，在解决函数单调性、最大值和最小值等问题时，不但避开了初等函数变形的难点、证明的复杂，而且使解法程序化，变"巧法"为"通法"，优化解题策略、简化运算，具有较强的工具性作用。在应用导数研究函数单调性的教学过程中，体会导数的思想及其内涵。

（二）学情分析

在本节之前学生已经学习了导数的实际背景和基本概念。学生能理解导数的数学意义、物理意义及几何意义；掌握了常见初等函数的导数及导数运算法则；初步了解导数与函数单调性的关系，并能利用导数解决简单的函数单调性问题。本节课在此基础上进一步运用导数解决与函数单调性有关的问题，对于大多数学生来说，有足够的能力掌握本节知识。学生已初步具有对数学问题自主探究的意识和能力，当然也存在较大的个体差异，需要在教学过程中加以个别指导。

【教学方法】

采用心智数学教育方式中变式教学模式进行教学，对探究性问题，教师要启发引导学生按照"弄清题意—拟订计划—执行计划—反思回顾"四个解题环节独立完成。指导学生通过小组交流、成果展示等形式检查自己的思维方式和解题步骤格式。通过问题变式，经历数学问题及解决方法的推广和运用。对含有参数函数的单调性问题，教材没有涉及，是一个盲点。本课旨在搭设台阶，降低坡度，通过对问题的不断变化，引导学生从基础入手，通过分析、对比辨析、归纳、推理、反例分析来探究解题方法，进行问题解决，使学生形成正确的解题方法。

【教学目标】

1. 理解函数单调性与导数的关系，能利用求导的方法探究函数单调性和单调区间。

2. 经历使用导数解决求函数单调区间和已知单调区间求参数范围问题的求解过程。通过分析、归纳、推理、对比辨析、变式教学来探究解题方法。

3. 感受导数为解决单调性问题提供的新思路、方法和途径，激发探究兴趣和欲望。

教学重难点。本节课的重点是理解函数单调性与其导数的关系，利用导数解决求函数单调区间和已知单调区间求参数范围的问题。难点是解决含参数的函数单调性问题中参数范围的确定及分类讨论等数学思想方法的运用。

【教学过程】

（一）创设情境、引入新课

教师：我们已学习了函数导数的计算和运算法则，知道利用导数可求函数的单调区间，请同学们自己思考以下探究性问题。

探究性问题：求下列函数的单调区间。

1. 函数$f(x) = x^3 - 3x + 1$的单调减区间。

2. 函数$f(x) = x^2 \cdot e^2$的单调区间。

3. 已知函数$f(x) = -x^3 + 3x^2 + 9x + a$，求$f(x)$的单调减区间。

（二）自主探究、成果展示

学生独立解题后，小组内学生交流，相互纠正解题中出现的问题，教师点拨。

设计意图：探究性题组的目的是进一步熟练导数研究单调性的方法，规范解题格式步骤；三个导函数题都与二次函数有关，且用到指数函数性质，进一步强化二次不等式的解法和指数函数性质，体会导数问题的综合性。第3题设置了参数a，在此不需单独讨论，但在老师的追问下，学生意识到有时要对a进行讨论，为参数的分类讨论埋下伏笔。

（三）变式训练、巩固落实

适当改变探究性问题的形式，提出新的问题，进行变式训练。

设计意图：针对学生在解决这类问题时往往容易忽视函数的定义域以及使导数为零点的处理，设计变式习题。学生首先独立思考，出现问题，然后通过生生交流和师生交流，共同分析正确的解题方法，完善对问题的全面和完整解决。

变式1：求函数$f(x) = \dfrac{1}{2}x^2 - \ln x$的单调区间。

这是针对学生容易忽视定义域而设计的问题。很多学生没有考虑到定义域出现错误答案：单调增区间为$(-1, 0)$，$(1, +\infty)$，单调减区间为$(-\infty, -1)$，$(0, 1)$，还有同学得出错误的单调增区间为$(-1, 0) \cup (1, +\infty)$。

变式2：将前面第2题改编为求函数$f(x) = x^2 \cdot e^{ax}$的单调区间。

解：函数的定义域为**R**，

对函数求导 $f'(x) = 2xe^{ax} + ax^2e^{ax} = e^{ax}(ax^2 + 2x)$,

当 $a=0$ 时,函数的单调增区间为 $(0, +\infty)$,函数的单调减区间为 $(-\infty, 0)$;

当 $a>0$ 时,函数的单调增区间为 $\left(-\infty, -\dfrac{2}{a}\right)$ 和 $(0, +\infty)$,函数的单调减区间为 $\left(-\dfrac{2}{a}, 0\right)$;

当 $a<0$ 时,函数的单调增区间为 $\left(0, -\dfrac{2}{a}\right)$,函数的单调减区间为 $(-\infty, 0)$ 和 $\left(-\dfrac{2}{a}, +\infty\right)$。

设计意图:含有参数的数学问题既是重点又是难点,也是学生的薄弱环节,通过解决这类问题,引导学生运用分类讨论思想。另外,在 $a>0$ 和 $a<0$ 两种情况下,对于 0 与 $-\dfrac{2}{a}$ 的大小变化学生容易忽视,教师点评时要特别强调。

变式3:求函数 $f(x) = \sqrt{x} - \ln(x+1)$ 的单调增区间。

针对学生易错点——忽视使导数为零的点的讨论而造成解题不完整而设计的。

把问题特殊化提出新问题:通过函数图像或利用函数单调性的定义已经证实函数 $y = x^3$ 在 **R** 上为单调增函数,请同学们利用导数再探求该函数的单调区间,看有什么发现。

再思考问题:我们已知反比例函数 $y = \dfrac{1}{x}$ 的单调性,请同学们利用导数再探求该函数的单调区间,看有什么发现。

设计意图:对难以解决的问题,可以把问题特殊化,与已掌握的问题进行对比分析。

师生共同分析:当使导数等于零的解存在时,需对导数等于零的点进行处理。若在该点两侧的导数值符号相同,且函数在该点处连续,两个增减性相同的区间合并;若在该点两侧的导数值符号相同,但函数在该点处不连续,则不能将两个区间合并。

此题中函数在 $x = 1$ 处是连续的,且在 $x = 1$ 两侧导数的符号相同,因此,该函数的递增区间为（0，+∞）。

设计意图：这一组变式训练主要是通过对基础题组的解题方法、步骤的变式设置的。通过这组变式问题，注意到忽视定义域、在导数为0点左右符号相同时的处理方式，并对含参数的函数进行分类讨论。

教师：再对问题进行变化，交换题目的条件和结论，已知函数单调性来确定参数范围。

变式4：已知函数 $f(x) = \frac{1}{3}x^3 - (4a-1)x^2 + (15a^2 - 2a - 7)x + 2$ 在**R**上是增函数，求实数 a 的取值范围。

设计意图：解决这类问题易错点是忽视参数端点的取舍。

教师巡视后发现学生的解题思路有以下几种：

思路一：求 $f'(x) = x^2 - 2(4a-1)x + (15a^2 - 2a - 7)$，解不等式 $f'(x) > 0$，

即 $x^2 - 2(4a-1)x + (15a^2 - 2a - 7) > 0$，由于该不等式不会解，从而受阻。

思路二：函数 $f(x) = \frac{1}{3}x^3 - (4a-1)x^2 + (15a^2 - 2a - 7)x + 2$ 在**R**上是增函数 $\Leftrightarrow f'(x) > 0$ 在**R**上恒成立 $\Leftrightarrow \Delta < 0$ 恒成立，解得实数 a 的取值范围为

（2，4）。

教师：反思一下我们的解法二，发现当 $a < 2$ 或 $a > 4$ 时，$\Delta > 0$，问题不成立。但 $a = 2$ 或 $a = 4$ 时 $\Delta = 0$，情况又会怎样？

学生进一步计算后发现：$a = 2$ 或 $a = 4$ 时 $\Delta = 0$，导函数除在一点为0外，其余各区间均大于0。这时函数单调区间可以连续起来。解得实数 a 的取值范围为

（2，4）。

针对变式4中学生出现的两种思路，教师再提出问题：请同学们思考下面这个问题。

变式5：（1）若函数 $f(x) = x^3 - 3ax + 2$ 的单调减区间为（0，2）求实数 a 的取值范围。

（2）若函数 $f(x) = x^3 - 3ax + 2$ 的在区间（0，2）上单调递减，求实数 a 的取值范围。

设计意图： "单调减区间为（0，2）"与"在区间（0，2）上单调递减"是两个不同的问题情境。通过这个变式题组，让学生进一步辨析这两种不同叙述的含义。"函数在某区间内单调"说明所给区间是该函数单调区间的子集。"函数的单调区间是某区间"说明所给区间恰好是函数的单调区间。该题是前面变式问题的综合展现。学生能很快完成，对个别仍存在模糊认识的同学，在教师引导下，会很快发现问题并加以纠正。

（四）归纳总结、提升拓展

（1）如何确定函数的单调区间？在运算过程中，有哪几个注意事项？

（2）函数单调的充要条件是什么？

（3）已知单调区间或在某个区间上单调时如何计算参数的值或范围？

课外思考作业

1. 若函数 $f(x) = \ln x - \dfrac{1}{2}ax^2 - 2a$，（$a \neq 0$）存在单调减区间，求实数 a 的取值范围。

2. 若函数 $f(x) = \dfrac{1}{3}x^3 - \dfrac{1}{2}ax^2 + (a-1)x + 1$ 在区间（1，4）内为减函数，在（4，$+\infty$）上为增函数，求实数 a 的值。

3. 若函数 $f(x) = \dfrac{1}{3}x^3 - \dfrac{1}{2}ax^2 + (a-1)x + 1$ 在区间（1，4）内为减函数，在（6，$+\infty$）上为增函数，求实数 a 的取值范围。

4. （1）求函数 $f(x) = x^3 - ax + 2$ 的单调区间；

（2）函数 $f(x) = a^x - (a+1)\ln(x+1)$，其中 $a \geq -1$，求 $f(x)$ 的单调区间。

【教学反思】

结合学生实际，从基础入手设计问题，逐步加大难度，针对在利用导数求函数的单调性问题中常见的几类问题和解题中常见的错误设计问题，环环相扣，使学生始终处于积极思考和探索讨论中。

第二节　心智数学教育方式的理念与设计

一、心智数学教育方式的教育理念

心智数学教育方式的教育理念于数学教学是"多元"的，即多元数学观。

数学学科功能是"技术功能"与"文化功能"并重；数学的思维方式是"演绎推理"与"合情推理"并重；数学学习方式是"教学、学习、研究同步协调"。

二、心智数学教育方式的教学设计原则

导入之中抓情境，预习之中抓关键；过程之中抓重点，结论之中抓升华。

粗略之中抓精细，简单之中抓深刻；零散之中抓联系，复杂之中抓简化。

特殊之中抓一般，抽象之中抓实例；猜测之中抓根据；演绎之中抓归纳。

活跃之中抓落实，成功之中抓反思；学习之中抓合作，课堂之中抓生成。

三、心智数学教育方式的课堂导入

课堂导入是一堂课从开始到展开的过程，成功的课堂导入有两个基本特征：一是集中学生的注意力，激发学生的兴趣，统一学生的思考对象和方向；二是呈现问题的探究性，包括问题情境，目标任务等。高中数学课的导入常用的方法有直接导入法、温故引新法、引史讲故法、实例探求法、实物直观法、精心设疑法、新旧类比法、问题导入法、演示导入法、趣味导入法、讲评导入法、情境创设法、动作操作法等。

心智数学教育方式强调"先学后教"，课前学生在导学案或前置性问题的

指引下对所学课程进行积极、认真、充分的课前学习，对概念有了一些基本的认识，对命题的发现、证明、应用过程有了基本了解。心智数学教育方式借鉴多元智能理论，提倡"多元引入"，应以情境式、问题式导入为主。选择适合学生思维发展规律和特点的切入点，突出多媒体的有效运用，目的是唤起学生深层次的思维，使学生形成较好的成功体验。

心智数学教育方式提倡课堂引入要变"出示题目"为"呈现情境"，学生的数学学习内容应当是现实、有意义、富有挑战性的，要有利于学生主动进行观察、实验、猜测、验证、推理与交流等数学活动。对问题式导入赋予一定背景，会使其更加真实，有生活意义，更贴近学生的生活。

心智数学教育方式提倡课堂导入变"口头描述"为"媒体呈现"，使内容呈现更丰富多彩，以图像、图片、图表、动画、视频等媒体所呈现内容为核心展开学习活动。

四、"心智数学教育方式"的课堂教学小结

具体内容见第三章第二节"专题2-2：'心智数学教育方式'的课堂教学小结"。

五、心智数学教育方式教学目标的设计

2008年新课程的基本理念提出从"知识和能力""过程和方法""情感态度和价值观"三个维度设计教学目标。2017年高中实施新一轮教育改革，提出了核心素养立意下的新课程标准，提示我们要围绕"学科核心素养"进一步思考与实践教学目标的设置。心智数学教育方式要求教师备课时，不仅要备知识点，还要备知识背后蕴藏着的方法和过程、情感态度和价值观及学科素养的有效落实。牢固树立"素养观"，既要重视知识传授、能力培养、思想引领，又要注重教学过程、活动设计、素养提升。精心准备能突出学生体验性特点的探究式、研究性学习活动。让学生始终处于深层次的思考状态，确立了"以生为本"的理念，实现从知识、技能的掌握到对人的素养、精神、心理的关怀。

教学目标设计要注重在学科知识交汇点上设置问题，实现学科内综合，也

要善于在与其他学科的交汇、融合、渗透中设置问题，实现科学精神与人文精神的综合发展。实现"五育"并举，全面发展，落实立德树人根本任务。

六、心智数学教育方式的课堂预设与生成

心智数学教育方式认为，数学教学应立足于学生的主体性全面发展。而一种教育理念从理论层面转化为实际课堂教学行为需要一个过程。在这个过程中，每一个教学细节都有可能成为实现这种教育理念的绝好素材。数学教学中的课堂突发事件就是这种绝好素材之一，要艺术地处理好"课前预设"与"课堂动态生成"的关系。

学生的学习过程是自主建构知识的过程。由于个人知识经验背景及潜能的差异，学生会形成各具特色的具有个性特征的知识结构。因而，学生对同一数学问题出现不同的心理表征，产生不同的解题思路实属正常现象。甚至在一定程度上来说，这种超出预设的思路是必要的，它常常成为创造潜能得以发挥的动力源，又是使教学充满生命活力的添加剂。

教师的预设思路反映的是教学的一种成功思路，是学生应选择的正确思路之一。但教师预期的思路以一种权威的姿态使教学始终在一个因循守旧的圈子里徘徊，会压抑创新精神的张扬。学生课堂动态生成的思路反映了学生的真实思维状态，为教学提供许多不曾预料到的宝贵信息资源。教学的主要目的之一正在于促成良好知识结构的形成。学生的动态生成思路往往更能揭示其当前认知发展状态，正是学生思维发生的关键所在，或者是从另一个角度所做的创造性思考。无论哪种情况，都能使教师透析出教学背后所映衬的知识组织的质量和效率。注意捕捉学生的这种独特性思维特征，不失时机地加以点化，非常有利于学生建构、拓展灵活而宽厚的知识结构。

在数学教学中，遇到学生动态生成新思路时，教师要做的是首先承认其思路的合理性，并创造机会使这些思路展示其本来面目。如果学生的生成思路是基于独特创造的精彩见解，可作为一种解题的创新途径在课内外加以推广。当生成思路是一种错误理解或是一种暂时难辨真伪的模糊认识时，正反映了学生当前的认知冲突，或知识迁移上的障碍所在，教师可将其作为衡量学生发展

状态的一个参照系，作为洞察、开发、利用学生发展潜能的有效工具。根据反馈，找出某些错误的"合理性"，及时沟通、点拨，使学生在认识上获得质的飞跃。由于找准了学生知识理解的症结所在，由此引发思考，远比正面的反复强调来得深刻、有效，在此基础上进行的知识建构是能够灵活迁移的。

如果对于学生动态生成思路所获得的过程知识给予足够的重视和鼓励，学生会自然生成一种成就感、满足感，进而深切体会到：数学课应该就是自己的活动，自己调整认知心向，发掘和利用智慧潜能，大胆地做出猜想、再创造，只要是自己付出的，就应当是有所收获的，没有绝对意义上的学习失败者。自己形成的学习思路，就应当有与之相应的"合理性解释"，敢于承担起为之辩护的责任，成为一个有主见的问题解决者。学习同伴（包括教师）并无过人之处，大家各自在自己所走的路上创造属于自己的过程知识。

七、心智数学教育方式的解题课教学

解题是掌握数学并学会数学的思维的基本途径。概念的掌握、技能的熟练、定理的理解、能力的培养、素质的提高都离不开解题实践活动。解题贯穿于数学教学认知主体的整个学习生活乃至整个生命历程。数学解题课在数学教学中占有特别重要的地位。

（一）数学解题课的教学目标

根据高中数学课程标准和心智数学教育方式的理论与实践，高中数学解题课的教学目标确定为在数学方法论、学习论、思维论、多元智能、建构主义等教育理论指导下，培养学生形成"提出问题—分析问题—解决问题—反思问题"的良好习惯和品质，形成理性思维，发展智力和创新能力。培养学生实事求是的态度、锲而不舍的精神，学会用数学的思考方式解决问题、认识世界。培养学生在数学解题过程中与人合作的态度、表达与交流的意识和探索的精神；经历思维过程，培养数学素养；开展数学建模，培养应用意识；强调返璞归真，揭示发展规律；体验数学美感，强化文化价值。

解题课的教学应突出三个方面：一是使学生准确、灵活地掌握数学知识，扩大知识的联系；二是使学生形成分析和求解数学问题的思路和方法；三是发展学生的思维能力。数学解题教学的根本任务是发展学生的思维潜能，促进学生整体素质的提高。

（二）数学解题课的教学特点

数学解题课的学习活动是在"解决问题中学习"，就是把已掌握的基本概念、基本公式、法则、定理，迁移到不同情境加以应用，找出解决问题的方法。数学解题课的教学过程应着力展现解题思维的全过程，充分发掘数学教材中没有具体表述的能力、智力的教育因素，注意对解题策略、思维方法、解题技巧进行分类、归纳、评价。根据数学问题的难度、学生的知识基础及思维能力水平，铺设合适的梯度，设计好同类知识的训练题组，引导学生动脑、动手、动口，积极参与解题教学活动；引导学生自我评价，优化解题思路，改进解题策略，从而寻求最优的解题方法。数学解题课必须拓展学生自由思维和联想的空间。

（三）精心设计数学解题课的问题

问题要处于学生的最近发展区。要想使问题能达到预设目的，使学生根据问题进行讨论和学习，必须设计出切合学生认知系统的问题。

问题要有针对性。要针对教学目标、知识点和学生的学习现状。注意可行性，不宜过易也不宜过难。要有典型性，克服贪多、贪全，既要注意到对知识点的覆盖面，又要能通过训练让学生掌握规律，达到"以一当十"的目的。教师要精心设计和挖掘课本例题，编制一题多解、一题多变、一题多用的习题，提高学生灵活运用知识的能力。

问题要有探索性。一个问题的好坏，不在于它有多大的实用价值，而在于在该问题实施的解决中是否具有探索性，能否让学生更深入地挖掘问题的内涵，能否对问题进行重新思考，从而能够提出新的问题。

问题要有层次性。设计问题时必须考虑到学生知识差别、动机差别等个体特殊性，可包含多个小问题，形成问题链，以适合各层次学生的需要。浅层次的问题用来掌握和巩固新知识，深层次的问题用来引导学生知识的迁移和应用。既要创设舞台让优等生表演，发展其个性，又要重视给后进生提供参与的机会，使其获得成功的喜悦。

（四）数学解题课教学的基本要求

一是培养学生的问题意识。解题活动不仅指解决问题的过程，也包括提出问题的过程。问起于题，疑源于思。数学解题是一个不断"生题—质疑—释疑—生题"的复杂思维过程。大胆怀疑，是数学创造活动的特征。质疑表现了一种求知欲，包含着智慧的火花；质疑是一种探索精神，孕育着创造。培养学生敢于提出问题、勇于提出问题、善于提出问题的问题意识。

二是体现多元智能与问题解决。数学问题的解决依赖于逻辑/数学智能，又是空间智能、语言智能、自我认识智能、人际交往智能等综合作用的过程。数学解题课中要充分考虑多元智能在问题解决中的重要作用，分析不同个性特征对"问题解决"的影响，发展学生的数学心智。

三是突出一般解题方法教学。学习借鉴波利亚的"怎样解题表"，逐步培养学生养成"理解题意—拟订方案—执行方案—反思回顾"的科学、规范的一般解题过程。了解波利亚的数学启发法与数学解题的常用模式及其在数学解题教学中的意义。认识知识的合理组织、调控、信念在分析与解决问题中的意义，将数学解题与思维培养紧密结合起来。

四是重视学生发散思维。发散思维富于联想，思路宽阔，善于分解、组合、引申、推广。对数学问题的讲解，要结合方法的思考及选择过程，应"抛砖引玉"，引导学生"察言观色"，广泛开展联想与类比，寻找解决问题的多种途径，学会举一反三。

五是重视解题的基本理念。无论解决什么问题，都要从"知识—方法—观念"的角度去审视题目，做到知识熟、方法活、观念有。熟悉知识的等价表述，熟悉知识的有关范例，做到一道题就是一个观点，就是一种方法；活用"基本的逻辑证法、数形结合法、待定系数法与估算法"，做到用"有限去把握无限"；学生心中要有"一与多""有限与无限""数与形""整体与部分"等辩证观念。

六是掌握高中数学思想方法。引导学生领悟以数学知识为载体的数学思想方法，使学生提高思维水平，懂得数学的价值，建立科学的数学观念，发展数学、运用数学。要把数学思想方法列入教学目标。学生数学思想方法的形成需要经历从模糊到清楚，从理解到应用的较长发展过程，要在反复体验和实践中才能逐渐认识、理解。

七是用解题策略打开解题思维的大门。数学解题策略是为了实现解题目标而采取的方针。常用的解题策略有熟悉化、简单化、直观化、特殊化、一般化、整体化、间接化等。解题策略是最高层次的解题方法，是具体指导解题的方法，又是运用、寻找、创造解题方法的方法。学生解题产生差异的最主要原因不是基础知识，而是解题思维策略的选择。教师应将一些有效的思维策略提炼外显出来，使学生在"渗透—领悟—初步应用—巩固深化"的解题实践中逐步掌握多种策略，最终达到能应用策略指导解题的目的。

八是处理好讲与练的关系。让学生做数学，在做中学，坚持"先练后讲"。学生只有在老师讲解之前已经深入地钻研了问题，他才能有"资本"与老师和同学进行平等的对话、交流，真正成为学习的主体。只要练在讲之前，学生必然在心里把自己的想法和老师的想法进行对比、评价。小组讨论、组间答辩、师生相互质疑等多种"讲"的形式，能使师生、生生之间更好地交流。

九是数学解题课要"讲到关键处"，讲习题内在规律、知识纵横联系，纠正错误概念，正本清源；讲阻塞思路、易设陷阱、诱人上当的地方；帮助学生挖掘隐藏在问题中的潜在条件或成果；引导学生消化咀嚼，积少成多。当他们拨开重重迷雾，"山重水复疑无路，柳暗花明又一村"，寻得解题方法时，便会产生极大的成就感。苦思冥想终于找到解决问题的办法时，就是学习数学最兴奋之时。

（五）重视解题后的反思

高中数学解题课的反思是学生提高数学能力的捷径，反思使学生既见树木又见森林。反思是对思维结果进行检验和再认识的过程，是自觉对数学知识进行考察、分析、总结、评价、调控的过程，是认知过程中强化自我意识，进行自我监控、自我调节的主要形式。

反思解题过程，培养思维的严谨性。解题后必须审查是否混淆了概念，是否忽视了隐含条件，是否特殊代替一般，是否忽视特例，逻辑上是否有问题，运算是否正确，题目本身是否有误，等等。这是解题反思最基本的要求。

反思解题方法，培养思维的广阔性。对同一道题从不同角度去分析，会引出多种解法。应引导学生对众多解法进行反思，通过反思拓宽思路，择优解法，训练发散性思维，激发创造潜能，使学生的思维空间更广阔，解题更富有灵活性。对数学问题的解法也不能仅停留在"一题多解"操作面上，应进一步分析各种解法所体现的数学思想方法及本质联系，从解题方法、解题规律、解题策略等方面进行多角度、多侧面的总结。

反思条件结论，培养思维的创造性。解题后启发学生思考：能否从此题目出发编出新题；改变题目的条件，会得出什么新结论；保留题目的条件，结论能否进一步加强；条件变换，结论能否扩大到一般。像这样富有创造性的全方位思考，常常是学生发现新知识的突破口。

反思思维方法，培养思维的灵活性。有时多次受阻而后"灵感"突来，在解题后及时重现一下这个思维过程，追溯"灵感"是怎样产生的，多次受阻的原因何在，总结审题过程中的思维技巧，对发现审题过程中的错误，提高分析问题的能力都有重要作用。

反思习题特点，培养思维的深刻性。当一道数学题解完后，如果将命题中的特殊条件一般化，推得更为普遍的结论，这就是数学命题的推广。善于推广所获得的不只是一道题的解法，而是一组题、一类题的解法。

第三节　心智数学教育方式的操作变量

一、学情分析与学法指导

（一）做好三个层面的学情分析

一是在学生入学后的第一学期期中进行问卷调查，了解学生初中数学学习情况，分析学生进入高中后的学习适应情况，及时发现存在的问题。二是在每章结束后结合知识网络框架整理总结和检测考试，学生自我总结本章学习的基础知识、基本技能、基本思想方法等方面的优势与不足。教师收集汇总学生测试中出现的问题和反馈材料，建立典型题、错题档案。课后小组合作解决常见问题，矫正训练解决普遍问题，个别谈话解决典型个性问题。三是每课时的学情分析。教师备课要详细了解学情，准确把握学生的基础与能力。在教学设计中，充分考虑到学生知识能力水平；在教学过程中随时关注学情，及时调整教学活动的深度和广度；用作业评改反馈表总结反思教学效果和教学目标达成度，及时做好补救措施。

（二）进行学法指导，转变学习方式

高中数学的学法指导包括记好数学笔记、建立数学典型题错题本、知识框图化、习题类化、题后反思、及时复习等。①记好数学笔记。记录对概念的理解和数学规律，课堂中拓展变式的课外知识，最有价值的思想方法和例题，尚未解决的问题。②建立数学典型题型错题本。把典型问题和易出错知识、推理记下来，经常回顾。做到找错、析错、改错、防错。执果索因把错误原因弄个水落石出。③知识框图化。经常对知识结构进行梳理，形成知识树，实行"整体集装"，使知识结构一目了然。④习题类化。定期对习题进行类化，由一例

到一类，由一类到多类，由多类到统一，使几类问题归于同一方法。⑤题后反思。思考一下本题所用的基础知识、数学思想方法是什么，为什么要这样想，是否还有别的解法，本题的分析方法与解法，在解其他问题时，是否也用到过。⑥及时复习。强化对基本概念知识体系的理解；多角度、多层次地总结归类，使所学的知识系统化、条理化、专题化、网络化。

数学学习方法的指导坚持课上、课下结合，指导、探求结合，统一、个别结合，是由非智力因素、学习方法、学习习惯、学习能力和学习效果等因素组成的整体，应该从整体出发指导学生提升数学修养，激发学习动机，形成个性学习方法，学会学习。

科学规划自主学习，充分利用合作学习，经历研究性学习的过程，在接受学习中进行探究。在信息化社会的今天，还要重视"网络式学习"。

二、一般解题方法教学

解题过程是一种遵循"择优规则"进行解题途径、有关材料、辅助问题的选择的过程。择优规则包括五方面，①就解题途径而言，困难少的应先于困难多的，较熟悉的应先于不熟悉的；与问题有较多共同点的条款应优先于与问题有较少共同点的条款。②就问题的把握而言，整体应先于部分；主要部分应先于其他部分；离中心较近的部分应先于较远的部分。③就有关知识的动员而言，在以前解过的问题中，与现在问题有同一类型未知量的，应先于其他问题；与现在要证明的命题有同样结论的，应先于其他证明过的命题。④就辅助问题的选择而言，与所提问题等价的应先于较强或较弱的问题，而后者优先于其他问题。⑤直觉和理性。绝不要做违反我们感觉的事，但也应不带任何偏见地去查看那些支持我们计划或反对我们计划的种种说得清楚的理由。尽可能离题近些，也要做好要我们能走多远就走多远的准备。要紧紧抓住已考查过的点子不放，直到找到某些有用的起始为止，但也要努力去考查某些还没有被开发过的土地，并从中抓住某些有用的启示。

波利亚的"怎样解题表"提出了"弄清问题、拟订计划、实现计划和反思回顾"四个思维阶段，描绘出了解题理论的总体轮廓，组成了完整的解题教学系统。

第一阶段：弄清问题。弄清问题是认识问题，并对问题进行表征的过程，是成功解决问题的必要前提。弄清问题有两个层次。第一层次，直接分析。通过"未知量是什么？"了解问题的要求和要达到的目标；通过"已知数据是什么？条件是什么？"明确问题的出发点和已知条件；通过"满足条件是否可能？要确定未知数，条件是否充分？或者它是否不充分？或者是多余的？或者是矛盾的？"初步分析条件和结论的关系，在自己的知识结构中，寻找解题方面的有用的信息。第二层次，转化分析。就是通过"画一张图，引入适当的符号"及"将条件的各部分分开，你能否把它们写下来？"指导我们通过画图、列表转化条件。通过引入符号实现文字语言、图形语言和数学语言的转化与细化。

第二阶段：拟订计划。这是解题思维活动的核心，是探索解题方向和途径的尝试发现过程，是思维策略的选择和调整过程。有目的地进行各种组合的试验，尽可能将问题化为已知类型，选择最优解法和解题方案，经检验后进行修正，最后确定解题计划。

"拟订计划"这个环节有三个层次，第一层次是试图通过类比、对比和化归直接找出已知与未知之间的联系。通过"你以前见过它吗？你是否见过相同的问题而形式稍有不同？你是否知道与此有关的问题？你是否知道一个可能用得上的定理？看着未知数，试想出一个具有相同未知数或相似未知数的熟悉问题"搜寻我们熟悉的问题模式；通过"这里有一个与你现在的问题有关，且早已解决的问题。你能不能利用它？你能利用它的结果吗？你能利用它的方法吗？为了利用它，你是否应该引入某些辅助元素？"设法利用我们搜寻到的问题模式的条件、结论和问题解决的方法。第二层次是对问题的再理解和再认识。通过"你能不能重新叙述这个问题？你能不能用不同的方法重新叙述它？"从不同侧面进一步理解题意，有时也通过"回到定义去"把问题的理解回归到定义上去，因为定义是概念根本属性的解读。第三层次是如果找不出直接联系，我们可能需要考虑辅助问题，对题目进行更深入的分析。通过"如果你不能解决所提出的问题，可先解决一个与此有关的问题，你能不能想出一个更容易着手的有关问题？一个更普遍的问题？一个更特殊的问题？一个类比的问题？"进一步研究问题的内涵与外延；通过"你能否解决这个问题的一部分？仅仅保持条件的一部分而舍去其余部分，这样对于未知数能确定到什么程度？它会怎样变化？你能不能从已知数据导出某些有用的东西？你能不能想出适于确定未知数的其他数据？如果需要的话，你能不能改变未知数或数据，或者二者都改变，以使新未知数和新数据彼此更接近？"先从局部入手或先解决问题的局部，再把战果扩大到整个题目；通过"你是否利用了所有的已知数据？你是否利用了整个条件？你是否考虑了包含在问题中的所有必要的概念？"从条件对结论的充要性方面进行探索，最终得出一个求解的计划。

数学问题条件和结论之间有内在的逻辑联系和必然的因果关系。在探索阶段学生尚不会独自分析，需要教师指导。但切勿直接把解题思路和盘托出或把解法过程展示一番，更不能让学生死记硬背解法步骤，以记忆代替思考。应分析关键环节，激活学生思维，让学生明白怎样解题，为什么这样解，为什么想到这样解，促进学生的思维活动进一步发展。

第三阶段：实现计划。它包含一系列知识技能的灵活运用和思维过程的具体表达，是解题思维活动的重要组成部分。将计划的所有细节实际地付诸实践，通过与已知条件的对比修正计划，然后着手叙述解答过程的方法，并且书写解答与结果。

"实现计划"是思路打通之后具体实施信息资源的逻辑配置，通过"实现你的求解计划，检验每一步骤。你能否清楚地看出这一步骤是否正确的？你能否证明这一步骤是正确的？"表述解题过程，保证合乎逻辑顺序、层次分明、严谨规范、简洁明了。教师对教学进程每个阶段的解题要求应通过板书示范，逐渐让学生熟悉并养成习惯。

第四阶段：反思回顾。这是发展数学思维的重要方面，是一个思维活动过程的结束，又是另一新的思维活动过程的开始。与前三个阶段相比，"反思回顾"是最容易被忽视的，解题后对解题活动加以反思、探讨、分析与研究是非常重要的环节。通过"你能否检验这个论证？你能否用别的方法导出这个结果？你能不能一下子看出来？你能不能把这个结果或方法用于其他的问题？"

对整个解题过程和最终结果进行回顾和反思。这样会对题目有更全面、更深刻的理解。既可以检验解题结果是否正确、全面，推理过程是否无误、简洁，还可揭示数学题目之间规律性的联系，发挥问题的"迁移"功能，收到"解一题会一片"的效果，甚至还会得到更完美的解答方案。

这个解题系统集解题程序、解题基础、解题策略、解题方法于一身，融理论与实践于一体。四个环节也不是截然分开的顺序环节，每一步与前面的步骤以及每一步骤中间都可能产生必要的反馈，这是解题思维活动的核心。特别是面对较为复杂的题目，不要机械地按照以上步骤进行解答，而是需要在这几步之间反复交叉进行必要的思维反馈。

三、数学文化教育

数学文化教育包括数学思想方法教学、数学史、数学家和数学审美意识的教育。

（一）数学思想方法的教学

高中数学思想主要有函数与方程、转化与化归、分类讨论、数形结合等。数学中常用逻辑方法有配方法、换元法、因式分解法、归纳法、类比法等。常用的非逻辑方法有数学中的直觉、顿悟和想象等。心智数学教育方式主张在数学教学的全过程，通过不断渗透、阶段总结、复习强化等手段，学生可以掌握数学思想方法。

"不断渗透"是把数学思想与教材本身的数学对象有机地联系起来，在知识的学习运用中渗透，而不是有意去添加思想方法的内容，更不是片面强调数学思想方法的概念，让学生在潜移默化中去领悟、运用并逐步内化为思维品质。渗透应遵循由感性到理性、由具体到抽象、由特殊到一般的原则，使认识过程返璞归真。让学生以探索者的姿态参与知识的形成和规律的揭示过程，在思维探索的过程中领悟、运用、内化数学思想方法。

"不断渗透"是数学思想方法培养的最重要环节。一是在知识的形成过程中渗透。知识的形成过程也是数学思想和方法的发生过程。数学教学在教给学生知识的同时，要揭示获取知识的思维过程，这一思维过程就是思想方法。数学教学把握教学过程中概念的形成、结论的推导等数学思想方法的渗透契机。二是在问题解决过程中渗透。数学思想方法存在于问题的解决过程中，数学问题的步步转化无不遵循着数学思想方法。数学问题的解决过程就是用不变的数学思想方法去解决不断变换的数学命题，这既是渗透的目的，也是走出题海的重要环节。渗透数学思想和方法，可以优化问题解决的过程，还可以达到会一题而明一路、通一类的效果。在解题教学中，可经常采用一题多解，多题一律的教学方法明确数学思想方法。一题多解是运用不同的数学思想方法，寻求多种解法；多题一律又是运用同一种数学思想方法于多种题目之中。在解题教学中要从数学思想方法的高度去阐明其中的本质和通法，将蕴含其中的数学思想方法明确化。三是在复习小结中渗透。在小结和复习中紧扣教材的知识结构，及时渗透相关的数学思想和方法。在数学思想的科学指导下，灵活运用数学方法，突破题海战术。在章节小结、复习的教学中，从纵横两个方面，总结数学思想与方法，使师生都能领悟数学思想，运用数学方法，提高训练效果。数学思想方法作为数学学科的"一般原理"，在学生学习和将来工作中都是至关重要的，铭刻于头脑中的数学思想方法将随时随地发生作用，使他们受益终身。

"阶段总结"是指在知识与技能的学习过程中，某种数学思想方法比较集中展现时，可明确提出数学思想方法的概念，对数学思想方法进行相对集中的阶段性总结强化，并在数学教学中加强实践，逐渐将数学思想方法的不自觉应用转变成自觉行为。

"复习强化"是指在高三一轮复习结束后，集中对四种数学思想进行强化、升华。让学生熟练掌握和运用数学思想方法。数学思想方法的理解和掌握需要一个过程，学生对数学思想方法的领会只能遵循从个别到一般、从具体到抽象、从感性到理性、从低级到高级的认识规律。这个认识过程具有长期性和反复性。对数学思想方法要反复渗透，并利用适当时机，对数学思想方法进行概括、强化和提高。

（二）数学史、数学家人品教育

数学史和数学家人品教育采取结合教学内容合理渗透的方式进行，要密切结合教学内容或课外数学活动，切不可脱离教学进行所谓的数学家人品教育。

数学是积累的科学，它本身就是历史的记录。数学的过去融合在现在和未来中。数学有着悠久的历史，它的成长道路是十分曲折的，有时兴旺发达，有时衰败凋残，探索它的发展规律，可以指导当前的数学研究和学习工作。

数学史的教育有四方面的内容，一是数学的概念、工具、符号、方法、思想的发生发展历程，其背景材料和发展的一般规律。结合具体教学内容，渗透数学的发生发展过程，特别是数学历史发展的几个阶段、几次危机、几件大事，让学生既见树木又见森林。二是了解中国数学的发展进程。中国古代宋元以前和20世纪后半叶在初等数学方面做出了令人瞩目的成就，让学生产生强烈的民族自豪感，鼓励学生为振兴中国数学、振兴中华民族而努力奋斗。三是介绍历史上数学哲学、数学基础、数学逻辑、数学悖论等方面的整体价值，增长见识，开阔视野。四是了解数学前沿问题和发展趋势。人们已将数学的地位提高到与科学并列，有好多研究、发现、发明，都是以数学为基础的。数学的发展产生了很多分支学科，也产生了许多数学与其他学科融合形成的新学科。

数学家的人品教育主要有：数学家高尚的道德情操、对真理的执着追求、献身于科学事业的精神和崇高的人格；数学家的学识、丰富的思想方法、独到的治学和研究之道。学习素材有以下四方面：一是数学家数学方法论著作和自传，如《华罗庚科普著作选集》、希尔伯特《数学问题》、波利亚《怎样解题》《数学与猜想合情推理模式》《数学的发现》、哈尔莫斯《我要作数学家》、中国古代《九章算术》等。二是传记及数学家个案研究文献，如《华罗庚传》《刘徽评传》《秦九韶与〈数书九章〉》《希尔伯特传》《哥德尔》《世界数学家思想方法》等。三是中外数学史。四是网络资料。结合教学内容发动学生搜集关于数学家的网络资料，进行专题讨论或研究。

（三）数学审美意识

数学之美自古以来就吸引着人们的注意力。大数学家克莱因认为："数学是人类最高超的智力成就，也是人类心灵最独特的创作。音乐能激发或抚慰情怀，绘画使人赏心悦目，诗歌能动人心弦，哲学使人获得智慧，科学可改善物质生活，但数学能给予以上的一切。"数学美并不同于自然美和艺术美，数学美是一种理性的美、抽象的美。数学追求从混沌中找出秩序，使经验升华为规律，将复杂还原为基本，这都是数学美的标志。

在展示显性数学美中培养审美感知能力。优美的曲线、绝妙的构思、丰富的想象、严密的论证、神奇的黄金分割、千姿百态的几何图形、变幻无穷的数的世界，都能唤起学生追求数学美的情感，使学生在感受美、理解美中产生兴趣。学生的学习应该是主动的、富有美感的智力活动，学习材料的兴趣和美学价值乃是学习的最佳刺激，强烈的心智活动所带来的美的愉悦和享受是推动学习的最好动力。

在数学学习中，学生接触到的概念、公式、定理、法则都蕴含着抽象、含蓄的美，教师需要在教学中有意识地引导学生去发现数学美、鉴赏数学美，从而产生对美的向往和追求的意志，并进行以审美为主体的再现或创造美的数学实践活动。

数学之美，美在化一。当冗长的陈述、繁杂的关系用数学语言演绎而出时，学生无不被数学的简洁美折服。客观世界不仅是统一的，并且统一于一个简单的规律，在繁杂之中概括出简洁明了的规律，会给人以美的感觉。柱锥台的体积公式统一到 $V = \dfrac{1}{3}h\left(S + S' + \sqrt{SS'}\right)$，二次曲线均可用方程 $Ax^2 + Bxy + Cy^2 + Dx + Ey + F = 0$ 表示。

数学之美，美在奇异。百思不得其解后，一个巧妙的方法跃然而出，显得那么奇特、新颖，内心深处由衷产生无比的喜悦与冲动，这是数学的奇异美。新颖的解法带来了意想不到的效果，给人以"山重水复疑无路，柳暗花明又一村"的感觉，它使神秘、严肃、程式化的数学世界充满了勃勃生机。

数学之美，美在统一。统一性是指在数学中各种数学形式在不同层次上的高度统一和协调。没有哪门学科能比数学更为清晰地阐明自然界的和谐性。如波涛滚滚的正弦曲线、欲达不能的渐进线、明明白白的模糊数学等，它们在和谐中把动与静有规律、有秩序地结合到了一起。

数学之美，美在和谐。对称是典型的和谐。对称性是指组成一个事物或对象的两部分的对等性。对称性不仅包括几何图形的对称，也包括各种数学概念和理论之间的对称。数学的对称美是数学美的核心，是数学对自然本质的一种反映。

挖掘隐含的数学美，培养审美情趣。数学中的数、式、形有着优美的结构。而这一美的结构往往隐蔽在问题之中，这就需要教师充分挖掘隐含在问题中的美，引导学生在探索的过程中，用心去感悟美、领略美、欣赏美，充分享受探索的快乐，从数学审美的角度，充分挖掘问题中数量关系或空间形式的简单性、秩序性，使解题走许多捷径，发现具有创造性的解法。

例如，对于问题，已知$x^2 + y^2 = 1$，求证$-\sqrt{1 + a^2} \leq y - ax \leq \sqrt{1 + a^2}$。

从审美的角度观察其特征，可得到下面两种简捷证法。

分析1：不等式等价于$\left| \dfrac{y - ay}{\sqrt{1 + a^2}} \right| \leq 1$，左边的结构正好是圆$x^2 + y^2 = 1$上的点

到直线$y = ax$的距离，由于直线$y = ax$过圆心，故$\left| \dfrac{y - ay}{\sqrt{1 + a^2}} \right| \leq 1$成立。

分析2：由$x^2 + y^2 = 1$联想到可设$x = \cos\theta$，$y = \sin\theta$

则$y - ax = \sin\theta - a\cos\theta = \sqrt{1 + a^2} \sin(\theta + \varphi)$，

故$| y - ax | = \sqrt{1 + a^2} \, | \sin(\theta + \varphi) | \leq \sqrt{1 + a^2}$。

学习活动充满了审美趣味性，便会在前进中留下美的轨迹，成为学生积极的自我完善力量。通过展示显性数学美，挖掘隐含数学美的途径来加强数学审美能力的培养，达到启迪学生审美意识、激发学生学习乐趣与信心、提高数学课堂效率与质量的目的。

在数学教学中引进美学机制，引导学生自我增进审美意识和审美能力，培育美好的心灵和高尚的道德情操，这种审美意识的形成和发展，要经过感受数学美、鉴赏数学美、追求数学美、创造数学美四个阶段。引进美学机制的主要目的是感受数学美，感受数学中的美好事物和过程，增加数学的情趣，增进审美意识，由数学美联想到自然之美、人生之美、世界之美。认识美是选择的标准，是数学发明、发现的动力。

四、合情推理与演绎推理教学

（一）合情推理与演绎推理

推理是从一个或几个判断得出新判断的思维过程。数学中有合情推理和演绎推理两种。合情推理包括归纳推理和类比推理。由特殊到一般的推理叫作归纳推理，即在研究事物的特殊情况所得到的结论的基础上，得出有关事物的一般结论的推理方法。归纳推理一般又可分成完全归纳推理和不完全归纳推理，也称为完全归纳法和不完全归纳法。在研究事物的一切特殊情况所得的结论的基础上，得出有关事物的一般性结论的推理方法叫作完全归纳法。在研究事物的某些特殊情况所得到的结论的基础上，得出有关事物的一般性结论的推理方法叫作不完全归纳法。类比推理是从特殊到特殊的推理，是根据两对象都具有一些相同或类似的属性，并且其中一个对象还具有另外某一属性，从而推出另一个对象也具有与该属性相同或类似的属性的推理。

演绎推理是从一般到特殊的推理，是以某类事物的一般判断为前提做出这类事物的个别特殊判断的推理方法。演绎推理的过程刚好与归纳推理的过程相反。它是逻辑论证中最常用的，也是数学证明常用的推理方法。在演绎推理中，只要大前提小前提都真实，按照三段论形式推出来的结论必是真实的。演绎推理是严格的推理方法。

高中数学推理的教学要求为了解合情推理的含义，能利用归纳和类比等方法进行简单的推理，了解合情推理在数学发现中的作用；掌握演绎推理的基本模式，并能运用它们进行一些简单推理；了解合情推理和演绎推理之间的联系和差异。

（二）既教证明又教猜想的教学原则

数学既是严谨的演绎科学，又是实验性的归纳科学。数学的发生、发展过程是观察、实验、归纳、类比、猜想等合情推理与判断、证明等演绎推理的交织互动。数学问题的分析过程就是一种数学发现，观察、联想、类比、猜想、归纳、概括等合情推理是数学问题分析过程的主要形式。在解决数学问题的教学过程中，教师应引导学生通过经历可信的、自然的、有一定弯拐歧路的知识生长过程，模拟数学家研究数学的过程。从合情推理发现数学命题及其证明思路，再由演绎推理证明命题的真伪，正是人们发现、发明、创造的一般程序。数学探索、研究中艰难坎坷的体验和成功的喜悦，是人生十分珍贵的经历。只要引导学生勤于思考，他们在日常的阅读中，在听讲中，在解题中，总会有所思考，有所猜想，有所发现。这日常中的点滴发现，与重大的数学发现之间，并没有不可逾越的鸿沟。

在实际生活中人们也常常需要进行这样那样的推理。例如，诊断病人的病症、破案、预测天气、新命题的论证等。人们利用类比推理仿照鱼类的外形和在水中沉浮的原理，发明了潜水艇，仿照蝙蝠的超声波发明了雷达等，推理贯穿我们生活的始终。

五、多媒体与数学教学的整合

多媒体与数学教学整合是把各种技术手段完美地融合到数学教学中，利用计算机多媒体技术、网络技术和现代教学思想方法进行课堂教学活动。

（一）多媒体教学的优点

（1）资源共享、交互性强。教育资源的海量化、形式的多样化、丰富生动的教学资源、友好的人机界面，能充分调动学生学习的主动性和积极性，提高学生课堂的学习效率，提高教学质量和教学效率；心智数学教育方式要求学生在老师指导下动手查找资料，分析归纳得出结论，充分体现以教师为主导，以学生为主体的教学思想。

（2）具体形象、表现力强。计算机网络集文字、图形、影像、声音、动画于一体，组成一个交互系统。教师利用计算机对图形、数字、动画乃至声音、背景等进行综合处理，更易于学生理解掌握，学生利用计算机提取资料、交互反馈，让数学学习能力、探索能力、实验能力、解决问题能力全面发展。全媒体资源具有很强的表现力和感染力，不受时间、空间限制。

（3）网络环境、信息量大。学生的认知是从已知到未知，从低级到高级，从知识点到知识体系，循序渐进的。心智数学教育指导学生利用多媒体网络环境从自己的主观意识出发，利用已有的知识经验，对学习内容做出主动的、有选择性的信息加工，从而提高学生的数学素质和综合能力。

（二）多媒体教学促进学生学习

（1）多媒体教学有利于因材施教，多媒体适合每个学生的学习需要，使学生找到适合自己的学习方式，提高教学效果。

（2）多媒体教学能够充分激发学生学习兴趣，提高其参与度。多媒体教学信息的呈现方式丰富多彩，学生同时通过多种感官直观学习。多媒体教学提供丰富感知、呈现思维过程，极大提高学生的参与度，让学生更快、更准、更深地把握教学重难点。

（3）多媒体教学从直观到抽象，符合学生认知特点。通过多媒体演示，刺激学生多元智能，使学生快速实现对知识从感性认识向理性知识的转变。运用多媒体技术在课堂教学中进行动态演示，形象揭示知识的生成过程，对一些抽象的数学知识进行概括，化抽象为具体，变理性为感性。

（4）多媒体与高中数学课程整合，强化学生的创新精神和实践能力。学生在现有知识经验的基础上对新信息主动进行选择和加工，建构起自己的理解。依据教学内容和学生生活实际，运用多媒体工具以多种表现形式和友好互动的界面为学生提供数字化资源、创设虚拟化场景，让学生身临其境，经历知识的产生和发展过程，引导学生在体验中理解事物的本质，掌握数学规律。

（5）多媒体能够加深对知识的进一步巩固。知识的掌握、技能的形成、能力的培养，以及良好学风的养成，必须通过一定量的练习才能实现。利用多媒体技术编写的有针对性练习，学生通过网络查找所学知识的相关资源，可以成功地化被动学习为主动的学习，能让学生积极巩固已学知识，也为教师提供学生评价和反馈信息的方法与途径。

（三）多媒体教学创新教学方法

（1）多媒体教学有利于发挥优秀教师的带动作用。网络资源使众多教师比较容易学习优秀教师的教学方法。对多媒体教学的研究，可以激发教师教学兴趣，激发教师创新意识，促进教学方法和手段的改进，有利于提高教师的能力素质。

（2）通过多媒体教学，将有效地解决数学课程紧张与教学任务重的矛盾。

通过实施多媒体教学，可以简化课堂中较为烦琐的过程，利用多媒体可更加准确地做出图形，更加形象直观地演示作图过程，使学生掌握得更好，教学效率更高。

（3）实施多媒体网络教学顺应教学改革趋势，有利于教学资源的优化配置，提高办学效益，也有利于推动教学方法、手段的改革和教学质量的提高。网络教学与远程教学的相互促进，是对传统教学的有力促进，会加快现代远程教育发展的进程。

（四）多媒体教学的扬长避短

（1）多媒体教学要符合教学实际。多媒体作为先进教学工具，不能仅仅体现介质作用，更不能成为教师对学生灌输的新工具，教师必须对多媒体教学资源进行设计、开发、管理。

（2）多媒体与数学课程整合。多媒体是现代化教学手段，改变传统教育方式和教学过程，但不是全盘否定传统教学，应关注课堂上的思路分析，探索应用多媒体技术构建新教学模式。

（3）多媒体教学要加强对学生的管理。由信息的单一化到多元化，由被动接受到自由选择、自主探索，部分学生容易迷失关注点，无法集中注意力，导致两极分化。多媒体教学对学生学习品质提出了更高要求：更高的学习自觉性，更强的自我控制、自我学习能力。

（4）多媒体教学需要知识管理。知识管理要营造知识共享和知识创新的信息氛围，促进组织内部信息交流，加强团队建设，创建内部知识网络，提倡知识资源共享，避免信息不通畅甚至知识垄断现象。

（5）多媒体教学要有合理的组织管理。多媒体教学系统的完善，必须有合理有效的组织管理。教师之间互相合作，分工明确，资源共享，将获取的资源整理形成教学最实用的体系。

第六章

高中数学教学策略研究

6

　　心智数学教育方式研究结题后，我进而思考，如果对各种课堂教学策略进行研究，将有利于大幅度提高教学效率。赴美考察时，康州教育厅葛丹先生介绍了美国的九种教学策略，美国学校校长评课、教师教研都围绕这九种教学策略进行，我还获赠一本介绍美国九种教学策略的书籍。由此我萌生了进行教学策略研究的想法。我设想通过师生问卷、课堂观察，梳理出高中数学常用的教学策略，然后进行定量研究。"关于高中数学教学策略研究"被评为山东省教育科学"十二五"规划课题。2017年结题。研究报告157000字，简要展示如下。

第一节　高中数学教学策略的基本框架结构

我经过教师访谈、学生问卷、学生访谈，确定了"高中数学教学策略"共10条26项。

一、确立学习目标及评价体系

（一）确立多元学习目标

严格遵循国家课程标准、新课程理念，充分体现立德树人根本要求和高中数学六项学科素养，充分考虑教学内容和学情，着眼于教学目标的整体体现，避免学习目标设计中的主体错位、行为抽象、要求模糊和思维割裂等问题，设计出可观察、可测量、可评价的多元学习目标。

（二）建立目标评价体系

根据学习目标选择教学内容，设计学习活动，建立目标评价体系。建立即时评价和评价量规。即时评价是课堂教学中的提问、练习等直接操作性评价。评价量规主要有核查表、分值系统、分析性量规、整体性量规等。

二、提供知识的先行组织者

（一）先行组织者建立新旧知识联系

建立新旧知识联系，对新学内容起定向、固定、吸收作用的材料称为先行组织者。有上位组织者、下位组织者、并列组织者。方法为确定先行组织者和设计教学内容（渐进分化策略、逐级归纳策略、整合协调策略）。

（二）课前预习，学前激活先行组织者

学生在预习中发现疑难点，在大脑皮层形成兴奋中心，在思维活动中解决疑难问题，提高学习效果和听课效率。要边预习边做笔记。笔记可记在书上也可记在笔记本上。课前预习的重点是概念、原理的初步掌握。教师可编制预习学案、提纲对预习加以引导，编制微课程辅导疑难问题。

（三）课堂导入，课初激活先行组织者

课堂导入是课堂教学开始阶段激活先行组织者的有效方式。有多种方式：直接导入，复习导入，悬念导入，直观导入，经验导入，成语、故事、诗词等文学作品导入，音乐、视频、动画、微课程等多媒体导入。

（四）提问、互动，课中激活先行组织者

通过课堂提问、师生互动在教学中激活先行组织者。精心设计筛选问题，问题简明扼要、难易适度、面向全体；把握提问时机和提问方法；课堂提问要以一当十，积极评价。师生互动是课堂提问的高级形式，主要形式有：师问—生答，师导—生练，生想—师导，生议—师导，生做—生说，生问—生答，生问—师答等。

三、类比与分类

（一）类比迁移实现意义建构

类比就是由两个对象的某些相同或相似性质，推断它们在其他性质上也有可能相同或相似的一种推理形式。高中数学教学策略的"类比"含义有五层。一是指两个对象之间的类比；二是指修辞中的隐喻和比拟；三是数学思想中的类比思想；四是逻辑学中的类比推理；五是类比教学模式。类比教学模式有6个环节：对目标对象进行抽象；寻找类比对象；将目标对象与类比对象类比；实现对目标对象的意义建构；协作学习；变式练习。

（二）分类讨论化整为零、积零为整

把所研究的问题分成若干类，转化成若干小问题来解决的数学思想称为分类讨论思想。分类讨论原则是每级分类按同一标准进行，分类逐级进行，同级互斥、分清主次、不重不漏，不得越级。分类讨论的基本方法是，首先，确定

讨论对象以及所讨论对象全体的范围；其次，确定分类标准，正确进行分类；再次，对所有分类逐步进行讨论，分级进行，获取阶段性结果；最后，进行归纳小结，综合得出结论。

四、知识表述的方式及转化

（一）数学语言及相互转化

数学语言可分为抽象性数学语言和直观性数学语言，包括数学概念、术语、符号、式子、图形等。可归纳为文字语言、符号语言、图形语言三类。

数学语言"互译"包含几个方面：一是将自然语言转化为数学语言。二是将数学语言译为自然语言。三是合理破译图形语言的数形关系：从模型到图形，从图形到模型，从图形到符号，从符号到图形。

（二）数形结合及相互转化

数形结合思想就是把数学中数和形结合起来解决问题的一种数学思想，是使抽象思维与形象思维结合起来，通过数与形之间的对应和转换来解决数学问题。主要有三种类型：以数化形、以形变数和数形结合。提高数形结合思想的策略：在教学过程中渗透同一思维原则；创设有利于学生直观思维的教学情境；建立数形结合的评价机制。

五、练习、作业与测试

（一）练习的编制、布置、评价策略

练习是课内外对概念、命题进行有针对性的辨析、理解、强化、初步应用的教学策略。基本类型：巩固新知识的基本题、联系前后知识的综合题、运用知识的实际应用题、引申知识的探索型练习题、开发智力的思考题。练习的布置原则，一是以课本练习题为主，二是先入为主，三是适时训练，四是练习多样性，五是形式适宜、难易适度，六是变式训练，七是及时评价。

（二）作业的编制、布置、批改策略

作业的作用是对新知识整体把握、巩固，反馈目标达成。作业编制的基本原则：以学习目标为准绳，把握教学的重难点，增加作业的选择性，与现代信

息技术整合，作业多元化。作业批改方式：教师批阅，面批面改，互批互改，自批自改，作业自处理，二次记分，批改"典型"，评奖，网络作业评价。

（三）试卷的编制、批改、讲评策略

试卷编制策略：制定考试说明，拟订编题计划，确定双向细目表。草拟试题，筛选组卷，拟订参考答案及评分细则。试卷评改一般采取网络评阅，生成年级、班级、学生的考试数据，因试卷没有批阅痕迹，可进行二次批阅，并与人工阅卷交替进行。注意搜集考试数据、优秀解法，制作课件、微课程解答考试疑难问题。试卷讲评课的五个环节：自查自纠—合作交流—问题汇报—教师点拨—梳理巩固。

六、数学建模与问题解决的教学策略

（一）"怎样解题表"引领学生的解题思维

数学解题过程是一种在解题途径、问题把握、知识动员、辅助问题选择、直觉和理性方面的择优过程。波利亚的"怎样解题表"提出了"弄清问题、拟订计划、实现计划和反思回顾"四个思维阶段，描绘了解题理论的总体轮廓，组成了完整的解题教学系统。这个解题系统集解题程序、解题基础、解题策略、解题方法等于一身，融理论与实践于一体。

（二）问题解决形成一般解题方法

数学解题课使学生准确、灵活地掌握了知识及其相互联系，形成了分析和求解数学问题的思路方法，发展了学生的思维能力。数学解题教学的基本要求：培养学生问题意识，体现多元智能与问题解决，突出一般解题方法的教学，重视学生的发散思维，重视解题的基本理念，掌握高中数学思想方法，用解题策略打开解题思维的大门，处理好讲与练的关系，讲到关键处。

（三）数学建模提升数学应用能力

数学建模的一般步骤：模型准备—模型假设—模型构成—模型求解与分析—模型检验—模型应用。建立数学模型应具备：阅读理解能力，语言转译能力，选择数学模型能力。提升数学建模思想的有效途径：数学应用题训练建模，章前问题引导建模，研究性学习自主建模，日常生活模拟建模，数学软件

快速解模。

七、记笔记与总结

（一）灵活选用记笔记的方法

高中数学笔记主要有4种。一是康奈尔笔记法（5R笔记法），步骤为记录（Record），简化（Reduce），背诵（Recite），思考（Reflect），复习（Review）。二是思维导图法，从中心点出发，用辐射线扩展出二级关键词，再从二级关键词扩展出更多层次关键词，构成可视化的树形知识结构，可与流程图、结构图、鱼骨图配合使用。三是涂鸦笔记法，即混合了书写、绘画、手绘、版面设计、形状，以及箭头、方框、线条等视觉元素的视觉笔记。四是课本批注与符号记录法。批注就是在课本边栏、页眉、页脚等处概括学习重难点和关键点，记录疑问与感悟；符号记录法就是在课本、参考书旁边或文字下方加注各种符号，画出重点，加深印象，提出疑问。

（二）科学选择教学小结的方式

课堂教学小结是重要的教学环节之一，其作用为加深印象，增强记忆；知识系统，承前启后；指导实践，培养能力；质疑问难，发展智力；及时反馈教学信息；活跃气氛，情感交流。其方法主要有7种：构建网络法，首尾呼应法，布惑置疑法，讨论比较法，达标巩固法，反思评价法，研究开拓法。

八、及时鼓励学生

（一）及时表扬激励学生

讲求策略，有效表扬；适时鼓励，点石为金；真诚欣赏，如沐春风；及时应答，精到点拨；精准辅接，精练概括；适时适度，激励差生；适时多维，促进合作；及时反馈，展示作品；考后表扬，激励进取。

（二）保持良好教学气氛

通过"师爱激情、体态激情、成功激情"激发学生情感；通过"确定教学起点、创设问题情境、引发认知冲突"诱发学生主动参与；通过"指导学生学习活动、关心学生成长"激起认知动因。

（三）建立互动型师生关系

教学是师生互动的系统活动，应建立平等与互动的师生关系，创设自主与合作的学习情境，扩大学生参与面，构筑新型师生关系，加大感情投入。

九、学习方式的选择

（一）在接受学习中进行"探究"

发挥接受式学习传授知识信息量大、速度快，有助于知识的积累和系统化的传统优势，引领学生在学习新知过程中，积极主动地从原有知识结构中提取最易于与新知识联系的旧知识。新旧知识在学生的头脑中发生积极的联系和作用，实施有意义的"接受式学习"。

（二）科学规划"自主学习"

自主学习就是建立在自我意识发展之上的"能学"；建立在具有内在学习动机之上的"想学"；建立在掌握了一定学习策略之上的"会学"；建立在一直努力之上的"恒学"。

（三）充分利用"合作学习"

学生开展合作学习，要以主动的心态和行动参与讨论，认真听取同学的发言，积极提出问题，发挥合作学习的优势，通过小组合作形成学习共同体。

（四）经历"研究性学习"全过程

研究性学习让学生直接体验所面临的实际问题、社会问题、哲学问题、个人问题等研究问题。学生要模拟科学家研究问题全过程，经历研究性学习的全过程。

（五）积极参与"探究式学习"

探究式学习有五种模式：萨其曼探究教学模式、有结构的探究、指导型探究、自由探究、"学习环"。探究式教学模式的流程为：创设问题情境导入课题—小组讨论协作学习—小组展示及时反馈—巩固练习—拓展延伸。培养学生发现问题的能力，激发学生探究新问题的兴趣。

（六）探索"网络式学习"

利用网络搜集获取、交流、整理知识，利用网络发现和解决问题。探求信息技术背景下的"翻转课堂""一对一教学"等新型学习方式。网络学习平台实现学习过程的自动监控、学习成果的实时监测，基于大数据的反馈、分析与矫正，实现个性化、泛在化学习。

十、教育技术的选用

（一）板书设计构建知识网络

板书是指教师和学生根据教学的需要，在黑板上用文字、图形、线条、符号等再现和突出教学重要内容的活动。板书的类型与形式：提纲式板书、框图式板书、强调式板书、设问式板书、表格式板书、对比式板书。

（二）学生板演展现思维过程

学生板演对掌握知识进行诊断检测，展示解题过程，提供课堂教学范例。学生板演的策略：激励和养成积极主动板演的习惯；保证思维过程展示的真实性；努力做到规范板演。学生板演的程序为"一做二改三归纳"。

（三）实物模型建立空间观念

制作模型：选取学生身边的材料，制作直线、平面、正方体、长方体、平行六面体、三棱锥、四棱锥、三棱台、四棱台、圆柱、圆锥、圆台。多观察立体几何模型，模型与实物对比，模型与图形对比。模型与语言结合，模型与图形结合。

（四）多媒体课件动态展现发生发展过程

多媒体课件是根据学习目标的要求和教学的需要，把文字、图形、图像、声音、动画、影像等多种媒体素材在时间、空间方面进行集成，并赋予它们交互特性，以多种媒体的表现方式和超文本结构制作而成的课程软件。制作工具有PowerPoint、Authorware、Flash、几何画板、数理平台等。

第二节　高中数学教学策略的教学效率

　　教学效率的测定是十分困难的，在课堂教学的自然状态下，教学策略是多元的，无法测定单项教学策略的效率。最后课题组想到了采取大数据理论，由学生根据自己的感受测定教学策略的效率。为此，在《高中数学教学策略问卷调查（学生）》中设立了填空题51题，针对10条教学策略的效率进行了问卷调查。

　　我们总结了十条"教学策略"：一、确立学习目标；二、知识的先行组织；三、类比与对比；四、知识的恰当表述；五、作业、测试、练习；六、数学建模与问题解决；七、记笔记、总结；八、及时鼓励学生；九、学习方式的选择；十、教育技术的运用。

　　请按照对你学习效率提高的大小，将十条高中数学教学策略排列顺序（请在序号后填写"一、二……"）按照效率从高到低顺序为：①____；②____；③____；④____；⑤____；⑥____；⑦____；⑧____；⑨____；⑩____。

　　收回的有效问卷中3101份问卷对教学策略按照效率从高到低的顺序进行了排列，经计算机精确统计，并按照第一、二、三……十名，分别得分10、9、8……1的分值赋分。计算3101份问卷每种策略的得分，再按照"得分/3101/10"得出每种教学策略的教学效率（百分比），按照数值大小排序。同时我们还对学生认定的教学效率最高（第一）的教学策略及其百分比进行了统计，见表6-2-1。

表6-2-1　学生认定的教学效率最高（第一）的教学策略及其百分比统计列表

项目	得分	效率百分比（%）	名次	认定效率第一人数	第一百分比（%）
一、确立学习目标	20244	65.28	1	927	29.89
二、知识的先行组织者	18617	60.04	5	227	7.32
三、类比与对比	18681	60.24	4	172	5.55
四、知识的恰当表述	19229	62.01	2	252	8.13
五、作业、测试、练习	19207	61.94	3	239	7.71
六、数学建模与问题解决	17174	55.38	8	231	7.45
七、记笔记、总结	17876	57.65	6	298	9.61
八、及时鼓励学生	12880	41.53	9	152	4.90
九、学习方式的选择	17805	57.42	7	402	12.96
十、教育技术的运用	9122	29.42	10	109	3.51

按照教学效率从高到低排列依次为：第一，确立学习目标65.28%；第二，知识的恰当表述62.01%；第三，作业、测试、练习61.94%；第四，类比与对比60.24%；第五，知识的先行组织者60.04%；第六，记笔记、总结57.65%；第七，学习方式的选择57.42%；第八，数学建模与问题解决55.38%；第九，及时鼓励学生41.53%；第十，教育技术的运用29.42%。

第三节　高中数学教学策略的实际应用

一、确立学习目标及评价体系

（一）确立多元学习目标

学习目标对课程教学具有重要的导向作用，学习目标科学与否，会对整个学科教学效果产生重要影响。学习目标应该依据教学环境和教学需求来制定。课程改革下的高中数学课程，强调从学生已有的生活经验出发，让学生亲身经历将实际问题抽象成数学模型并进行解析与应用的过程，进而使学生在获得数学理解的同时，使思维能力、情感态度与价值观等多方面得到进步和发展。基于这样的理念，高中数学学习目标根据高中数学课程标准确立，从学科核心素养等方面综合考虑，将这种理念在学习目标的确立和构建中明确地表达出来，设计出符合学生实际的多元学习目标。

（二）建立目标达成评价体系

学习目标制定后，需要针对不同层面的学习目标，建立学习目标评价体系。

（1）即时评价。即时评价是针对直接操作性目标的评价，这一层面的学习目标直接与教材及学生的学习实际相联系，主要体现在课堂教学中，教师对学生知识掌握和能力发展目标的达成度随时进行的多种评价。可通过课堂提问、练习进行，结果及时反馈到学习过程中。还可通过阶段性测试进行，评价结果准确反映学生学习目标的达成度。

（2）评价量规评价。评价量规是一种描述性的评分量表，其目的是分析学生学习结果、学习作品和学习过程。它对所有评分点都做了说明，详细规定了学生所要达到的学习标准，评分量规作为表现性的评价工具，可用来评价学生的复杂表现或作品。评价量规主要有核查表、分值系统、分析性量规（包括定性、定量两种）、整体性量规等。

核查表。核查表是最简单的量规，它是包含学生各种表现特征的简单列表。其形式是 $n \times 2$ 列联表，第一列是各项评价要素描述，第二列填写"是"或"否"，对该要素是否呈现做出判断，不考虑各评价特征的权重、呈现程度、先后顺序。核查表常用于即时评价。

分值系统。分值系统是在核查表的基础上，按照各评价要素的权重赋予不同分值编制的。其形式是一个 $n \times 3$ 列联表，第一列列举各项评价要素，第二列赋予每项评价要素一定的分值，即将总分满分分解到每一项评价要素。总分满分一般为100分、10分、5分。第三列填写"是"或"否"，可算出总分估计目标达成的总水平，也适用于即时评价。

分析性量规。分析性量规与核查表和分值系统不同。它要求评价者对描述的每一条评分指标的质量做出判断。分析性量规有定量分析性量规和定性分析性量规两种类型。定量分析性量规用数量表示所描述的每一条评分指标的呈现程度，这个数量应当用词和短语来界定。一般以 $n \times n$ 列联表的方式呈现。横向看，对同一评价要素按呈现程度的轻重赋予不同分值。纵向看，对不同评价要素按照重要程度赋予不同分值。通过对不同评价要素评分后，再合计总分，既能看出各评级指标的呈现程度，又能总体评价该项目的完成水平。定性分析性量规用言语描述不同的水平，虽然任何水平都能用数字描述，但通常这只是一个数字。而运用定性的分析性量规，评价者被迫对表现质量的水平做出决定，而不是简单地判定中间分数。

分析性量规在形成性评价中是非常有价值的，学生能看到他们的表现是怎样被每一条评分指标评定的。这种描述和定性的分析性量规结合，能提供给学生提高学习水平的机会，让他们看到进入下一个水平必须做什么。学生根据评分标准，也可进行自我评价。分析性量规激励学生努力进入高一级水平，是学习目标评价最常用的工具，可用于学生自评、互评，也可用于教师对学生的评价，还可用于第三方对学生学习目标达成的评价。

整体性量规。整体性量规也是用言语描述表现特征的评价标准。相对于分析每一个特征并单独地给予评分，整体性量规把学生的表现看作一个整体，给表现、结果或作品判定一个得分。整体性量规为量规的每个水平编写了一段包含不同特征的描述，所有的表现特征都达到某一质量水平，才能得到该水平的得分。如果一条或两条评分指标没有达到该水平，只能给予低一级水平得分。整体性量规常用于总结性、终结性评价，适用于期末评价，或只需给予单个得分的等级评定。正因为只需做出单一的判断，所以，它们比分析性量规使用起来更加快捷。

量规开发建议。开发学生学业评价不是一项单独完成的简单任务，通常借助备课组、教研组进行，在小组中能得到更多的观点、意见和争论，当妥协而解决时，就会形成更完美的评价。教师也可针对某一内容、活动、重要概念，开发概括化程度高的评价，让学生看到知识间的联系，理解同类知识、技能的基本特征。评价量规应基于课程标准和学习目标，基于评价内容和活动，必须在教学过程开始之前开发，与课程标准保持一致。

举例：《基本初等函数》单元评价要素（表6-3-1）

表6-3-1　《基本初等函数》单元评价表

评价要素	评价办法	评价指标
评价要素1：由实例抽象指数函数、对数函数、幂函数的概念	现场评价	1.概念叙述正确。 2.对概念辨析准确。 3.能举出实例
评价要素2：用描点作图法，作指数函数、对数函数、幂函数的图像		1.选点合适，列表合理。 2.描点准确。 3.连线平滑，能反映相应函数的图像特征
评价要素3：用几何画板，作指数函数、对数函数、幂函数的图像		1.能准确使用几何画板软件。 2.能使用几何画板软件准确画出相应函数图像。 3.能准确反映相应函数性质
评价要素4：由指数函数图像归纳指数函数的性质	使用评级量规，学生互评，教师评	1.准确描述指数函数的图像特征。 2.将指数函数的图像特征准确翻译成指数函数性质。 3.指数函数性质表示全面、完整。 4.能用指数函数性质解决相关数学问题和实际问题

评价要素	评价办法	评价指标
评价要素5：由指数函数与对数函数互为反函数归纳对数函数的性质	使用评级量规，学生互评，教师评价	1.理解反函数的定义及互为反函数的特点。 2.根据指数函数的性质准确描述对数函数性质。 3.对数函数性质表示全面、完整。 4.能用对数函数性质解决相关数学问题和实际问题
评价要素6：由幂函数解析式归纳幂函数的性质		1.准确描述幂函数解析式的数字特征。 2.将幂函数的数字特征准确翻译成幂函数性质。 3.幂函数性质表示全面、完整。 4.能用幂函数性质解决相关数学问题和实际问题
评价要素7：课堂练习、测验	使用评级量规，学生自评	1.选择、填空题准确度高。 2.解答题答案准确。 3.答题步骤格式齐全，书写规范认真。 4.通过与同学交流、教师点拨解决疑难问题
评价要素8：课外作业	使用评级量规，学生互评，教师评价	1.作业收缴齐全且独立完成。 2.作业正确率高。 3.作业书写格式规范。 4.组内交流解决疑难问题，提出有准对性的"好"问题
评价要素9：几种不同增长的函数模型研究性学习活动		因篇幅所限本书省略

二、提供知识的先行组织者

（一）运用先行组织者教学策略

先行组织者是认知心理学代表人物美国教育心理学家奥苏贝尔1960年提出的教育心理学重要概念，是他在教学理论方面的主要贡献。它是能促进有意义学习发生和保持的最有效策略，是利用适当引导性材料对当前所学新内容加以定向与引导。材料与当前所学新内容之间在包容性、概括性和抽象性等方面应符合认知同化理论，即便于建立新、旧知识之间的联系，又能对新学内容起固定、吸收作用。这种引导性材料称为"组织者"。组织者通常是在介绍当前学习内容之前，用语言文字表述或用适当媒体呈现出来，目的是通过它们的先行表述或呈现帮助学习者确立有意义学习的心向，又称为"先行组织者"。

原有观念和新观念之间有类属关系、总括关系和并列组合关系三种，对应的先行组织者也分成上位组织者、下位组织者、并列组织者三类。

先行组织者教学策略的实施步骤：第一，确定先行组织者。先行组织者实际上是学习者认知结构中"原有观念"的具体体现，即把当前所学内容相关的原有观念通过语言文字、图表、图形、音视频等媒体方式呈现出来。第二，设计教学内容的组织策略。对应三类先行组织者与新知识的不同关系，对新教学内容的组织也有渐进分化策略、逐级归纳策略、整合协调策略三种。课前预习、课堂引入、课堂互动都是先行组织者。

（二）课前预习，学前激活先行组织者

课前预习是知识先行组织的最常用形式。学生在预习过程中，发现疑难点，在大脑皮层形成兴奋中心，处于高度集中注意状态，这种注意状态加深了学生对所学知识的印象，并引导学生在思维活动中解决疑难问题，提高学习效果和听课效率。

预习一般安排在做完当天功课之后。迅速浏览即将学习的新课，了解新课的主要内容，弄清哪些是自己已经学会的，哪些是自己没学会的。带着问题边思考边读第二遍，深入思考，仔细钻研。不明白的地方可停下来，翻翻以前学过的内容，查阅有关参考书，努力争取自己把问题解决。记下仍未解决的问题，留到课堂上解决。

要边预习边做笔记。预习笔记可在书上做，圈点勾画重点、难点和关键点。在书页空白处做眉批、边注，写自己的体会，记下没读懂的问题，知识间的前后关系、逻辑联系，预习时遇到的疑难点是如何解决的，查阅了哪些参考书，查阅资料摘抄，等等。

课前预习的重点是数学概念、原理的初步掌握，可尝试做一下课后练习题，加深对内容的理解。教师可编制预习学案、预习提纲或任务单，对学生的预习加以引导，编制微课程对课前预习疑难问题进行帮助。

（三）课堂导入，课初激活先行组织者

根据教学内容的范围大小，导入分为课程导入、单元导入和课时导入。课程导入是整个课程的导入，亦称导言课、绪论课。导言课要求生动活泼，有图文、表格等，语言要亲切而有说服力。也可采用"单刀直入法"导入，让学生打开教材，先欣赏其中几幅具有典型性的图片，学生顺着插图的思路，进入本年级数学课程的学习。

单元导入要抓住单元的主题、思想方法，联系所学的知识进行导入。

课时导入有多种方式，可根据教学内容、方式、学情灵活选用。①直接导入。不借助其他材料，概述新课的主要内容及教学程序，明确学习目标和要求，引起学生思想重视并准备参与教学活动。直接导入可解释题目，直截了当点明课题基本特征及重要概念。以先入为主的方法进行导学，引起学生的兴趣和注意，也可通过交代学习新课的目的与现实意义导入。②复习导入。从已有知识入手，由已知引向未知的导入方法，使新旧知识的衔接十分自然、贴切，不仅使学生巩固了旧知识，也为学生接受新知识做好了铺垫。③悬念导入。以认知冲突的方式设疑，使学生思维进入惊奇、矛盾状态，构成悬念的导入方法。教师若能设置具有启发性、探索性、趣味性的疑难问题，开讲时就创设了悬念，学生就会被激起求知欲望。④直观导入。引导学生观察实物、模型、图表、图片，引起学生兴趣，观察设置问题情境发现问题的导入方法。这种方式，由点及面，由感性到理性，符合学生认识的思维路线，易激起学生的兴趣和学习动机，效果十分理想。⑤经验导入。利用贴近学生实际的材料、事例导入，以学生的生活经验为出发点，通过提问、讲解，引起学生对已有经验的回忆，引导学生发现与新课内容的联系，进而产生探究问题的兴趣。⑥利用成语、故事、诗词等文学作品导入。利用学生喜闻乐见的成语典故、寓言故事、古典诗词、名言警句、科学家、数学史等去引发学生积极的情感体验，创设美好的情境，适时导入新课。成语典故要做到语言简练，含义精辟，具有知识性、艺术性和趣味性，能够启迪人的智慧，陶冶人的情操。⑦音乐、视频、动画、微课程等多媒体导入。多媒体技术集图、形、声于一体，能够活跃课堂气氛，较强地吸引学生的注意力，是近年来最常用导入方法。⑧问题情境导入法。利用问题情境实例进行课堂导入是最常用、最有效的高中数学课堂导入方式。要注意的是导入的实例要精选，实例的运用要充分，不仅仅在课堂开始导入时使用。应在引入新课后继续作为数学知识发生、发展的引导贯穿课堂教学的始终。人大附中李秋生老师参加2008年全国优质课评选，执教"随机事件的概率"，使用了篮球赛场上的奇迹、奥运会首金和"石头、剪刀、布是否公平"三个问题情境引入新课，又在归纳随机事件概念、理解随机事件规律性、形成概率的统计定义、课堂小结、课后思考等环节多次使用，贯穿整节课教学。

问题情境的创设要有真实性。真实的情境才更具有针对性与挑战性，从而调动学生通过自身生活经验去探讨问题。问题情境创设要有激趣性。首先注意那些最新的信息，因为最新的信息具有吸引力和刺激性。情境创设要富有变化，善于创新，情境内容要与学生的生活经验有联系且富有新意。问题情境创设要有多样性，应围绕学习主题，提供多样化、多角度、多层次的学习情境，使学习者能从自己熟悉的情境进入，以适合自己的方式完成意义建构。问题情境创设要有整体性，学习环境的四大要素是情境创设、协作信息、会话以及意义建构，情境创设是学习系统中的一个有机组成部分，无论何种情境，其设计都无法脱离其他环节。问题情境创设要有发展性，必须从学生的原有认知结构出发，结合学生的数学学习现状，在现有水平的基础上进行情境构建，处于学生最近发展区内，让学生有充分发展的空间。让问题情境具备引导学生探索与研究的价值。问题情境创设要有目标性。问题情境的设计要服务于整节课的教学目标，要有利于突出重点、突破难点，有利于教学目标的有效建构。

（四）课堂提问、互动，课中激活先行组织者

课堂提问是课堂教学过程中激活先前知识，为后续知识学习做好充分准备的有效方式。课堂提问给学生以外部刺激，防止注意力分散，对问题的分析、反应、归纳整理做出回答，使学生有一种紧迫感。引发学生的有意注意，使学生印象深刻，记忆牢固。

课堂提问激发学生的学习积极性，激起学生的好奇心。学生在回答问题时总是希望得到称赞，这种竞争意识促使学生对问题积极思考、充分准备。学生通过教师对答案的肯定和评点，知道自己取得的进步，达到目标的程度，又进一步激发了学习积极性。

课堂提问及时了解学生知识掌握程度。提问使得教学活动成为教师与学生进行信息交换的双边活动。提问可以使学生了解本课的重点，使教师了解哪些方面对于学生来说是困难的，需要仔细讲解，并根据学生反馈的信息及时调整教学活动。提问能使教师了解到哪些问题学生基础薄弱，哪些问题需要加强并及时给以指导。

课堂提问的技巧：①精心设计筛选问题。通过备课精心设计课堂提问的问题，激发学生的思维共鸣和求知欲望。②问题简明扼要。用最精练、准确的语言阐述问题，让学生迅速明确问题，也为学生精练地回答问题做了表率。③难易适度。提问要针对学生实际，掌握提问的难易程度，难度控制在多数学生通过努力都能解答，难度大的问题可设计铺垫性问题，还要针对不同学生设计不同的问题。④把握好提问时机。课初设疑提问，可以快速激发学生的求知欲望；课中提问，应选择学生注意力最集中、兴趣最旺盛时；课尾提问，考查学生对本课知识的掌握程度，又引导学生预习下一节新课内容。⑤采用灵活多变的提问方法。学生自由讨论、自由发言、不点名提问；复杂问题分解为几个较简单问题，也可先提问题，随之提供材料供学生思考，让学生综合运用材料得到启示。⑥课堂提问要以一当十。课堂提问要有明确的出发点和准确的针对性，出发点就是教材的重难点和学生原有认知结构。严格控制提问的数量和质量。⑦课堂提问要积极评价。评价以表扬为主，鼓励求异，中肯点评。鼓励学生及时消化、巩固、调整、优化认知结构。

师生互动是课堂提问的高级形式，主要有师问—生答、师导—生练，生想—师导、生议—师导、生做—生说、生问—生答、生问—师答等。

三、类比与分类

（一）类比迁移实现意义建构

1. 类比的概念

类比就是由两个对象的某些相同或相似性质，推断它们在其他性质上也有可能相同或相似的一种推理形式。类比是一种主观的似真推理，要确认其猜想的正确性，还须经过严格的逻辑论证。高中数学教学策略的"类比"含义有五层：一是两个具有相符或相同关系的对象之间类比；二是指修辞中的隐喻和比拟；三是数学思想中的类比思想；四是逻辑学中的类比推理；五是基于类比的教学模式。

类比是一种重要思维方式，是一种从特殊到特殊的推理，具有推理的不严格性、联系的广泛性、探索性等特点。类比是一种似真推理，其正确性需要验证确认或特例否认，类比是事物规律发现的源泉，是科学探索过程中的启发步骤。

2. 类比教学策略的分类

教师在教学中使用类比推理方法，必须将思维过程展现出来，让学生看到知识之间的逻辑关系，引导学生对已经掌握的知识体系进行回顾，发现与新知识之间的相似点，进而对新知识的性质、定理、概念或者公式进行猜测。然后，验证学生猜测是否正确，让学生看到猜测的问题以及偏差。理解类比推理思想最重要的环节就是思维过程的展示。

类比教学策略的环节：①对目标对象进行抽象。对要认知的知识点进行简明扼要的描述。②寻找类比对象。引导学生寻找其原有知识结构中与老师所描述特征相似或相近的知识点。③将目标对象与类比对象类比。引导学生对类比对象进行抽象，并确认目标对象与类比对象的共同点或相似之处。④实现对目标对象的意义建构。师生共同在抽象统一中进行求异思维，完成对目标对象初步意义建构。⑤协作学习。进行小组讨论，进一步寻找目标对象与类比对象的不同之处，发现二者的本质区别，共享集体思维成果。⑥变式练习。发现理解上存在的问题，当堂纠正，最终完成对新知识的意义建构。

3. 意义

（1）概念类比，把握概念本质

借助某些数学概念的相似性，把这些概念进行类比，可以促使学生更好地把握概念的内涵与外延。类比既适用于纵向层次的认知推进，又适用于横向领域的知识转移。类比使抽象知识简单化，通过故事类比、多元类比与学生熟悉的经验相衔接。例如对数函数与指数函数、双曲线与椭圆、二面角与平面角的类比等。

（2）知识类比，构建知识网络

数学知识之间有着紧密的联系，通过知识结构的类比，可以贯通知识联系，促进知识的条理化，形成清晰的知识脉络。在讲授新知识时可引导学生联系旧知识，通过新旧知识的类比，拓展学生的思维。例如，学习"空间两平面平行的性质定理"，可类比初中线线平行的性质，猜想得出两平面平行的性质等。

（3）思维类比，拓展思维广阔性

数学思维的呈现形式是隐蔽的，难以从教材中直接获取，这就要求教师在数学教学中，有意识地渗透数学思维方法，通过数学思维方法的类比，发展学生的创造性思维能力。立体几何"正四面体$A—BCD$内任意一点P到各个面的距离之和等于常数"，可与平面几何"等边三角形内的任意一点P到三角形三边的距离之和等于常数"证明的"面积法"类比，联想到"体积法"解决此问题。

（4）解题类比，发现数学新命题

数学新命题的提出有些就是经过类比、猜想、推理以及总结归纳最终形成的。在分析研究高中数学命题时，要对命题形成的过程、命题的结构以及特征等方面的相似性进行研究。要有意识加强类比教学策略的运用，加强类比思维过程的展示，让学生真正掌握类比推理的方法。

（二）分类讨论化整为零、积零为整

分类讨论是高中数学常用的思想方法和教学策略。分类讨论是指将数学问题所涉及的对象的全体，划分为若干两两不相交的部分，然后分别求解或论证，最后综合各类结果得到整个问题的解决方法。分类讨论是一种逻辑方法和重要的数学思想，也是一种重要的解题策略和教学策略，它体现了"化整为零、积零为整"的思想与归类整理的方法。分类讨论思想的数学问题具有明显的逻辑性、综合性、探索性，能训练思维条理性和概括性，在高考中占有重要的位置。分类讨论问题涵盖知识点较多，需要一定的分析能力和分类技巧。抓住引起分类讨论的原因，把握分类标准，进行合理分类。分类讨论的原则是，每级分类按同一标准进行，分类应逐级进行，同级互斥、分清主次、不重不漏，不得越级。

高中数学引起分类讨论的原因有：①数学概念分类；②数学运算要求分类；③函数的性质、定理、公式的限制；④几何图形中点、线、面的相对位置不确定；⑤参数变化引起分类；⑥问题涉及区域内结果、方法不同的，需将区域划分成多段分别讨论，这种针对区域进行的分类讨论也称分域讨论。⑦实际问题具体分析需要分类。

分类讨论的步骤是，首先，确定讨论对象以及所讨论对象全体的范围；其次，确定分类标准，合理分类，即标准统一、不漏不重、分类互斥；再次，对所分类逐步讨论，分级进行，获取阶段性结果；最后，进行归纳小结，综合得出结论。

四、知识表述的方式及转化

（一）数学语言及相互转化

数学语言是数学思维的载体，交流是思维活动中重要的环节，有效的数学交流是学习数学的目标之一，实现有效交流的前提是学习和掌握数学语言。

1. 数学语言的特点

数学语言可分为抽象性数学语言和直观性数学语言，包括数学概念、术语、符号、式子、图形等。数学语言又可分为自然语言、符号语言、图形语言三类。各种形态的数学语言各有其优越性，概念定义严密，揭示本质属性。术语引入科学、自然，体系完整规范；符号指意简明，书写方便，且集中表达数学内容；式子将关系融于形式之中，有助运算，便于思考；图形表现直观，有助记忆，有助思维，有益于问题解决。数学语言作为数学理论的基本构成，具有高度抽象性、严密逻辑性、应用广泛性。数学语言科学、简洁、通用，是表达科学的通用语言和数学思维的最佳载体。

2. 探究符号语言的数学意义

符号语言是叙述语言的符号化，在引进新的数学符号时，首先要向学生介绍具体模型，使学生形成感性认识，然后再离开具体模型对符号的实质进行理性分析。数学符号语言具有高度集约性、抽象性、内涵丰富性。这就要求学生善于将简约的符号语言译成一般的数学语言，从而有利于问题的转化与处理。

3. 注重数学语言学习的过程

数学符号的形成包括逻辑过程、心理过程和教学过程三个环节。逻辑过程就是揭示概念之间的各种逻辑关系，对数学结构从整体与本质上理解。学生只有理解数学语言的来龙去脉及意义，熟练掌握各种用法，得到理性认识之后，才能灵活地对它们进行各种等价叙述，并在抽象的符号系统中正确应用。教学过程中要推敲叙述语言的关键词句，明确关键词句之间的依存和制约关系。

4. 注重数学语言的互译

自然语言是学生最熟悉的，用它来表达事物，学生容易理解。其他任何一种语言的学习，都必须以自然语言为解释系统。数学语言也是如此，通过各种语言的互译，就可以使抽象的数学语言在现实生活中找到借鉴，在图形中得到展现，从而透彻理解，运用自如。数学中的语言"互译"包含：①将自然语言转化为符号语言，如方程是把文字表达的条件改用数学符号。②将符号语言译为普通语言。数学语言是一种抽象的人工符号系统，只有翻译成自然语言使之"通俗化"才便于交流。③将符号语言、自然语言转化成图形语言。将立体几何问题中用符号语言、自然语言表示的关系转化到立体图形中，才能明确其空间关系。集合的学习就需要在自然语言、符号语言、图形语言之间互相转化。④合理破译图形语言的数形关系。图形语言是一种视觉语言，其特点是直观，便于观察与联想，观察题设图形的形状、位置、范围，联想相关的数量或方程，这是"破译"图形语言的数形关系的基本思想。

立体几何教学中需要多种语言互译：①从模型到图形，根据具体模型画出直观图。②从图形到模型，把直观图用模型表现出来，由图形关系想象模型关系。建立图形与模型之间的视觉联系。③从图形到符号，把直观图中的各种位置关系用符号表示。④从符号到图形，即根据符号所表示的条件，准确地画出相应的直观图。建立图像语言与符号语言之间的对应关系，利用图形语言辅助思维，利用符号语言来表达思维。

在数学教学中，应指导学生严谨准确地使用数学语言，善于发现并灵活掌握各种数学语言所描述的条件及其相互转化。世界是一本以数学语言写成的书，数学语言的作用不仅仅在数学本身，更在整个自然世界。

（二）数形结合及相互转化

数学是研究现实世界的数量关系与空间形式的科学，"数"是指数、代数式、方程、函数、数量关系式等，"形"是指几何图形和函数图像等。数和形之间是既对立又统一的关系，在一定的条件下可以相互转化又相互联系，称为数形结合。数形结合思想是指通过数和形之间的对应关系和相互转化来解决问题的思想方法。数形结合就是把抽象的数学语言、数量关系与直观的几何图形、位置关系结合起来，使抽象问题具体化，实现优化解题途径的目的。直角坐标系给几何的研究带来了新的工具，使得几何图形上的每个点都可以用坐标来表示，这样可以用代数量化运算的方法来研究图形的性质，堪称数形结合的完美体现。数形结合思想的核心应是代数与几何的对立统一和完美结合。

1. 数形结合的重要意义

数形结合使抽象的数学问题直观化，使繁难的数学问题简洁化，使抽象思维问题直观化。教材的编排和课堂教学都在设法使抽象数学问题转化成易于理解的方式呈现，数形结合思想可提供非常好的学习方法。例如，从数的认识、计算到复杂的实际问题，经常要借助图形来理解和分析，数离不开形。有时几何的学习，只凭直接观察看不出规律和特点，需要用数来表示，形也离不开数。

2. 数形结合思想

数形结合思想就是把数学中数和形结合起来解决问题的一种数学思想。就是将抽象数学语言与直观图形结合起来，使抽象思维与形象思维结合起来，通过数与形之间的对应和转换来解决数学问题。主要有三种类型：①以数化形。有些数量比较抽象难以把握，而形具有形象、直观的优点。把"数"对应的"形"找出来，利用图形来解决问题。这种把数量问题转化为图形问题，并通过对图形的分析、推理最终解决数量问题的方法，就是图形分析法。利用平面几何、立体几何知识可将数量问题转化为图形问题。②以形变数。观察图形特点，发掘题中隐含条件，充分利用图形的几何意义，把形表示成数的形式，分析计算。解析几何可将图形问题转化为数量问题。③形数互变。有些数学问题需要形数互相变换。由形的直观变为数的严密，还要由数的严密联系到形的直观。看形思数、见数想形，实质就是以数化形、以形变数的结合。

3. 数形结合思想的应用

数形结合的思想方法是数学教学内容的主线之一，应用数形结合的思想。借助于数轴、Venn图可以处理集合的交、并、补等运算；借助于图像研究函数的性质；二次方程、二次三项式、二次不等式的问题可与二次函数图像联系解决；三角函数单调区间的确定、比较三角函数值的大小等问题可借助单位圆中的三角函数线或三角函数图像来处理；解析几何的基本思想就是数形结合；用坐标法、向量法解决立体几何问题；关于绝对值的代数问题可通过绝对值的几何性质得以解决。

4. 提高"数形结合"思想的策略

教材提供了"数形结合"教学的素材，但对"数形结合"的教学目标不够凸显，教学上没有把学生"数形结合"的意识和能力培养作为数学教学的一个重要目标。数学教师在教学中要做好"数"与"形"关系的揭示与转化，运用"数形结合"的方法，帮助学生类比、发掘、剖析其所具有的几何模型，这对于帮助学生深化思维、扩展知识、提高能力都有很大的帮助。在教学中，要恰当安排数形结合内容，使抽象与直观、思维与感知结合；利用媒体课件、实物模型创设有利于学生直观思维的教学情境，充实学生的表象感知；数形结合充分体现数学美，数形结合成功解题带来的喜悦和愉快的体验，成为支持和推动学生学习的动力。

五、练习、作业与测试

练习、作业与测试是高中数学有效教学策略。

（一）练习的编制、布置、评价策略

练习是课内外为了对概念、命题进行有针对性的辨析、理解、强化、初步应用的教学策略。练习的基本类型包括巩固新知识的基本题、联系前后知识的综合题、引申知识的探索型练习题、开发智力的思考题。

练习的基本题型。根据练习基本形式分为填空题、选择题、式子题、文字题、辨析题、比较题、计算题、证明题、应用题、实践题等；根据练习思维方向分为演绎型、推理型、抽象概括型、概念区分比较型、变式训练型、系统归类型等；根据练习的方法分为口算、笔算、板演、书面练习、游戏比赛等；根据练习功能分为尝试性练习、复习性练习、半独立性练习和独立性练习等；根据练习场所分为课堂练习、课外练习等。

（二）练习的布置原则

1. 坚持以课本练习题为主的原则

练习是学习新概念后的第一个巩固环节，题目不宜太难，应以课本练习题为主，进行顺序、时机上的设计，也可利用资料习题补充或可自编、改编练习题。

2. 坚持先入为主的原则

学习新概念之后的课堂练习，要坚持使正确的知识在学生头脑中先入为主，首先要安排强化概念的正向练习，引导学生的知识正迁移，帮助学生理解概念。学生形成较牢固的概念后再安排辨析、判断、反例的练习，以弄清概念的外延。

3. 坚持适时训练原则

每节课新授之后要及时练习，使新学到的知识在遗忘开始前得以巩固。对某一阶段或某一单元，则根据知识的阶段性和系统性，适时组织练习，尽早形成知识体系。

4. 要坚持练习多样性原则

调节好练习的笔答、口答、操作的比例，使动笔、动口、动耳、动手的练习合理安排，交错进行，使语言、思维和操作相互促进。

5. 坚持形式适宜、难易适度的原则

练习题的布置设计，要以课程标准为准则，把握好练习的难度。课程标准要求理解和掌握的内容，要做重点练习，不能打折扣。要求了解或初步认识的内容，练习时应掌握分寸，不能任意拔高。属于渗透的内容，不能提早揭示其内涵。练习形式要适宜，符合学生心理特点，对每次练习都要讲求质量，不能只求"多"而不讲"质"，不能单靠数量取胜，既要把握练习时间的准确性和灵活性，又要在内容上达到检验教学效果的目的，发挥练习的作用。

6. 坚持变式训练原则

课堂变式训练几乎是每节高中数学课的必选规定动作，要根据教学需要设计同向的变式训练，逐渐由简单到复杂，由具体到抽象，也要设计逆向、反向的变式训练，多角度、多方向、多渠道强化对新知识的掌握和理解。

7. 坚持及时评价原则

练习不同于作业，一般是短平快形式，及时评价就显得尤为重要。从学生练习中观察学生对新知识的掌握情况，给予必要的概念强化；对认识有偏差的学生及时予以矫正。简单的练习可采用竞赛抢答、小组比赛的方法，当堂集中统一批改。既可提高学生的积极性，提高其练习的速度，还可锻炼其反应能力，增强其竞争意识。课内练习采取"采集式"巡视发现普遍性关键性问题，采取"蹲点"巡视检视成绩处于中下游的学生情况，解决个别优等生的质疑问难。

（三）作业的编制、布置、批改策略

作业设计是教学设计不可或缺的环节。与课堂练习的即时性不同，作业是在一堂课结束后，对整堂课概念、命题进行全面、整体性巩固、强化，涉及多种题型构成的题组。

1. 作业编制的基本原则

（1）以学习目标为准绳

围绕教学目标，精心设计典型性较强的作业，做到精选精练，要着眼于检测、巩固、落实学习目标的达成。

（2）把握教学的重难点

将学习重难点分解于作业中，对应该深化的知识、掌握的技能、发展的能力和素养进行针对性训练。

（3）增加作业的选择性

作业应关注学习的认知差异，提供有区别的作业，满足不同学习层次学生的发展需要；A、B两层作业的设计既要注重难度的差别，也不要因作业难度的不同加大学生之间的差距，同一问题可通过多问的设计给学习有困难的学生搭脚手架，帮助其厘清思路，殊途同归。

（4）作业多元化的原则

可布置一些实践性、探究性、应用性、数学建模等作业，拓宽学生的视野。学完正余弦定理后，我布置了长作业"探求三角形面积公式的多种形式"，一周后课堂展示了学生搜集、推导的15种三角形面积公式。掌握长方体、正方体、圆柱等规则立体图形体积计算后，我布置了求不规则物体（土豆）的体积的作业。第二天学生反馈时方法各异。有的通过计算等体积水法，有将土豆捣碎后盛装在长方体容器测量计算；有的先称出土豆质量，称重挖出的1立方厘米正方体土豆质量，利用比例计算；有的把土豆近似看成一个圆柱，测出有关数据，估算得出土豆体积；有的将土豆切成薄片，将其近似地视为圆片，测量圆片的半径及厚度，求出小圆片体积，相加得出土豆体积……学生在动手、动脑中学会了用实验、取样类比、等积变形、估测求积、微分求和等方法解决问题，为球等几何体的体积计算打下基础。

2. 作业批改的策略

（1）教师批阅

教师批阅是最常用的批阅方法，批阅标示除传统的"×""√"外，还要采取多种记号。在错的列式下面打上"＿＿＿＿＿"；得数错的打上"D"；单位名称错及抄错数的打上"△"；答案不确切的打上"？"。学生可根据符号自我订正、评价，给出评分。附上指导、鼓励性简短批语，如"还有别的解法吗？""这种解法很简便！""作业很整洁"等。

（2）面批面改

对重难点掌握不好的学生，可面批面改，弄清错误原因，学生马上订正。有些作图题，不采取面批，学生根本不知道错在哪里，如何改正。

（3）互批互改

同桌学生交换作业判断对错，在错误之处批上记号，再还给本人，共同讨论错误原因，及时改正。有利于学生增强作业责任心，提高评价能力。

（4）自批自改

在教师指导下学生对自己的作业认真检查和验算，发现错误立即做上记号并及时改正，然后由同桌学生互相检查批改情况，最后学生将作业情况汇报给教师。

（5）作业自处理

把班级学生分成若干6人小组，每个小组作为一个学习共同体，进行作业自处理：作业完成后，学生本人检查一遍，自查自纠，发现问题及时改正，然后由各小组轮流担任的小组长批阅，填写"小组作业评改表"。课代表汇总小组典型错误及优秀解题方法，填写"班级作业评改汇总表"，汇总全班典型问题、优秀解法、老师需要重点讲解的问题。教师根据班级汇总表、小组评改表，批改有关学生的作业，准备作业讲评。这种作业自处理调动了全体学生对作业批改的积极性，使教师讲评更有针对性。

（6）二次记分

对一些问题作业，教师先打一个基本成绩，配以切中要害的评语，然后将作业发还给学生，学生对照评语，认真订正作业。如果改正，便追加成绩，否则不给分。使学生养成仔细检查作业过程、自觉优化作业思路等良好习惯。

（7）批改"典型"

投影展示优秀作业和典型错误作业，让全体学生进行批改。这种方法的巧妙运用，使学生记忆深刻，产生自豪感，会成为学困生转变的契机，使之内心产生"愉快效应"。

（8）采取评奖的方法

对于较难掌握的知识点，可让学生撰写小论文，并进行评奖，学生的积极性非常高，会写出意想不到的高质量论文。布置学生使用思维导图总结知识框架，也可进行评奖，鼓励学生制作出越来越精美、实用的思维导图。

（9）网络作业评价

借助学校教学平台，可实现作业布置和批改的网络化。任课教师事先将网络作业上传到学习平台，推送给本班全体学生，设定作业开始和结束时间，后将答案和疑难问题解答的微课程上传到平台，设定为完成作业后才能观看答案和微课程模式。学生完成作业后，系统自动评判选择题、判断题的对错，将结果及时反馈。学生对照答案自行评判填空题和综合题。疑难问题通过观看微课程随时解决。汇总全班情况后，教师进行有针对性的讲评。学生出错的问题自动汇总到自己的电子错题本，及时复习矫正。

（四）试卷的编制、批改、讲评策略

1.试卷编制的策略

（1）制定考试说明

考试说明又称考试标准，是命题的根本依据。包括考试目的、性质、形式方法、对象、题型种类、考试时间、评分制、考试内容、范围及难易度等。

（2）拟定命题计划

命题计划包括三项内容：一是编制试题的原则、要求，说明考试的内容范围、试题类型、编制试题和组配试卷的要求。二是规定试卷中试题的分布，即各部分试题的数量分布、所占比例以及大概所需时间。三是试题分布范围、难易程度、重点难点。同时要把握好试卷对考试内容的覆盖率、代表性。

（3）确定双向细目表

双向细目表是考查目标和内容之间的联系表。纵向列出要考查的知识点，横向列出对应的能力、认知水平等级（了解、理解、掌握、应用）。双向细目表使命题有明确的检验目标，有助于把握考试的效度、信度、难度和区分度。

（4）草拟试题

严格按考试标准、编题计划、双向细目表设计试题，按测试要求的认知水平设计题目，并将教学目标界定内容都检测到。客观题的答案要确定，主观题要充分体现开放性和多元性。题量应大于实际考试题量，以备筛选。

（5）筛选组卷

对照双向细目表审查草拟试题是否与各知识点及学生学习水平相符，据情况进行增删、修订。拟好简明扼要的试题指导语，控制试卷的总题量和试题数，按先易后难的顺序组合形成整卷。使用统一试卷纸，注重语言准确、符号规范、卷面清晰、疏密有致、整齐美观。

（6）拟定参考答案及评分细则

试题参考答案及评分意见要观点鲜明，答案正确，操作性强。客观性试题的答案要准确、明晰，便于阅卷；主观性试题的答案要规定性和灵活性结合，充分估计到各种可能出现的情况，对学生的独特解答表明态度，阅卷人员在标准下灵活处理。

2. 试卷的评改

大型考试试卷评改采取答题卡扫描后网络评阅的方式，这种评卷方式比较客观公正，考试结束后形成全体、班级、学生个人等方面的考试信息，缺点是批阅后在试卷上没有任何痕迹，需要老师对照本班考试数据，对试卷进行二次批阅，批阅时留下标记和评语，采取网上阅卷与人工阅卷相结合的方式进行。

3. 试卷讲评材料搜集

一是收集分析考试数据，分析本班考试数据，找到全班具有共性的错误和问题，对照试卷分析知识、技能方面存在的问题；二是浏览全班同学的个人考试数据，找寻典型错误讲评素材；三是搜集全班优秀解题方法讲评素材；四是备好讲评课，制作课件、微课程解答学生考试疑难问题。

4. 试卷讲评

试卷讲评课包括五个环节：自查自纠—合作交流—问题汇报—教师点拨—梳理巩固。环节一，自查自纠。教师试卷评改，对典型问题和出错问题做好记录；发放答案，学生独立对照答案分析知识、思路、方法、技巧、规范等方面的错题原因，更正错题，教师巡视指导。环节二，合作交流。对学生自查自纠没解决的问题，实施合作学习，学生智慧共享，促进认识、理解的深化。教师巡视、及时调控各组讨论。环节三，问题汇报。对于有争议的问题和小组未解决的问题，由组长整理并集中汇报。教师对各组展示的问题进行二次备课，对问题进行归类，分析形成的原因，理清引导学生解决问题的思路方法。环节四，教师点拨。对较集中的问题，从解题方法、灵活技巧、解题规范性、题干情境、设问变化等方面进行重点讲解，然后提供矫正训练和变式训练，巩固讲解成果。环节五，梳理巩固。学生梳理错题解答的规律与方法，完成满分卷。将错题记入错题本，记录出错原因、正确解答、不同解法、相关知识、注意事项，定期翻看。根据试卷中集中问题，课后投放对应的补偿训练题，强化试卷问题的矫正、理解和巩固。

总体来说，练习、作业、测试讲评有三种，一是弥补教学的缺陷和知识缺漏的典型性经常讲评。二是使学生系统化掌握知识、概括题目类型、归纳解题特点的阶段性讲评。三是期中、期末对练习、作业、测试情况的总结性讲评。不论何种讲评都应注意讲评的目的性、启发性、针对性。重点讲评中档题。难题讲评在于思路的引导，如何化难为易。

六、数学建模与问题解决的教学策略

（一）"怎样解题表"引领学生解题思维

详见第五章第三节"二、一般解题方法教学"。

（二）问题解决模式形成一般解题方法

详见第五章第二节"七、心智数学教育方式的解题课教学"。

（三）数学建模提升数学应用能力

2008年课程改革后，高中数学课程设立"数学探究""数学建模"等学习活动。2017年课程改革将"数学应用"上升到"数学建模"的高度，使其成为高中数学学科六大核心素养之一，这是新一轮课程改革的最大变化。

1. 数学建模的一般步骤

（1）模型准备

了解问题的实际背景和建模目的，弄清问题的建模类型，然后通过网络、图书馆查找与该建模要求有关的资料信息。

（2）模型假设

对涉及较多因素的实际问题，去除一些次要因素，进行必要合理的简化，以主要矛盾为主提出合理假设，这一过程称为模型假设。模型假设不一定一次性完成，要在不断修改中逐步完善。

（3）模型构成

根据模型假设选择适当数学工具，根据已知知识和搜索信息描述变量之间的关系或其他数学结构，这一过程称为模型构成。模型构成可以使用各种数学理论和方法，必要时还可创造新的数学理论和方法，但要在保证精度的条件下尽量用简单的数学方法是建模时要遵循的原则。根据不同对象的一些相似性，借用某些学科中的数学模型，也是模型构成中常使用的方法。模型构成是数学建模的关键。

（4）模型求解与分析

对于模型构成中建立的数学模型可以采用解方程、推理、图解、计算机模拟、定理证明等各种数学方法对其进行求解，进而对获得结果进行数学上的分析，分析变量之间的依赖关系、相关关系和稳定状况，这一过程就是模型求解与分析。

（5）模型检验

把模型在数学上分析的结果与研究的实际问题进行比较，以检验模型的合理性称为模型检验。如果检验结果不符合实际或与实际问题差别较大，就应该修改补充假设或改换其他数学方法重新做模型构成。要经过如此多次反复修改才能得到满意模型。

（6）模型应用

用建模获得的正确模型对研究的实际问题给出预报或对类似实际问题进行分析、解释和预报，以供决策者参考称为模型应用。数学建模的一般步骤中的环节不一定在一次建模问题中都要出现，各环节之间没有明显界限，建模中不必在形式上按部就班，只要大体遵循即可。

2. 建立数学模型应具备的能力

（1）数学建模问题都具有较复杂的新背景，会有一些专门术语，有时会给出即时定义，这都需要具有较好的阅读理解能力，阅读理解能力是数学建模的关键。

（2）数学建模需要将问题中所有表示数量关系的文字、图像语言翻译成数学符号语言和式子，语言转译能力是数学建模的基础。

（3）选择一个最佳模型，体现数学能力的强弱。选择数学模型能力是数学建模的中心能力。建立数学模型主要涉及方程、函数、不等式、数列通项公式、求和公式、曲线方程等类型。以函数建模为例，实际问题所选择的数学模型列表见表6-3-2。

表6-3-2 实际问题所选择的数学模型列表

函数建模类型	实际问题
一次函数	成本、利润、销售收入等
二次函数	优化问题、用料最省问题、造价最低、利润最大等
幂函数	指数函数、对数函数细胞分裂、生物繁殖等
三角函数	测量、交流量、力学问题等

3. 提升数学建模思想的有效途径

（1）数学应用题训练建模

数学应用题具有生产、社会、生活等实际意义或背景，数学应用题的求解需要采用建模方法，将问题转化成数学形式。数学应用题的命题没有固定模式，往往是一种新颖的实际背景，具有鲜明的数学建模特点。高中数学应用题建模有四个层次。第一层次：直接建模。根据题设条件运用现成数学公式、定理等数学模型。流程为将问题翻译成数学形式—选定可直接运用的数学模型—题设条件代入数学模型—求解—应用数学模型。第二层次：转化建模。对应用题进行分析，发现有现成数学模型可用，但数学模型需要一定的转化，或数学模型中所需数学量需进一步求出，然后才能使用现有数学模型。第三层次：多重建模。对复杂的关系进行提炼加工，忽略次要因素，建立若干个数学模型方能解决问题。第四层次：假设建模。要进行分析、加工和做出假设，然后才能建立数学模型，如研究十字路口车流量问题，假设车流平稳，没有突发事件等才能建模。

（2）章前问题引导建模

教材的每一章都由一个实际问题引入，学习本章教学内容、思想、方法后，这个实际问题就能用数学模型得到解决。学生就会产生对新数学模型的渴求，在学习中始终重视数学建模思想，进而掌握本章涉及的各种数学模型。学习结束后，再返回章前问题，运用所学数学模型解决问题，并进一步拓展解决更复杂的数学模型。

（3）研究性学习自主建模

数学教材每章都安排了研究性课题，如数列"分期付款问题"，充分运用这些课题，可提升学生数学建模能力。还可对公司利润、市场调查、销售预测、物品采购、产品销售等问题进行数学建模训练。还可以让学生进行"某地环境污染问题""某河流水质调查""某路口交通信号灯设置问题""人体所需某种营养素问题"等研究性学习问题，运用数学建模思想分析现象，搜集处理数据，得出定量和定性结论。

（4）日常生活模拟建模

培养学生建立"数"意识，做生活的有心人，记住一些常用数据，如步行、自行车、电动车、汽车、火车、高铁、飞机、火箭等的速度。在日常生活中随时提出问题，用数学模型解决，如推铅球、掷标枪、掷铁饼的角度与距离的关系等。

（5）数学软件快速建模

讲解Excel、WPS、几何画板等计算机软件的计算、绘图等功能，并在二分法、函数应用题等求解问题中运用；讲解框图与算法知识，并用于解决循环结构、条件结构等问题；讲解建模中需要计算机编程的算法特点，训练学生计算步骤的清晰化、条理化，通过计算机快捷解决复杂庞大的计算问题。同时，利用计算机分析、验证模型可靠性，反复修改模型直至计算结果合理。让学生明确建模是为了解决实际问题，如果所建模型能利用现代手段快速解决，有利于数学建模，也有利于问题的解决。

七、记笔记与总结

（一）灵活选用记笔记的方法

记笔记的方法有很多，这里介绍课题组指导学生用过的4种方法：康奈尔笔记法、思维导图法、涂鸦笔记法、课本标注法。

1. 康奈尔笔记法

康奈尔笔记法又叫5R笔记法，适用于高中数学的各种课型，是记录与学习、反思与应用、复习与总结相结合的有效方法，应为笔记法的首选。

康奈尔笔记每次课只记一页纸。把一页纸分成了三部分，左边四分之一，下面五分之一的空间单独分出来。右上边最大的空间是做笔记的地方，左边竖着的一栏叫作"线索栏"，也叫回忆栏，用来归纳右边内容。这个工作在上完课之后马上回顾，把要点都写到左边，既复习了内容，又理清了头绪。下面横着的一栏用来总结，用尽量简短的话总结这页记录的内容，是笔记内容的极度浓缩和升华。此项工作可延后做，起到促进思考消化的作用。简单的划分，使得原来杂乱无章的笔记瞬间变得清晰了，复习起来能提纲挈领，促进思考，学习效率大增（图6-3-1）。

副栏：线索栏 课后及时 复习填写： 主要想法 图表总结 学习提示	主栏：笔记栏 听课时随堂填写： 记录讲课内容 用简洁文字 使用简单符号 使用缩写 绘制列表 要点和要点之间 有留白
总结栏： 课后再次复习填写： 最重要的点，可快速检索的形式	

图6-3-1　笔记提纲

5R记录法的实施步骤：

（1）记录（Record）。在听讲或阅读中，在主栏内记有意义的论据、概念等讲课内容。

（2）简化（Reduce）。课后尽早将这些论据、概念简明扼要地概括在回忆栏。

（3）背诵（Recite）。把主栏遮住，只用回忆栏中的摘记提示，完整叙述课堂内容。

（4）思考（Reflect）。将听课随感、意见、经验、体会等内容写在下面总结栏中。加上标题和索引，编制成提纲、摘要，分成类目，并随时归档。

（5）复习（Review）。每周用10分钟，快速复习笔记回忆栏，适当看主栏。

学完一章后画出本章的知识关系图表，用"图表—关键词—笔记"的方式来复习。

短期记忆很容易遗忘，间隔复习有助于长记忆，每周花10分钟快速复习笔记。康奈尔笔记法是集笔记、复习、自测和思考于一体的学习方法，这是康奈尔笔记法的精髓所在。并不是简简单单地把笔记分区就叫康奈尔笔记法。记录（Record）之后的四个R才是重点，笔记的形式并不重要，可根据自己需要，灵活改进。

2. 思维导图法

思维导图又叫心智图，具有形象生动、结构清晰、层次分明的特点，是一种对形成知识结构比较有效的笔记法。思维导图通过使用关键词或概念，用辐射线连接所有关键概念，实现文字可视化。它沿着"中心→四周"的方式绘制，即从一个中心点出发，扩展出许多二级关键词，再以这些关键词为中心，扩展出更多层次的关键词。步骤如下：

（1）准备一张白纸，大小可根据内容多少选取，在中心写下标题或主题。

（2）以中心词语为起点画出主要分支线，然后从主要分支线上画出二级分支线，再由此画出三级分支线……中央的线条粗些，通过字体、线条的变化构建有层次感的导图。

（3）在每条分支线上写上相应的分支概念关键词。注意排序，使用数字顺序，间隔尽量合理；重点知识可以通过"小红旗""小星星"等来展现，选择自己喜爱的多种色彩表现不同层次的知识点。

（4）课后复习。根据中心关键词，回想二级关键词包括哪些。进而再想每个二级关键词下面又包括哪些三级关键词，以此类推，推出导图。

（5）单元、章节思维导图。学完一个单元或章节，要将单元、章节标题作为中心关键词，每节课的课题则降为二级关键词，重构思维导图。学完一册书，则将书题作为中心关键词，单元标题降为二级关键词，组成一张更大更完整的思维导图……

思维导图可以在听课过程中随手绘制，也可以在课后复习、单元复习、章节复习时绘制。思维导图形式独特，可手工绘制，但不要过于注重思维导图的规则和形式，把大量时间花在绘图上，毕竟这是学习用的，对学习有帮助才是硬道理。

思维导图也可通过计算机绘制，这方面的工具软件很多，比如亿图、百度脑图等。

思维导图法有很多优点，但也不是万能的，也有一定的局限性。它是一种树状的信息分层可视化展示，结构比较固定，不适合分支间互相交互的比较复杂的信息展示，可以配合其他思维工具一起使用，如流程图、结构图、鱼骨图、SWOT分析等。

3. 涂鸦笔记法

涂鸦笔记，也叫视觉笔记，这种笔记体显然是受到电脑操作系统、家用电器等生活标示"可视化"的大趋势而产生的。这是一种贴近学生、深受学生喜爱，也非常有效的笔记方式。涂鸦笔记是以内容丰富的视觉呈现笔记，混合了书写、绘画、手绘、版面设计、形状，以及箭头、方框、线条等视觉元素。涂鸦笔记让记笔记变得更有趣、更专注，学生积极聆听的同时画出属于自己的笔记，这样记忆深刻，还增添了笔记的可读性和传播性。

涂鸦笔记的难点和重点并不是绘画，而是信息的归纳和提炼，要在繁杂的信息中捕捉到要点，最重要的是分析信息结构、要点，并记录当下自己的延伸思考。图像只是一种表现形式，即使我们无法有效地绘出精彩的图形，但只要掌握了知识的逻辑和要点便已经达到了学习的目的。

系统介绍涂鸦笔记的是迈克·罗笛所著、毛泡泡所译的《涂鸦笔记》。该书以图解的形式介绍了涂鸦笔记这一新颖的记录方式，旨在快速地教会你基本的涂鸦笔记创作概念、方法和技巧，使用其独有的绘画方式来强化观点，使之更为清晰。

涂鸦笔记10大关键技巧：①涂鸦笔记是锻炼逻辑思维、大脑空间感和信息视觉化的一种呈现方式。②涂鸦笔记是帮助整理逻辑思维的，不需要十分完美。③涂鸦笔记是大脑空间感和画面感的最简单体现，所以呈现的画面可以是非常初级、混乱、简单、单色和若隐若现的。④涂鸦笔记是帮助左右脑共同协作的一种眼、耳、手、脑齐开动的活动。⑤涂鸦笔记的呈现是图文并茂的，文字是非常关键的。⑥涂鸦笔记不是必须有颜色和其他艺术效果，原始自然流露反而能聚焦信息点而不是绘画技巧。⑦涂鸦笔记是一个所有年龄段都可以练习和创作的沟通方式。⑧涂鸦笔记需要创作者掌握基本的视觉词汇后自发性地创作，而不是照着简笔画临摹和看着手机画。⑨涂鸦笔记需要具备设计思维和视觉化思维非常基础的能力，同时创新和开拓思维的想象力是不可少的能力。⑩当你能掌握视觉语言进行自主创作时，那个全脑思维和享受顺其自然的感觉是非常专注创造价值和享受的过程，会节约很多时间。

用有道云笔记绘制涂鸦笔记。有道云笔记拥有非常先进的记事功能，并且能够将笔记快速同步到云端，目前产品覆盖多个版本，PC、苹果、安卓等系统都有涉及，新版不仅可以使用文字记事，还增加了画图功能，可以用涂鸦的方式书写，甚至可以用户绘画创作。在新建有道云笔记时，可以选择新建绘画，如此即可开始绘画。有道云笔记的绘画功能还提供载入图像的功能，可以在某个照片或截图的基础上进行标注。

4. 课本标注法

标注就是在课本边栏、页眉、页脚等处概括学习重点、难点和关键点，学习的疑问与感悟等还可在课本、参考书原文的旁边或文字下方加注各种符号，如直线、双线、黑点、圆圈、曲线、箭头、红线、蓝线、三角、方框、着重号、感叹号、问号等，便于找出重点，加深印象，或提出疑问，形成一套比较稳定的符号系统。此方法适用于自学笔记和预习笔记。

操作时注意：①读完后再做记号。首先把整个有标题的某部分读完，分清这是新概念还是旧概念的不同解释，对整段内容进行整体反思后，抓住重点进行标记。②要非常善于选择。要很好地把握做记号知识点的稀疏程度，做好高度概括性的边注总结。③用自己的话做边注。页边空白处简短的边注应用代表自己思想的个性化语言，使之成为本页所述概念的有力提示。④简洁。在简短有意义的关键词和短语下画线，不要在完整句子下面画线；页边注也要简明扼要，使之在记忆里留下更为深刻的印象，在复习时用起来更得心应手。⑤迅速。不要长时间都用来做记号，采取先阅读，再回头大略复习一遍，并迅速做下记号，然后学习下一部分内容的循环过程。⑥整齐。标记符号要尽量整齐，不要胡写乱画，否则会影响以后的复习和应用。整齐的记号会迅速回忆当初的学习情景，便于领悟书中思想。

5. 做笔记的一些通用技巧

（1）笔记整理法

课堂笔记比较杂乱，课后复习不好用。为了积累复习资料，需要对笔记进一步整理，使之成为比较系统、有条理的参考资料。对课堂笔记进行整理、加工包括：一忆、二补、三改、四编、五分、六舍、七记。一忆，即课后趁热打铁，对照书本、笔记，及时回忆有关信息，这是整理笔记的重要前提。二补，课堂上讲课速度快，笔记会出现缺漏、跳跃、省略，在忆的基础上，及时加以修补，使笔记更完整。三改，仔细审阅课堂笔记，对错字、错句及其他不够确切的地方进行修改。四编，用统一的序号，对笔记内容进行提纲式、逻辑性的排列，注明号码，梳理、整理笔记的先后顺序。五分，以文字、色笔、符号、代号等划分笔记内容的类别。例如：哪些是概念类，哪些是定理类，哪些是数学文化，哪些是问题质疑、探索类，哪些是课后练习题解答，等等。六舍，省略无关紧要的笔记内容，使笔记简明扼要。七记，分类抄录经过整理的笔记，同类的知识，摘到活页本上，随时添加。这样，日后复习、使用方便，按需所取，纲目清晰，快捷好用。

（2）活页本笔记法

活页本可以随时加页补充，考前整理笔记可以把相关的题加在知识点的后面。在高一、高二阶段逐渐积累众多的问题，错题本由薄变厚，高三复习逐渐解决问题，由厚变薄。

（3）建立错题本

高中数学错题本是非常实用的笔记，把考试错的题目，或抄或剪下贴在本子上，后面附上答案和心得。按照知识点分类，看错题本是复习的有效方式。容易错的知识点都在这里，可清楚地看到知识点怎么考、怎么出题、反馈矫正等信息。

（4）探索适合个性笔记法，建立高效学习模式

每一种笔记法都不是一成不变的，学生要根据自己的需要加以改进和灵活应用，最终找到适合自己的方法。例如，可以是康奈尔笔记法+思维导图的改进

和结合。只有脚踏实地反复探索、修正，才能找到适合自己和学科特点的笔记方法。笔记的目的是更好地学习，如果放弃学习的效果一味追求笔记本身则是本末倒置。做好笔记后要构建课后、单元、章节、学期不同时期基于笔记的整理、翻看、归纳、矫正的机制，用好笔记，构建高效的学习模式。

（二）科学选择教学小结的方式

详见第三章第二节"专题2-2：'心智数学教育方式'的课堂教学小结"。

八、及时鼓励学生

（一）实时表扬激励学生

及时鼓励学生，激发学生的内驱力，使其更自觉更好地发展自己。教育是一种唤醒。

1. 讲求策略，有效表扬

表扬学生都是激励学生的最有效手段。教师发现学生有良好的行为及成绩时，就及时、直接、认真、明确地赞扬，使学生的良好行为成为习惯，强化良好行为在他们心目中的地位。对学生的表扬要适度，合情合理，避免表扬过度。教师的表扬要有等级，有区别，以鼓励不同学生都继续努力。

2. 适时鼓励，点石为金

每个学生如同天上闪烁不定的星星，只要细心、耐心去寻找，会发现每个孩子的闪光点。抓住这些闪光点，进行及时、恰当的鼓励，很可能会点亮一点，照亮一片。鼓励是"催化剂"，能给学生以自信，能激发学生探究的兴趣和成就感。

3. 真诚欣赏，如沐春风

现代教育的五大法宝"成功教育、赏识教育、愉快教育、发现教育与创新教育"都离不开对学生真诚的欣赏。这种赏识在日常教学中、问答对话里、师生交往中。发现学生思维的闪光点，用恰当的语言、得当的体语，对学生给予表扬与鼓励，让其形成"成功—动力—努力—能力"的良性循环。

4. 及时应答，精到点拨

教师对提问的应答艺术，是对学生及时鼓励最重要的环节，这种及时鼓励包括对学生回答的及时肯定，也包括"不愤不启，不悱不发"式的及时点拨。教师适时而精到的点拨，会让学生如醍醐灌顶、豁然开朗。尤其是对那些答不上问题或回答问题有瑕疵的学生，更应积极应对。学生更喜欢老师对问答的真诚点拨与指导。

5. 精准辅接，精练概括

在学生思维不畅时，教师给予精准的辅助与接应，让其思维从"高坡"平稳落地。对学生的繁杂回答和琐碎思维进行概括，引导学生从厚到薄、由粗到精。教师应答中好的概括，使课堂结构层次清晰，使学生对方法规律迅速掌握，对问题理解更加深刻。教师婉转的导引、诙谐的妙对、激情的演说，都是教师精妙"应答"艺术的表现。教师对教材细心研读，多方预设的对话、恰到好处的应答，是学生借此爬上思维高层的梯子，是灵感和创新思维诞生的助产婆。

6. 适时适度，激励差生

鼓励是使学生消除胆怯、更新认识、转变态度、步入正轨的必要因素。多角度看待学生，及时发现学生的点滴进步、独到之处，恰当地鼓励诱导，学生会产生深刻的、发展的心理过程，进而发生质的突变，步入正途。教育学生通向成功的路绝非一帆风顺，遭遇困难甚至打击在所难免，只有学会坦然面对失败，吸取失败的教训，鼓起重新开始的勇气，成功才会到来。

7. 适时多维，促进合作

教师适时、多维的评价对小组合作学习有着十分重要的作用。在小组表现出色时及时赞美，给他们以肯定；在小组表现进步时鼓励，给他们学习的勇气和信心，使他们体验到学习的快乐；当小组回答错误、表现不够完美时，教师要告知错误，激励下次做好。这些评价让他们更加期待下一次的小组合作，保持合作的兴趣。有效确保每个学生加入合作学习中，不断提升小组合作学习的有效性。

8. 及时反馈，展示作品

学生学习积极性最好的激励办法就是及时反馈，学生总是希望得到展示的机会，也希望得到别人的肯定。成果展示是一种最简单易行、最有效的鼓励办法。老师及时展示学生作品，学生就会有激情，下次再遇到其他任务时，就会积极主动去做。在展示过程中，大家互相学习，有心的同学肯定会在下次尝试好的做法，避免错误或不足。让学生采取合适的方式及时展示或反馈，将会起到很好的激励作用。

9. 考后表扬，激励进取

学校日常教学中，期中、期末、阶段性检测频率较高，是最主要的教学评价措施。通过考试，师生可以发现问题、暴露问题，教师及时表扬评价，指导学生采取措施加以改正，必然会带来学习效果的提高。表扬要注意"时效"、恰到好处、激励进取，强化要求进步的动机，教师恰当有效的表扬会使学生终身受益。

（二）保持良好教学气氛

教学是一种师生互动的系统活动，学生积极、主动地参与教学过程，是有效学习的必要条件。引导学生积极参与教学，产生最佳效果。

1. 激发学生情感的教学策略

课堂教学是知识传递、信息交流的过程，更是师生情感交融、思想共鸣的过程。兴趣、爱好、愿望、热情等非认知因素构成学习动机，起着驱动、诱导、调节学习行为的作用，触及学生情绪意志、精神需要，使教学变得高度有效。通过合理的情感调控，创设师生心理相融、合作交往的良好的课堂气氛，使交流渠道通畅和谐，促进学生愉快学习，提高课堂教学效率。

（1）以师爱激情

有效的教学依赖于真诚的理解和信任的师生关系，依赖于和谐安全的课堂气氛。教师要关心每一个学生的成长，全身心融于教学、融于课堂、融于良好师生关系的和谐气氛中，以真情赢得学生的信赖，使学生"亲其师"而"信其道"，积极学习。

（2）以体态激情

教师走进教室就像演员走进摄影棚，用热情去激发学生的情感体验，以富有表现力的面部表情、恰当自然的形态动作给学生深刻感染。教师带着发自内心的微笑进入课堂，用和蔼亲切的目光覆盖全体，根据需要表现出兴奋、疑惑、惊讶、沉思等表情，会使学生得到同样的情感体验，促进师生的情感交流。

（3）以成功激情

艰苦思考后找到问题的答案，就会产生成功的喜悦，形成成功效应，强烈期望进一步成功。创造成功是促使学生形成稳定而持久积极学习情感的有效途径。教师要满腔热情地为学生积极创造表现和体现价值的机会。学生准确回答问题，正确解答难题，发表新颖见解，提出有价值的质疑，在探求新知过程中体验成功的乐趣。

2. 诱发学生主动参与的教学策略

实施诱发学生主动参与的教学策略，旨在创设吸引学生参与的良好情境，最大限度地提高学生参与的主观能动性，增强教学效果。教师需要挖掘和不断创设情境，以实例作为出发点，创设问题情境，引发认知冲突，等等。

（1）确定教学起点

教学起点的确定，必须以学生原有的认知结构为出发点，以新旧知识之间的联系为突破口。找准新旧知识的联络点，在学生思维的最近发展区确定教学的起点；提供思维的实例和材料尽可能贴近学生的生活实际，激起学生一种似曾相识的亲切感，帮助学生消除思维上的心理障碍。

（2）创设问题情境

创设生动的问题情境，有利于激发求知欲望和学习热情，有助于培养探索精神和创造性思维能力。可通过联系原有知识、挖掘生活实际、组织直观教学、实施演绎推理创设问题情境。

（3）引发认知冲突

认知冲突可引起人们解决问题的动机，促使人们去寻找协调的途径。数学知识本身就是由许多问题构成的，其教学过程也是一种问题解决的过程。教师可根据教学特点，利用新旧知识之间、整体与局部之间、不同特点之间的差异引发学生的认知冲突，激发学生参与问题的愿望，使学生主动完成认知结构的构建过程。

3. 激起认知动因的策略

真正的学习需要全部心理活动的参与，学生认知结构和意向状态互为学习的前提，激发认知动因，保持最佳学习状态，实现真正学习。

（1）组织和指导学生的学习活动

采取问题作为出发点，面对适度的困难，根据结果调整学习，使学生真正参与到教学过程中来，是在启发式基础上又进一步的教学状态。学生能否参与的关键是教学方法的情感化。

（2）关心全体学生的成长

良好的师生关系对学习的理想模式有不容忽视的影响，教学过程中教师的感情、精神、毅力、想象、语言、能力、技巧的感染，其作用大大超过空洞的说教，所有优秀教师最突出的共同点就在于热爱学生、了解学生，尽可能多地尊重学生，不断地向学生提出合适的期望目标。

（三）建立互动型师生关系

1. 建立平等与互动的师生关系

数学教学是数学活动的教学，是师生交往、互动与共同发展的过程。教师要成为学生学习的参与者、引导者、研究者、合作者；教师要与学生建立人格上的平等关系，与学生进行平等对话与交流；教师与学生建立情感上的朋友关系，做学生的亲密朋友，与学生建立良好的互动型关系；在课堂上尊重学生的经验与认知水平，让学生大胆提问、主动探究，发动学生积极地投入对问题的探讨之中；灵活变换角色，用童眼看问题，怀童心想问题，以童趣解问题，成为学生的知心朋友、学习伙伴。

2. 创设自主学习与合作学习情境

教师要精心设计问题，鼓励学生质疑，培养学生善于观察、认真分析、发现问题的能力；创设能把复杂、抽象而又枯燥的问题简单化、具体化、通俗化、趣味化的问题情境。鼓励学生先对困难问题独立思考、分析问题，再开展同桌、临桌之间合作探讨。

3. 营造良好氛围，扩大学生参与面策略

营造宽松和谐的课堂氛围和创设情趣盎然的问题情境，使学生不知不觉地

投入发现问题、提出问题、分析问题、解决问题等各种活动中去。在这样的课堂上学生有一种安全感，既不担心"张扬冒尖"，又不害怕"失败丢丑"，思维的真实状态便于教师及时采取对策，从学生智慧的闪光点中采集创造性思维的精华。教师必须发动学生群体展开对课题的研讨，学生群体参与互相启发所产生的互补、互促效应是个人单打独斗无法比拟的。

4. 构筑新型师生关系，加大感情投入策略

学校最重要、最基本的人际关系是教学过程中的师生关系，教师要善待每一名学生，做他们关怀体贴、博学多才的朋友，做他们心灵智慧的双重引路人，平等、尊重、倾听、感染、善待每一名学生。学生从"学会"变为"会学"，教师从"讲师"变为"导师"。师生课堂互动的效果，取决于师生课内外的融洽交流，取决于教师的教学技巧，取决于教师的学术功底，取决于教师的人文素养。

总之，在新课程背景下，教师要充分调动学生的积极主动性，高度重视学生在教学中的主体地位，更新教学方法策略、优化教学理念，在有限课堂时间内，顺利完成教学目标，使学生在数学活动体验中，掌握更多的知识、技能、能力，提高综合素养。

九、学习方式的选择

具体参见第三章第二节"专题2-3：素质教育环境下学习方式的有效选择"。

十、教育技术的选用

高中数学教育技术包括板书设计构建知识网络、学生板演展现思维过程、实物模型建立空间观念、多媒体课件动态展现发生发展过程。

（一）板书设计构建知识网络

板书是一种传统的主要教学媒体形式，是教学艺术的有机组成部分。在信息技术高度发展的今天，传统的板书也是不可或缺的，同时，信息技术的发展丰富了板书的显现形式。

1. 板书的作用

（1）板书体现教学意图

精心设计的板书提纲挈领、条理清晰，是对整节课知识结构体系的完美勾画，展示了知识发生、发展的思路和脉络，好的板书能引领学生厘清知识要点，掌握数学方法，体验数学思想。

（2）板书显现教师魅力

精心设计的板书是教师多年教学智慧的结晶，是在多轮次教学中逐步完善的精美作品，在展示课堂内容的同时，也是教学过程引人入胜，开启学生思路的金钥匙。精美的板书设计与漂亮的粉笔字，拉近师生距离，教师更易被学生认可。学生会学习、模仿教师的字和思维习惯。

（3）提供思考的时空

在教师板书的同时，学生可以做笔记并理解、消化知识。教师板书中的教学重、难点整节课都在黑板上，有利于学生随时、反复、多次进行自我反思，不断完善知识结构。

（4）灵活处置教学生成

意想不到的问题产生教学生成，教师可根据学生情况和课堂生成，甚至是课堂突发事件随时并灵活地设计相应的板书。

（5）示范带动学生

直观、形象的优秀板书是课堂教学的艺术之一，板书直接影响到学生的书写能力，教师板书更应具有示范和引导作用。粉笔字写得好的老师，学生的字普遍好；立体几何图形的画法需要教师的板书示范帮助学生掌握。赏心悦目的优美板书，能使学生兴趣盎然。

2. 板书设计的原则

（1）规范性原则

板书设计的第一个基本原则是规范性。写规范汉字，不出现错别字；字体大小适宜，以最后排学生能看清为宜；板面干净、文字清晰、美观大方。

（2）概括性原则

有限的教师授课时间和黑板空间，要求板书的内容要高度概括。

（3）条理性原则

有条理的板书引导学生"顺藤摸瓜"，知晓知识的主要内容和上下左右相关知识的关系，指导学生将新学习的知识整体纳入原有的认知结构，构建起条理清晰、结构层次明晰的新知识体系。

（4）针对性原则

板书设计要符合教学内容的知识线索、逻辑关系、思维走向、数学方法、数学思想的特点。根据教学目标的要求设计板书，有利于学生对重难点的掌握。板书要针对学情，学生已掌握的少写，释疑解难的多写，板书问题思考思路，板书解题规范步骤。

（5）启发性原则

板书来源于教材又高于教材。规范、科学、精美的板书是知识性、艺术性与启发性的完美统一，学生能够在富有启发性的板书中悟到一些超越教材的知识和思想，明确知识的思维线索和逻辑关系。

3. 板书的书写技法

（1）板书的书写

板书一般采用侧身书写姿势，不要长时间遮挡学生的视线；采用正楷、行楷、行草等学生能接受的字体，标题、正文、注释字体、字号要有些变化，板书的字迹必须正确、清晰、整洁、美观。

（2）板位安排

板位安排要整体设计、严谨布局、全局安排、布局合理。各板块之间要位次适当、措置有序、编排合理，呈现整体美感，既要充分利用黑板的有效区域，又要做到四周适当留白，分片、分栏书写，字距行距适中。

（3）板面分区

将板面分成若干区域，一般包括标题区、推演区、绘图区、便写区等。标题区位于正上方、左上方、正中央等位置，标题书写要庄重、醒目，可使用粗体字。推演区内容较多，要随写随擦，以左右为宜。绘图区选在中间位置，根据图的多少和难易确定区域大小。处理临时情况用的便写区通常靠右或与推演区合并，以免干扰其他区。在板位安排上，还应体现板书内容的主次，使学生明确重点，便于记录和理解。正确使用层次序号。

（4）色彩的搭配

色彩使用要醒目、协调。关键字词可使用彩色粉笔书写，也可用彩色粉笔点画、围框。但要避免色彩滥用，造成主次不清、眼花缭乱。

（5）布白的使用

板书设计要注意布白，给学生留出足够的思考空间，让学生自主探索留白内容，引发学生深层次思考。布白可设置于教学的重难点、关键点、疑问点和对比点之处，引发学生深层次思考。

（6）课题板书的时机

课首式课题板书是指在课堂引入后板书课题的方式。先板书课题，后讲授新课知识。课中式课题板书是指在课堂教学中先讲授与课题有关的先行组织者，进展到恰当处板书课题。课尾式课题板书是在几乎讲完整节课的知识后再板书课题，画龙点睛。

4. 板书的类型与形式

根据板书的内容和学情，板书主要有提纲式、框图式、词语式、强调式、设问式、序列式、表格式、图解式、对比式、问题式、流程式等形式。

（1）提纲式板书

提纲式板书是用重点词语编排的本节课的知识体系提纲。特点是紧扣教学内容，突出教学重点，给学生呈现出完整、直观的知识体系。

（2）框图式板书

框图式板书在教学进程中首先提炼知识精髓、把握重点词语，将关键词有计划、按逻辑地在黑板上组合、排列。课堂教学小结时，先将这些关键词用矩形、圆形、椭圆、菱形、平行四边形、三角形等不同图形框起来加以标示，再将这些关键词通过连线、箭头、括号等构建整节课的知识网络结构图。课堂小结时通过框图、连线展现知识技能、思想方法的逻辑结构，给人眼前一亮的感觉，教学效果较好。框图式板书还包括知识结构图、思维导图、脑图、鱼骨图、涂鸦笔记等。

（3）强调式板书

强调式板书是用以发挥某种、某方面强调作用的板书。这种板书可突出教学内容的某一部分，或集中强调某种思想，或对比展示某种方法。这种针对性较增的板书，便于学生把握学习重点。

（4）设问式板书

设问式板书是用问句充分启发学生对问题深入思考的板书。可在知识重点、难点下边引而不发地画上一个或几个问号，配上关键文字提示，引发学生注意、理解和思考。给学生留下思考的空间。

（5）表格式板书

表格式板书用于可明显分类、知识性较强的内容。教师板书设计出的表格，学生板书填写表格内容，是一种有利于学生参与，有助于调动学生学习积极性的板书形式。表格也可以让学生课下设计，课上板书展示交流。

（6）对比式板书

把教学内容相对或相似的对应部分集中呈现的板书形式叫对比式板书。这种板书突出本节课内容之间以及与已学过知识的联系和区别，可将具体事物属性与抽象数学概念对比，从对比中找到相同点、对立点，找到由具体到抽象的思维点。

教师在日常教学中，可根据教学内容和学情，不断变换和使用不同类型的板书，给学生新颖变化的丰富刺激，激发学生随教师的板书变化不断进行新形式的思考探索。

（二）学生板演展现思维过程

板演几乎在每节数学课都在应用，是一种最普通、最普遍的教学手段和策略。

1. 学生板演的作用

（1）提高学生的学习兴趣

每当有板演的机会时，学生都会把手高高举起。板演为学生创造了表现的机会，学生都想体验这种成功所带来的教师和他人对自己的认可和肯定，所以很乐意将自己的解答表现出来，以期待教师的讲评。

（2）揭示学生的思维过程

板演展示的思维过程更容易被学生接受。学生板演还可暴露存在的问题，使学生吸取教训。

（3）对学生掌握知识、技能的诊断检测

课堂板演是在教师落实课堂教学目标过程中，检查课堂教学效果的有效诊断手段，有助于教师及时、真实、准确地捕捉学生对数学概念和问题的思考和认识。

（4）板演展示解题过程、提供课堂教学范例

有利于正确的解题方法和解题思路的示范，减少作业出错的机会。

2. 学生黑板板演的策略

（1）激励、保护和养成学生积极主动板演的习惯

倡导学生自愿、主动上黑板板演，辅以教师"点将"，让学生认识到板演的益处，克服羞怯心理。

（2）保证思维过程展示的真实性

黑板板演的每一个步骤和细节只要有可能都要留下来，出现错误要修改某一步或某个地方时，用括号将其括住，用彩色粉笔在旁边更正；做题过程中半路卡住做不下去的半成品很有用，要留下来大家一起来分析。

（3）要求学生努力做到规范板演

规范的表述才利于观察、讨论和交流。规范的板演是数学素养的体现，也是对其他同学的负责和尊重。

（4）教师对安排学生板演要有统一规划

哪些问题需要板演？不同难度的问题需要匹配什么层次的学生？相同层次的学生又如何具体安排到人？分几次黑板板演？一次安排几人？要不要"限时"板演？这些问题课前要有预设和灵活调整。

3. 板演内容的选择

（1）难度要适宜

学生板演内容，要根据学情来定，能够体现教学内容的典型问题、基本问题，不宜过难和过易。

（2）时间要可控

学生板演时间过长，会影响学习进度。学生出现"挂黑板"现象，叫停后可找一名会的同学教自己。

（3）多数学生容易出错的问题

通过板演，全体学生可以观察解题过程之误，为教师讲解提供样例。

4.学生板演的程序

学生板演的程序为"一做二改三归纳"。第一，先向全体学生展示问题，待全体进入动笔状态后，指定学生上台板演。第二，学生板演时，教师既要关注讲台的板演者，也要巡视台下全体学生的做题情况，进行小组指导与个别指导。第三，学生做完后，学生点评"为什么这样做""根据是什么""有什么错""错误的根源"等。

5.参加板演的人数

课堂板演是教师为学生创造成功体验的好机会，可让1—3名学生上台板演。对于较难问题，教师要做好准备工作，如在坐标系上描点，教师可先画好坐标系。黑板板演简便易行，便于操作，教学成本低，具有及时性、灵活性、生成性等特点。有的学校前后黑板并用，甚至在教室四周设立多块黑板，给更多学生创造板演机会。

6.板演之后的点评

板演之后需生生互动、师生互动、教师点评。可让板演学生自述，让没上台板演的学生点评，教师最后进行总结。学生板演半路思维"卡壳"是常见情形，教师应顺应学生思路或略作微调加以适时引导，使"半途而废"变"绝处逢生"，重塑学生数学自信。数学问题解决的成功带给人思想的愉悦和精神的满足是难以言表的。通过一个典型问题的探讨，学生将不同思路和念头展示出来，是一种思想和精神的交流和享受，学生既可在数学活动中学会相互欣赏，又提高他们欣赏数学的品位。

（三）实物模型建立空间观念

立体几何作为高中数学的重要组成部分，在培养学生推理论证、空间想象、图像观察、抽象概括以及作图能力等方面具有重要作用。立体几何比较抽象，学习起来比较困难，制作立体模型可将那些抽象的图形直观形象化。

1. 模型制作的主体及意义

让学生参与模型制作，学生动手做模型时，先要在头脑里形成模型的表象，然后才把这一形象凝聚到模型中去。在制作模型时，学生自然也就领悟到了建立起来的直观形象。

2. 模型制作的一般方式

在立体几何教学中，教师都会使用各种模型教具，指导学生制作立体几何模型，培养立体感。利用学生身边的材料制作模型。用中性笔芯、铁丝、竹签制作直线；用硬纸板制作平面，平面可加一些小孔用来插入直线，加一些沟槽用来制作多个平面相交等情况；用铁丝制作正方体、长方体、平行六面体、三棱锥、四棱锥、三棱台、四棱台等几何体框架，用来演示几何体的各种点线面关系；用厚纸制作圆柱、圆锥、圆台、正棱柱、正棱锥、正棱台，用于展示其侧面展开图、体积之间的关系、各种线的数量关系；可就地取材，打开一本书就是一个二面角，教室是个长方体，把桌面、摊平的手掌当作平面。让学生在实践中感知线面位置关系以及多面体和旋转体模型。

3. 立体几何模型的使用

要求学生把模型作为学习中介多观察，做好与实物、立体几何图形、语言的对比：①模型与实物对比，弄清一类物体的空间几何体形态。②模型与立体几何图形对比，观察水平放置的正方形纸片与直观图对比。反之，从水平放置的直观图还原到实际图形，理解直观图中的平行、垂直、长度变化等关系。对照正方体模型与正方体直观图，明确模型中的点、线、面与直观图中的点、线、面的对应关系。③模型和语言的对比。在制作和使用模型时要与数学语言结合。观察复杂模型时，先整体，再部分，然后剖析各部分的联系。特别提醒学生观察模型中的各种垂直关系。要求学生用确切的数学语言表述模型制作的结果，学生在表述观察结果时，先在头脑中重现观察结果的表象。在教学中要逐渐加重对图形比例的认识。最后使学生根据立体图形想象出它的空间结构，根据几何图形画出立体图形，这样就达到了培养学生空间想象力的目的。

（四）多媒体课件动态展现发生发展过程

多媒体课件是教师辅助教学的工具。教师根据学习目标，先从总体上对信息进行分类组织，然后把文字、图形、图像、声音、动画、影像等多种媒体素材在时空方面进行集成，赋予其交互特性，制作出各种精彩的多种媒体表现方式和超文本结构教学软件。

1. 多媒体课件制作工具

PowerPoint是制作幻灯片最常用软件，方便易学，对多媒体环境的适应性强，但其功能相对差，适合图片、视频、文字资料的展示，如果要达到交互、动画的效果就比较烦琐，课件使用不需要打包处理。

Authorware具有强大的创作能力，简便的用户界面及良好的可扩展性，是应用最广泛的多媒体开发工具，是基于图标和流线的多媒体创作工具，具有丰富的交互方式及大量的系统变量函数、跨平台体系结构、高效的多媒体集成环境和标准的应用程序接口等，可用于制作网页和在线学习应用软件。应用变量函数可以用来开发一些小的应用软件，做出交互性好的课件。缺点是做动画难，插件需要打包，打包文件较大，不利于传播。

Flash的优点是体积小，可以生成动画，还可加入声音，生成多媒体图形界面。使用矢量图形和流式播放技术，可以任意缩放尺寸而不影响图形质量。通过使用关键帧和图符可生成动画，实现许多令人心动的动画效果，使动画更加生动。Flash把音乐、动画、声效、交互方式融合在一起，创作出了许多令人叹为观止的动画效果。较高版本可以支持MP3等音乐格式，加入音乐的动画文件也能保持"小巧身材"；强大的动画编辑功能使得设计者可以随心所欲地设计出高品质的动画。它与当今最流行的网页设计工具配合默契，可以直接嵌入网页及课件的任一位置，非常方便。

几何画板与数理平台等软件带来了数学实验，它们提供了一个十分理想的让学生积极地探索问题的"做数学"的环境，可以利用它来做数学实验，使学生获得真正的数学经验。"猜测—验证—论证"的程序处理问题的过程，是学生非常重要的体验。

广泛使用的电子白板和触控一体机都有自带的课件制作软件，交互性是其突出特点和优势，也是信息技术工具优势的体现。

功能强大的数学实验室超越多媒体课件，是学生探究数学问题、开展数学建模活动的有效场所，可实现"做中学"的较高教学要求。

2. 多媒体与数学课程的整合

详见第五章第三节"五、多媒体与数学教学的整合"。

3. 传统板书与现代多媒体的配合使用

传统板书和现代多媒体二者各有优势，教学中只有将二者有效搭配，才能达到教学效率最大化。有针对性地选择动画、图片、视频和数学实验等多媒体手段以及板书设计来组织教学，以体现直觉与理性统一的美感特征。适度利用多媒体图文声像并茂的特点，增加生动形象美，用多媒体动态播放数学实验现象和进程、呈现概念、定律、定理、公式、结论、例题题目，而对定理、定律等推导细节及例题讲解，几何图形的画法，用板书教学效果更好；根据学生的反应微调讲课内容，对疑惑及时增加黑板板书予以讲解，对教学生成的问题和内容通过板书展开讨论。传统板书与现代多媒体的配合使用是"传统与现代的完美结合"，值得在教学中加以探索。

第七章
普通高中实施全学科美育的
探索与实践研究

7

美育是学校转变育人方式的重要渠道，普通高中实施"全学科美育"是"五育并举，全面发展"的重要一环，是深入贯彻落实中共中央办公厅、国务院办公厅《关于全面加强和改进新时代学校美育工作的意见》的有效举措。我在主持淄博市教育科学规划重点课题"基于核心素养的高中数学美育研究与实践"时，作为核心成员参与淄博市教育科学重点课题"教师美育思想研究"的基础上，借助"崔佃金名师工作室"卓越发展团队的人员优势，主持2019年山东省基础教育教学改革项目。2021年12月结项，研究报告总计93600字。

第一节 普通高中全学科美育思想研究

一、普通高中全学科美育的理论原则

（一）美育的内涵和意义

美育是审美教育，提升学生审美素养；美育是情操教育和心灵教育，提升学生的趣味、情感、气质、胸襟，开发学生智力；美育与德育、智育、体育、劳动教育相辅相成、相互促进，对于促进学生全面发展具有不可替代的作用。美育"激励人的精神，温润人的心灵"，对学生产生长期影响。

（二）全学科美育观

"普通高中全学科美育"即在普通高中全学科教学中，贯彻美学思想，引入美育机制，引用美育资源，突出审美设计，实施美育渗透，开展美育活动。让学生充分体验形式美、科技美、艺术美、自然美、社会美。引导学生自我增进审美意识，不断提升审美能力，培育美好心灵和高尚情操，实现"以美育人、以文化人"。

（三）全学科美育的实施途径

①艺术是美育的主渠道。②对全学科教学进行审美化设计，实施美育融渗。③利用校内外美育资源开展综合美育活动。④积累全学科美育资源和案例。⑤在"文理艺融合"中实现全学科美育。⑥采取文学、音乐、戏剧、文艺、阅读等美育手段。

（四）全学科美育课程体系建设原则

提高艺术类课程的综合性，强化各学科的综合审美引导。将认知与情感、和谐发展与个性发展、多样与统一整合起来。遵循"科学与人文相通，体验与鉴赏为主，与优秀传统文化融合"的原则。

（五）艺术学科美育实施

高中艺术学科实现审美化要坚持"基础训练与审美感悟有机统一、扩大参与艺术学习的审美领域、发展学生必备的审美品格"等策略，发挥多媒体在课堂教学中的独特作用。艺术测评坚持"可感、可知、可测"三原则和"笔试、面试结合"的方式。

（六）全学科美育的原则

全学科美育的原则为"全学科育美，文理艺融合，以美育人，以美化人"。以艺术学科为主体，发展学生的美术天性、音乐天性、戏剧天性；全学科实施美育，将学生的知识技能、能力素质、道德意志、思维素养、体质技能的培养围绕全学科美育展开，使教育教学活动更加丰富多彩、更加全面协调。通过美育，广大学生具有和谐的心理体验、积极的学习状态、向真的探索追求、向善的生活方式、向美的精神向往，为学生各种素养和能力的高度发展和充分协调提供坚实的美育基础。发展学生的交流天性、探究天性、创造天性。

二、师生共同把握美的五种基本形态

普通高中全学科美育的方向及出发点和落脚点都是"美"，把握"美"的基本形态，师生共同把握"美"的实质内涵，厘清美的形态在学科中的体现，是全学科美育思想研究的首要任务。美的形态具有客观上的多样性、复杂性，美的思想观点、研究方向、角度标准具有主观差异性，使人们对美的形态分类不尽相同。全学科美育项目组确定采用"自然美、社会美、艺术美、形式美、科技美"的表述方式。

课堂教学是实施美育的主渠道，学校教育把美感和人类创造的美变为学生的心灵财富，变成人与人之间道德关系的审美素养。学校美育与全学科教学紧密结合，使学校教学成为体验、鉴赏和创造自然美、社会美、艺术美、形式美、科技美的高级社会活动。

（一）自然美

自然美是指客观自然界的事物或现象的美。人们能够随时、随地、随处欣赏和感受到自然界中日月、星辰、花鸟、虫鱼、山水、草木、田野的自然美。由此可见，自然美既离不开人的主观世界，也离不开事物本身的某些属性，是人的主观作用与事物的某些属性相结合的结果。自然美是人类社会实践的成果，是自然人化的产物。通过人化的自然才可能是美的，才可以作为审美的对象。人们欣赏自然事物，就是因为自然事物的某些自然特性与人的某些方面相似。例如，"野火烧不尽，春风吹又生"的野草具有顽强的生命力，人们喜欢用野草象征不屈不挠的顽强精神。"我是一棵无人知道的小草……"比喻甘于寂寞、无忧无虑。松柏象征大义凛然，冰肌玉骨的梅花、瘦劲孤高的竹子、洁身自好的莲花都被人们用来象征高风亮节。

自然美在语文、英语中有大量体现，描写春夏秋冬、山川日月、大江大河的诗歌、散文、小说，直接刻在山上的诗词歌赋。自然美在地理中展现的是其与天文、地理、气候相一致性。高度不同的高山生长着完全不同的阔叶林、针叶林等不同植被。

自然美在物理、地理、化学、数学、生物中，呈现的是其理化性质、数字特征、生物特性、地理原则。潮起潮落可用三角函数刻画，向日葵、雏菊花盘种子排列符合斐波那契数列。蜂房由很多正六棱柱紧密地排列在一起，十分整齐，堪称大自然的奇迹。雪花、蕨类植物叶片符合几何分形原理。圆形蜘蛛网辐线排列也十分规则。数学中的螺线就是由螺类外壳形状总结出来的。物理中有第一、第二、第三宇宙速度。天体运行轨道是圆锥曲线，人体整体符合黄金分割，有些植物叶子的排列符合平面黄金分割等。

（二）社会美

社会美又叫生活美，是指广泛存在于社会生活中的社会事物和社会人的美，是美本质的直接展现，包括人物美、生活美、民俗美、节庆美、休闲美等。

人是社会生活的主体，社会美的首要因素就是人物美。人物美第一个层面就是人体美。人体美是由形体、比例、曲线、色彩等形式因素构成的一个充满生命力的意象世界。符合"黄金分割"比例的形体是最美的。西方美术作品中雕塑《尼多斯的阿佛洛狄忒》《米勒斯的维纳斯》《里亚切武士像》《大卫》《思想者》《永恒的偶像》《吻》，油画《法庭上的芙丽涅》《维纳斯的诞生》《沉睡的维纳斯》《大宫女》《泉》《大浴女》都反映人体美。人物美的第二个层面是人的风姿和风神。人体美是人的感性生命的美。当一个人的言谈举止、声音笑貌显出这个人的内在的灵魂美、精神美时，就形成了一种风姿之美。人物美的第三个层面就是特定历史情境中人的美。中国历史上卧薪尝胆的勾践、垓下悲歌的项羽、投笔从戎的班超、舌战群儒的诸葛亮等，身上都可看到特定历史时期的人物美。

总之，社会美是在社会生活领域的审美活动中生成的美的意象世界。

（三）形式美

形式美是指美的形式是规律性与目的性统一的形式，是真和善相统一的自由形式，是独立的审美对象。同一切美的事物一样，形式美同样是人类社会实践的结果，是历史文化发展的产物。人类在持续改造自然的社会实践过程中，逐渐对自然的感性质料、自然的形式规律、自然的性能有了认识，并根据自己的需要和尺度对它加以运用和改造，使之对人类有利，具有了审美价值。形式美的形成，不在自然形式本身，也不在自然形式与人的胜利心理的同构相对应，而是植根于人类社会的深刻基础实践。

（四）艺术美

艺术美是美的重要形态，是美的集中体现。艺术美是指存在于艺术作品中的美，是艺术家依据美学理论、思想和情趣，遵循美学规律，按照艺术手段创造出的综合美。艺术美是艺术家创造性劳动的产物，艺术创造是美的创造，人们依照"美的规律"来塑造物件和艺术创造。艺术美极大地弥补了现实社会和日常生活中的各种缺陷和不足，"艺术美"远远高于"现实美"，是美的最高形态，是内容与形式的和谐统一。艺术美以社会美作为自己的内容，以自然美、形式美作为自己的形式，也就是以社会的真与善作为内容，以自然的真作为形式。艺术美表现为主观与客观相统一，表现与再现相统一，情感性与形象性相统一。艺术美的原型存在于客观现实中，艺术家必须借助物质手段才能进行有效创作。艺术美具有典型性，它把现实生活中分散的、不充分的、美丑因素混杂在一起的东西，经过提炼、概括、加工、熔铸成为比现实美更加集中、更具有典型意义的艺术美。艺术美具有普遍性和永久性，人们通过多种物质手段把现实美与审美心理相融合，固化在艺术作品中，成为固定形象的艺术美，艺术美就会突破时空限制，取得超越时空的审美效果。

（五）科技美

科技美包括科学美与技术美。技术美是人类在实践中创造的，属于社会美大范畴；科学美是人们在探索自然规律过程中所创作的美的成果或形式。

科学美的形态包括三个方面。其一，实验美。实验是通过多种手段和感官去认识事物性质或解释现象的方法。实验的方法是科学家经常运用的，实验的设计、步骤和方式中有许多美的因素。其二，公式美。在公式、定理中完美体现的和谐与简单性是科学美的体现。其三，理论美。自然无论宏观世界还是微观世界，都向人们展示出一幅无穷无尽的高深莫测的图景。科学的任务正是不断地揭示自然的奥妙，深化人们对它的了解与认识。

技术美也叫生产美、劳动美、工艺美，它是在生产实践的过程中产生和发展的，属于社会美的范畴。研究技术美是一门新兴的边缘学科。技术美学是适应现代社会进步和科学技术的发展，以及人民生活和审美观念的提高而产生的，它把美学运用于广泛的生产技术领域，把技术与美学结合起来，研究一切生产技术领域中的美学问题。

技术美包括劳动过程中的美、劳动条件和劳动环境的美、劳动产品的美。生产劳动的美体现在劳动过程之中，人们要付出体力、智力和情感，要克服困难、不怕牺牲。人们在劳动中可以感到创造的乐趣，得到美好的精神享受。良好的劳动条件和劳动环境对于美的创造具有重要的意义，它不但能消除过度的紧张，减轻疲劳，而且能极大地激发起劳动者的积极性和创造性，丰富劳动者的审美情感，发展他们的审美能力，提高工作效率。人类生产劳动的产物是劳动产品，产品是人类智慧与才干的结晶。劳动产品不仅具有实用功利价值，而且应该具有审美价值，能够给人以美感享受。劳动产品的美既要追求内质量，也要追求外质量。"技术美学"就是把美学运用于生产技术领域，使美学和技术相结合的新兴的美学分支学科，产品的艺术设计是技术美学最重要的组成部分。

第二节　普通高中全学科美育机制研究

普通高中全学科美育对14个学科美的表征进行了系统研究，并将其与5种美的形态相对照，每个学科对应或侧重于部分美的形态，全学科美的表征全覆盖5种美的形态。

一、艺术类学科美的表征

（一）音乐学科美及其表征

1. 语言美

音乐是人类共同的语言，也是人类最美的语言，它没有国界，不分种族，跨越文化差异、政治鸿沟、年龄界限，展示的是多元、多维、多角度的美。

2. 力量美

具有强大的鼓舞力和感召力，是音乐的突出特征。人们在最庄严、最轻松、最欢快、最悲伤的时刻都离不开音乐。音乐是理性的松绑，音乐是欲望的涌动，音乐是柔情的释放，音乐是心灵深处最真挚情感的流淌。

3. 情感美

音乐是内心情感的流淌，最容易流进人的灵魂深处，像涓涓细流直入心田，扣动灵魂深处最敏感的心弦。音乐就像一幅画，表现着人们对世界的理解，表达着对人生理想境界的渴望与追求。

4. 韵律美

七个音符变幻无穷的组合成了大自然最美妙的声音，一切世俗的烦恼都会随之变得云淡风轻。用心去感受音乐中那种韵律美，它是优雅的、自然的、纯净的，一切都恰到好处。感受音乐的美可以放松身心，拥有好心情，感觉一切变得更加美好。

5. 和谐美

美的本质是和谐。首先是以数学为基础的和谐。音的高低取决于发音体数的比例关系，数是音乐的本质属性和音乐美的根源。其次，音乐的美感与灵魂的和谐是一致的。音乐的和谐与宇宙、灵魂的和谐是相通的，反映着万物的本源。

（二）美术学科美及其表现特征

1. 艺术美

通过特定的美术形象表现出来的艺术自身的"美"就是艺术美。它并不是现实中的"漂亮""好看"。绘画、雕塑、书法等美术作品是艺术家利用美术特有的语言，按照美的规律、法则对现实生活进行抽象、概括、综合改造的结果，反映的是艺术家和时代的精神与审美理想。

2. 形式美

美术作品的形式所传达出的美就是形式美。它既包含在艺术美之中，又具有独立的审美价值。形式美包含两个方面：一是美术作品自身形体、形态的美；二是借助语言手段和语言规则，美术作品形体、形态所呈现的整体艺术形象。形式美包含语言元素的形态变化、语言手段的审美意象、语言规则的审美关系。

二、人文与社会科学类学科美的表征

（一）语文学科美及其表征

1. 音韵美

语文的美，美在铿锵柔婉、高低错落的音韵上。对于语文而言，最基本的组成单元就是字。要想文章流畅、声韵和谐，读起来朗朗上口，首先就要考究字以及字与字之间的声律，诵唱时金声玉振，听读时抑扬悦耳、声调悠扬。声音作为文章的外在形式，其高下、婉转、强弱、更迭都非常重要，就如同物体外表色彩一样，没有它文章就会黯然失色。不管是古典的诗词歌赋，还是现代的散文小说，好的文章在读起来的时候，有一种韵律感和节奏感，有着声音上的和谐与美好，对于创作者和读者都是一种美的享受。巧用叠词，更是音韵横生。

2. 形象美

语文的美，美在性格多样、姿态各异的形象上。很多艺术形象是在语文世界里塑造的，文学艺术通过众多的艺术形象反映社会生活，艺术成果是审美主体、客体相互交融，并由审美主体创造出来的。比如，"安能摧眉折腰事权贵，使我不得开心颜"塑造了一个不慕权贵、傲岸洒脱的诗人形象；"安得广厦千万间，大庇天下寒士俱欢颜"塑造了一个心怀天下、忧国忧民的诗人形象；白居易的《琵琶行》中，塑造了一对"同是天涯沦落人，相逢何必曾相识"的落魄诗人和诗意歌女的形象；《红楼梦》中，塑造了志趣各异、命运不同的众女子形象……不管是物还是人，加注了语文的思维，便成了有审美趣味的生命体，变得鲜活灵动了起来。

3. 意境美

语文的美，美在气象万千、变化多端的意境上。意境是美学思想中一个重要的审美范畴。意境是一种艺术境界，是作家审美体验、理想情趣经过锤炼加工后与现实生活图景融为一体形成的。

由"细雨""鱼儿""微风""燕子"等意象产生的古诗句"细雨鱼儿出，微风燕子斜"，表达的是一种轻盈、活泼、富有柔美感的优美景象。天上地下、水中雨中结合在一起，呈现一种宽阔的意境和诗意空间，透露出春的气息和愉悦感。杨万里的"接天莲叶无穷碧，映日荷花别样红"，"碧"与"红"搭配，富有大自然的情韵，意境开阔，形象鲜明。朱自清的现代散文《荷塘月色》是散文意境创造的经典之作。精美绝伦的景物描写将其郁结的心声艺术地传递给读者。文中意境幽静深远，巧妙寄托了思想情怀。读者品味着清丽优美的语言，接受着优美意境的艺术洗礼。

4. 哲思美

语文之美美在富有理趣、发人深省的哲思上。语文也是抽象思辨的，充满着人生智慧、哲理思辨。从哲学角度而言，思辨是指运用逻辑推导进行纯理论、纯概念的思考，思辨就是通过分析、判断、推理等思维活动，提升辨别分析事物的类别、状况、事理等能力。语文教学中的哲思充满着智趣和理趣。苏轼"横看成岭侧成峰，远近高低各不同"展示多角度看问题的哲思；鲁迅《祝福》中"是谁杀死了祥林嫂"是多元、理性问题的哲思；《实践是检验真理的唯一标准》凸显对真理问题的苦苦求索；《拿来主义》展现出面对外来事物和文化，时刻保持清醒的头脑和良好的鉴别能力。

（二）英语学科美及其表征

1. 音律美

一是单词读音之美。饱满有力的单元音、双元音，轻而短的辅音共同构成了英语音节。重读、次重读使得单词发音抑扬顿挫，富有音律美。二是句子读音之美。英语句子中实词重读虚词弱读、不同句式的升调降调，使得在读句子时语调抑扬起伏。

2. 文化美

英语是一种语言，更是文化的载体，反映了一个民族丰富多彩的文化现象。借助英语，我们了解英美国家绚烂多彩的文化，认知英美人的行为和思想，体味不同国家的人们在肢体语言运用上的差异。

3. 构词美

英语单词的构成，无论是合成、派生还是转化都体现出英语的构词美。尽可能多地了解和掌握词根、前缀、后缀的含义，我们就能像串糖葫芦一样成串地掌握单词，并在语境中猜测新词的含义。

（三）政治学科美及其表征

1. 社会美

社会美是思想政治教学中最常见的美。我们既要充分运用教材所提供的素材，更要充分运用鲜活的、富有时代气息的社会生活材料和事例来让学生感受社会美。

2. 科学美

发展中国特色社会主义，从经济角度，要遵循价值规律，要贯彻创新、协调、绿色、开放、共享五大发展理念，这就是科学美；从政治角度，要坚持党的领导、要坚持依法治国，这也是讲科学；从文化角度，既要"各美其美"，也要"美人之美，美美与共"，既要继承传统、推陈出新，也要面向世界、博采众长，这也是讲科学。

3. 和谐美

和谐美既指教材内容的内在关系的和谐，也指和谐的师生关系、生生关系以及由此生成的和谐融洽的思想政治课堂。

4. 思辨美

思辨美是指师生、生生之间的思维碰撞产生的火花之美。师生之间、生生之间的思维碰撞是政治课堂必不可少的组成部分，是政治课堂的美的表现之一。

（四）历史学科美及其表征

1. 形象美

形象美是历史学科自然美的体现，通过欣赏、鉴别历史上重要的文物古迹引起人们的美的体验。主要包括，从建筑的角度体现形象美，从艺术的角度体现形象美，从历史课堂构建时空观的美感。

2. 行为美

历史的发展离不开重大历史事件的推动。凡是有益于人民、有益于社会进步的历史事件、历史人物的贡献都可以称为行为美。

3. 人性美

人性美是历史科学核心素养家国情怀的重要体现。传统文化里面蕴含着丰富的人性美。主要体现在历史人物的精神世界里。在中国历史长河中一直存在着忧国忧民、舍生取义、坚忍不拔、齐家、修身、治国、平天下等美德，这是历史人性美的体现。

4. 思辨美

是历史学科中唯物史观的体现。由表及里地逐渐深化对历史的认识，必须依靠科学的历史观和方法论，透过历史纷杂的表象，去认识历史的本质。

5. 时代美

社会在发展的过程中体现出其鲜明的时代特色就是历史学科的时代美，其始终代表着人类社会的发展方向。人类社会发展的每个阶段都有其特定的时代美。

（五）地理学科美及其表征

1. 自然美

自然地理审美以自然事物为审美对象，可以身临其境地对自然地理事物进行直接审美，也可以通过关于自然地理事物的影像、音乐、图表、文字等材料或者凭着人们丰富的想象进行间接审美。自然地理审美强调求真与求美的结合，以自然地理科学为基础，具有鲜明的科学特性，更加侧重于欣赏地理事物的科学特征和科学规律之美。

2. 人文美

地球是人的世界，对人以及其他生命更多的人文观照是地理人文美的体现，赋予地理更高的人文精神，助力人们形成正确的人口观、种族观，形成可持续发展理念下的环境观、资源观，形成构建人类共同体的世界观、人生观。

3. 和谐美

地理科学各要素既相对独立，又有某种意义上的统一；既遵循自身内在规律，又相互联系，构成有机统一的地理整体。生物圈中的各个生态系统，具有多样性的地理环境和物质循环系统，又都统一于更大的地理环境和更高级的物质循环系统。地理环境、物质循环系统最完美地体现着地理的和谐美。

三、体育与健康学科美的表征

（一）整体美

在集体项目的群体组合和活动中，体育技术的构成、运用、提升以至达到出神入化的程度，表现出来的就是体育的整体美。

（二）含蓄美

在体育与健康中的艺术性、创造性展现出人的力量、内心道德都是含蓄美的表现。体育活动中展现出的拼搏意志、奋发精神、民族精神是含蓄美的高级形式。

（三）形式美

体育与健康活动中使用和展现的技术、形状、结构、动作、场景的美就是体育的形式美。形式美还包括体育运动比例、和谐、均衡、节奏的美，也包括体育场地器材布置的对称和谐、队列队形整齐、步调一致等展现出的美。

（四）形态美

体育运动中人体表现出自然、正常的体态，人生长过程中健康的生长发育、丰满的肌肉、强健的骨骼、自然协调的动作、优美的行动姿态等都是体育形态美。

（五）动作美

人体的动作美主要表现在动作的协调和韵律感。体育运动中灵巧、协调的动作和超人的速度，将要完成运动时的爆发动作都展现出动作美。

（六）健康美

健康美是人类健康的身体呈现的美。健康的身体、匀称的肌肉、健壮的体魄、优美大方的动作以及灵活、协调的运动技巧，富有节奏感的运动，体育活动中表现出的良好心理状态，都是体育健康美的具体体现。

四、技术类学科美的表征

（一）信息技术学科美及其表征

1. 情境美

运用多媒体手段为学生创建美的教学情境，运用视频、图像、动画、声音等素材构建形象生动的课堂引入、过渡衔接等；画面构图精美、设计动画合理的课件。

2. 创意美

在作品创作、设计的过程中，充分发挥学生的主观能动性，让学生在学习已有知识的基础上创造性地运用知识和技术，设计开发新的作品。涉及学生创作作品的教学应该关注学生的创意和创造性设计。

3. 技术美

让学生在学习过程中感受技术进步，通过观察或体验新技术，引领学生对未来美好的期待和向往，鼓励他们运用技术、发展技术。

4. 行为美

在信息时代，每个人都是社会信息的创造者和传播者。学生在信息社会必须遵守社会秩序和准则，面对海量信息谨言慎行、去芜存菁，做合格的信息时代公民。

（二）通用技术学科美及其表征

1. 功能美

技术产生和发展的终极目的是满足人类的需求和愿望。任何一件产品只有实用，才会美。功能美给人的愉悦是一种复合体，包括生理快感、美感和某种精神快感。

2. 和谐美

凡是由相互联系、相互作用、相互依赖和相互制约的若干要素组成的具有特定功能的有机整体，我们都可以称为系统，系统具有和谐美。

3. 简单美

普通高中基础性和通用性的通用技术，在生活中无时不在、无处不在、无所不在，技术就是解决问题的各种办法，技术使生活变得简单，具有简单美。

五、数学与自然科学学科美的表征

（一）物理学科美及其表征

1. 简单美

纷繁复杂的物理世界遵循着简单的规律，人们力求用公式、概念、定律等简单的语言形式来描述复杂的物理世界，这就是物理的简单美。物理学也是在不断追求简单的过程中逐步发展起来的。

2. 对称美

物理中作用力与反作用力、吸引与排斥、正电与负电、正粒子与反粒子、物质与暗物质等都是对称的。物理学理论从更高层次上揭示了自然界的丰富的对称美。

3. 和谐美

物理学的和谐美主要表现为物理理论内容的和谐、自然、形式匀称。物理学知识体系庞大，但各分支各具规律又互相联系，和谐并存。

4. 统一美

物理学追求科学的统一，用最简洁的理论描述丰富的具有统一性的物理世界。物理学在不断由小的统一走向更大、更广的统一的过程中不断发展。

（二）化学学科美及其表征

1. 形态美

形态美主要指化学宏观世界的形态美。形态美是物质的外在直观表现。化学中各种晶体形态，化学反应中的颜色变化、形态变化都是形态美的体现。

2. 结构美

结构美主要指微观粒子的结构美。物质结构是物质外在形态、重要性质和用途的决定因素。

3. 实用美

化学物质的社会价值的实用美，是我们研究物质的终极目标。

（三）生物学科美及其表征

1. 对称美

对称性在生物界是普遍存在的特性。人体的上下左右前后结构都是对称的，人体的功能、动作也表现出一定的对称性。人体功能对称是在结构对称的基础上展现的综合功能。例如，双眼视物产生的距离感、方位感、立体感、空间感，左右耳接收声波产生不同的振荡产生的距离感、方位感，使人通过视听觉对周围环境状况做出准确判断。

2. 韵律美

生命过程中展现着无处不在的韵律美，生物个体生生不息的力量、生命过程的变化发展态势，生物种群的演变发展历程都是韵律美的具体表现。

3. 和谐美

生物世界从微观到宏观，和谐无处不在。一个细胞自成一个世界，生命系统在各部分相对独立、各有分工、相互联系、相互依存的关系中，完成着物质的交换、合成、分解、转化，在复杂生命系统中体现着从细微到宏观和极致的和谐美。

4. 多样美

奇妙而多彩的生物世界或简约或复杂地演绎着生命之歌。从简单到复杂，从水生到陆生，从低等到高等，每一种生物都是大自然亿万年精雕细琢的工艺品。经过漫长的共同进化，地球上出现了千姿百态的物种，形成了多样的生态系统。

5. 生命美

生物学是研究生命现象和生命活动规律的科学。生命世界从细胞到个体、个体到群体，直至形成复杂的生态系统，展现的是不同层次的生命系统的生命美。不同生命系统的物质基础、结构特征以及发生、发展和衰亡的规律也体现着生命美。

（四）数学学科美及其表征

数学是研究数量关系、空间结构、运动变换的学科。它的发展建立在社会的需求之上。尽管人们还没有对数学美进行统一定义，课题组认同数学学科美主要表现在"简单美、和谐美、统一美、奇异美"四个方面。

1. 数学中的"简单美"

数学家莫德尔说："在数学美的各个属性之中，首先要推崇的大概就是简单性了，结果的意思及其意义马上就会被读者掌握，而这一点本身可能就使得人们觉得这个结果多么漂亮，它给人以优雅的感觉。"爱因斯坦说："美，本质上终究是简单性。""只有借助数学，才能达到简单性的美学准则。朴素、简单是其外在形式。只有既朴实清秀，又底蕴深厚，才称得上至美。"

数学的简单美并不是指数学本身的浅显、简单，而是指数学各对象由尽可能少的要素，尽可能简捷的方式，尽可能经济的方法组成，但却蕴含着深刻、丰富的内容。数学的简单美主要包含数学逻辑结构、数学方法、表达形式的简单性及数学的抽象性。

2. 数学中的"和谐美"

"和谐"即结构形式的严谨、雅致和无矛盾性。对自然界的和谐性，数学比其他任何学科表达得都更加严谨、清晰。"和谐性"是美的最普遍、最基本的特性，美的事物往往给人以和谐之感。

数学协调、协同的和谐美，既包括数学内在的协同、相容，也包括数学外在的协调、相容。数学是建立在公理体系和集合论之上的和谐体系，数学学科还是协调、相容的不同数学分支构成的开放性的整体。数系等数学体系从自然数到有理数、实数、复数的不断扩充，其运算律、性质、运算法则都是相容、协调的。数学学科具有外在的和谐，如一种数学模型对应多种现实模型，数学理论精准地表达着社会科学和自然科学，社会与生活、工农业生产的需要和发展也在不断促进数学的发展。数学与社会、生活、生产及科学之间具有高度的和谐关系。

3. 数学中的"统一美"

数学"统一美"是指数学审美对象在形式、内容、方法上的某种一致、共同或关联性和由此表现出的统一的美感。包括数学概念、定理、公式、方法的统一，数学理论的全部或子系统的统一，数学和其他学科的统一。

4. 数学中的"奇异美"

数学就是在不断质疑中，得到了创新与发展的。数学新思想的孕育、新理论的发现、新学科的开辟往往来自人们一个个奇思妙想、质疑思路，甚至是看似不可思议的奇怪念头，这就是数学中"奇异美"的魅力。高中数学中将椭圆、抛物线、双曲线统称为圆锥曲线。圆锥曲线既具有统一性，又具有突变性。圆锥曲线统一定义："动点P到定点距离与到定直线的距离之比为常数e的点的轨迹是圆锥曲线。"但当$e<1$时是椭圆，当$e=1$时是抛物线，当$e>1$时是双曲线。常数e在1的左右产生微小变化，形成形状、性质完全不同的曲线。从几何意义来看，这几种曲线都是平面截圆锥面产生的（统一性），只是由于平面与圆锥母线的夹角不同产生不同的曲线（突变性）。天体运行轨道是椭圆、双曲线或抛物线的不同，原因只是天体运动速度的不同。

总之，数学美是充满魅力、力量无穷、思想神奇的，数学美使得学习者不再厌烦数学，不再感到数学乏味。学生徜徉在数学五彩缤纷美的世界中，逐渐对数学产生浓厚兴趣，产生美的追求。数学教师要认真体味数学教材中的内涵美，从审美化的角度设计课堂教学，适当引用数学美的资源，引导学生感受数学美、鉴赏数学美、展现数学美、创造数学美，培养学科素养与核心素养，实现立德树人根本目标。

第三节　普通高中全学科美育的审美化设计

一、普通高中全学科教师的文理艺融合

按照"文理艺融合"的总体原则，对普通高中新教材课例进行审美化设计。遵循艺术、人文社会、数学及自然科学、体育与健康、技术、活动课程6类课程的不同美育特征，按照"基础、突出、突破、探索"四方面进行审美化设计。

（一）教师读书的文理艺融合

教师实施美育必须具备较高的美育知识、理论素养。为此学校积极开展教师读书活动。分别开展共读、泛读、推荐一本好书活动，2020—2021年度教师共读格兰特·威金斯的《追求理解的教学设计》、南通市教科院冯卫东的《为"真学"而教——优化课堂的18条建议》《点亮教育人生的灯——"教学主张"论》三本书；要求教师开展自读活动，每学年结束时，每人推荐一本好书，写出推荐词，全校交流展示。指导、鼓励教师采用五种读书法读书。

（二）教师教学理念的文理艺融合

积极倡导多元和谐教学观：如数学学科教学要"技术教育"与"文化教育"并重，数学思维方式要"演绎推理"与"合情推理"并行，学科教学要实现"教学、学习、研究同步协调"，学习是教学和研究的基础，研究是高水平的学习，学习、研究的内容、目的、方法来源于教学，学习的积累、研究的成果又服务于教学。教学、学习、研究是同步进行、逐步提高、协调发展的过程。

二、普通高中全学科美育的文理艺融合

（一）艺术课程的文理艺融合

以艺术美、形式美等学科内在美的体验、鉴赏为基础，突出运用新媒体和信息技术实现美育方式创新，突破艺术美育内容少、时间短、缺乏选择性等问题，探索艺术陶冶人的情操、健康身心的策略。

音乐、美术是实施美育的主渠道，学校开齐开全艺术必修和选择性必修课程以及选修课程，学生自主申报，每学年掌握1项音乐技能和1项美术技能。夯实艺术学科美育的根基。在教学中运用音视频等媒体技术、信息技术、新媒体技术提升艺术学科教学的观赏性和美感。开设音乐、美术选修课，开设"淄博美术""吕剧"等校本课程，开展综合美育活动，增加美育活动内容和针对性。

通过开设音乐中的数学、美术中的数学等专题（课程），让学生从数学的角度理解"音乐和弦"，理解绘画中的"近大远小"原理，理解维纳斯的美是因为符合黄金分割率，等等；从物理的角度理解乐器共振和发音原理；从生物学的角度理解人的声带发声原理；从音乐的角度，解释语文中的配音原理、课本剧编排等，实现"文理艺融合"。

案例1：主题体验式音乐课"可爱的家"片段，音乐课中感悟大美

▲ 第一环节：情境引入。请学生闭上眼睛展开想象，久居异国他乡，在宁静的氛围中聆听德沃夏克委婉、伤感的《自新大陆交响曲》，把学生带入乡愁、思乡的情境，引出课程主题——"可爱的家"。

▲ 第二环节：鉴赏体验。学生用单旋律、小组唱、大合唱等不同形式试唱歌曲《可爱的家》，并欣赏同类题材合唱歌曲《念故乡》的词曲及意境。引导学生讨论、分析作品的不同表现形式，丰富心灵感受。

▲ 第三环节：情感升华。播放歌曲MV《天亮了》，讲述歌曲背后的故事，进一步体验《可爱的家》，激发学生对亲情、家庭的爱。

当学生情感体验达到高潮时，引导学生进一步对"爱"迁移：热爱社会公益，积极为社会献爱心。最后，师生满含激情，共同唱响《可爱的家》，对家庭、亲人、故乡的爱自然地融入歌声中……

通过开发、开设"淄博美术""吕剧""走进书法"等艺术类选修课程，解决学生艺术学科美育资源少的问题。

（二）人文社会课程的文理艺融合

以自然美、社会美、形式美等学科内在美的感悟、赏析为基础，突出运用吟唱、辩论、课本剧、课本诗、绘画、对联等艺术形式实现美育方式创新，突破人文学科科学美等理性精神的培育，探索利用影视、自然和社会资源跨学科横向综合美育项目的实施。

案例2：语文配乐朗诵或吟唱是常用教学策略，需要理性对待

2019年津鲁两地五校同课异构在桓台一中举行，语文课题是姜夔的《扬州慢》，授课教师分别使用了配乐朗诵、使用古代吟唱的方式吟唱、自己创作吟唱古曲吟唱三种方式，比较下来，还是自己创作的效果最好。

案例3：《荷塘月色》的思考

《荷塘月色》是一篇很美的文章，我听课多次，对这节课的引入进行了深刻思考。有的老师只从字面理解，使用歌曲《荷塘月色》引入。这是比较差的引入，因为，乐曲响起，让人联想到有点扰民的广场舞，这与文章的主旨和意境很不搭配。有的老师用荷塘图片引入，把学生思维定格在图片展示的荷塘某一部分上，可能是盛开的荷花，可能是整片碧绿的荷叶……不利于开拓学生的思维；用荷塘视频引入，展现某荷塘的全貌，让学生整体感受荷塘的美景，有动感、立体展现。也有的老师不用视频，而是用古琴曲引入。在悠扬的古琴乐曲中，师生共读《荷塘月色》，感受的是《荷塘月色》作品中的荷叶、荷花、荷塘的月色。我还想到，如果学生自己选曲配乐，自读课文，展现心中的荷塘，可能是小时候家乡桓台的马踏湖，可能是首都北京圆明园的盛景，可能是北京莲花池公园各种品牌的荷花展示，甚至是荷塘中的"小荷才露尖尖角"，让人遐想一片……这才是我心中的《荷塘月色》。

案例4：体会《米勒斯的维纳斯》的残缺美

高中语文中《米勒斯的维纳斯》一课，具有优美而富含哲理的语言美，维纳斯雕像独特的缺憾美，以及"艺术往往因缺憾而完美，生活往往因缺憾而丰满"的哲学美，无不展示了美育在潜移默化中为学生健康成长、全面发展提供源头活水的生命力。在平时教学中，教师要在领会其精神实质的基础上，对学生加以引领，而不是牵强附会，只强调残缺，不挖掘残缺美。这节课我听过多次，在桓台一中生本教育培训展示会上，有位语文老师做了PPT，展示了断臂维纳斯，为了说明残缺美，这位语文教师做了两只胳膊，给维纳斯装上，高声问同学们"美不美？"同学们都心领神会地说"不美"，大家想，这能美吗？维纳斯是雕塑大师的作品，胳膊是语文老师做的，比例不合适，胳膊是丑的，安上去能美吗？下课后，与老师们讨论时我说，自然社会是向善、向美的，人们为什么都要长胳膊，如果有胳膊不美，那我们干脆不要胳膊算了。还是这节课，老师让学生举出残缺美的例子，开始学生举月圆月缺、潮起潮落，之后就没得举了，有个学生举出了残破的机器轮子，老师也没加评判，突然有个学生站起来说，医生把手术刀落在病人肚子里是残缺美，老师一听急了："这是残缺美吗？你坐下。"课后我请教生本教育专家郭思乐教授，他说，要让学生思考并回答，这美在什么地方。几天后，我想到一个解释，"因为一个医生出现这样的失误，提醒了更多的医生不出这样的问题"。周村教研室王志刚老师提出了一个很伟大的残缺美的例子："母亲剖宫产，迎来了生命的诞生。"这样的例子应该学生也能想得到、悟得到。为什么学生理屈词穷地举出破机器轮子等例子，是因为教师没有给学生思考的时间和机会，学生只举残缺，不考虑美，更没有机会考虑美在什么地方。

（三）数学及自然科学课程的文理艺融合

以科学美、形式美等学科内在美的体验、感悟为基础，突出在课堂引入、课堂小结、学生活动、板书设计、实验设计、媒体运用等方面的审美化设计，突破利用学科美育资源人文精神的培育，探索学生整本书阅读、课本诗、图片音视频、艺术等美育手段的运用。

1. 体会理性、抽象美（以数学为例）

数学是研究数量关系、空间形式和数理逻辑的一门科学，其最鲜明的特点是高度的抽象性、严密的逻辑性和广泛的应用性。数学美更是一种理性的美、抽象的美。数学追求的目标是从混沌中找出秩序，使经验升华为规律，将复杂还原为基本，这都是数学美的标志。在数学学习过程中，学生首先接触的是数学概念、公式、定理、法则等，它们虽然蕴含着美的因素，但由于数学的美抽象、含蓄，并不是所有的学生都能感受到数学美的存在。这就需要教师在教学中有意识地培养学生的数学审美感知力，引导他们去发现数学美、鉴赏数学美，从而产生对美的向往和追求的意志，并进行以审美为主体的再现或创造美的数学实践活动。当冗长的陈述、繁杂的关系用数学语言演绎而出时，学生无不被数学的简洁美折服：客观世界不仅是统一的，并且统一于一个简单的规律，而在繁杂之中概括出一种简洁明了的规律，则给人以美的感觉。在百思不得其解之后，一个巧妙的方法跃然而出，显得那么奇特、新颖，内心深处由衷地产生无比的喜悦与冲动，这是数学的奇异美。新颖的解法带来了意想不到的效果，给人以"山重水复疑无路，柳暗花明又一村"的感觉，它使神秘、严肃、程式化的数学世界充满了勃勃生机。

2. 运用美育手段表达学科知识

用口诀、诗歌、对联表达学科知识、学科方法、学科思想，是最常用、最实际的方法。

案例5：数学圆周率的谐音记忆法

山巅一寺一壶酒（3. 14159），尔乐苦煞吾（26535），把酒吃（897），酒杀尔（932），杀不死（384），乐尔乐（626）。吾疼儿（502），白白死已够凄矣（8841971），留给山沟沟（69399）。山拐我腰痛（37510），我怕你冻久（58209），凄事久思恩（74944）。吾救儿（592），山洞拐（307），不宜留（816）。四邻乐（406），儿不乐（286），儿疼爸久久（20899），爸乐儿不懂（86280）。三思吧（348）！儿悟（25）。三思而依依（34211），妻等乐其久（70679）。

3. 运用（艺术）表演方式展示知识

在严谨的高中数学课上，也可以甚至很有必要采取一些喜闻乐见的表演形式，展示相关的数学知识。可采取分角色扮演、课堂剧等方式，也可采取相声、小品、快板、快书、曲艺等形式展示数学知识，拟人化地展示概念的内涵与外延。对于某些模糊的数学概念，可借助辩论和辩论赛的形式对概念进行辨析。在"柱、锥、台、球的几何特征"一节，教师课前布置通过小组合作的方式用不同方法展示柱、锥、台、球的几何特征。学生发挥聪明才智，用天津快板、山东快书、相声、曲艺、形象表演等形式展示柱、锥、台、球的结构特征，教师可选取部分小组展示。

案例6："概率的性质"的引入方式

高中数学"概率的性质"一节课，有的老师采取复习式引入，复习上节内容引入新课，注重了新旧知识的联系；有的老师采取点题式引入，直奔主题。

项目组史纲老师采用故事式引入。大屏幕出示诸葛亮摇着羽毛扇的照片，教师问学生："赤壁之战前，诸葛亮判断明天刮东南风的概率为0.3，刮东北风的概率为0.25，刮东风的概率为0.17。问：诸葛亮明天能'借到东风'取胜的概率为多少？"

课后，项目组进行了进一步研讨，做了引入的改进："当年赤壁之战，需要借助东风战胜对方。"

（四）体育与健康课程的文理艺融合

以形式美、社会美等学科内在美的体验、感悟为基础，突出教学组织、知识呈现、学生参与等方面的审美化设计，突出学生身体健美、身心健康、运动快感等美好体验活动的设计，探索为国争光、顽强拼搏、运动道德等美育精神的培育。

在体育与健康课上，与数学、物理、生物、化学等学科联系，了解投掷、田径、球类等运动的原理，了解生物体的运动特征。与政治、历史、语文等学科联系，讲授一些奥运会冠军、残奥会冠军、中国女排、中国乒乓球队顽强拼搏为国争光的美育精神，讲解一些运动员"友谊第一、比赛第二"的运动道德故事，理解奥林匹克精神实质。

（五）技术课程的文理艺融合

以科学美、形式美等学科内在美的体验、感悟为基础，突出在结构、原理、数据、自动化、新技术的设计中体验创造美，以学生技术制作的动脑设计、动手制作、动口讲解的美好体验为突破，探索大国工匠、新技术、新材料、新系统、大数据、云计算等技术美的感悟与鉴赏。

（1）讲述我国古代工匠的故事。讲述我国古代的四大发明及发明人蔡伦、王祯、毕昇等故事，讲述木工巧匠鲁班、李春建造赵州桥、李时珍遍尝百草著《本草纲目》等故事。体会如切如磋、治之已精、精益求精、庖丁解牛、允执厥中、推敲等古代中国的匠人技能与精神。了解古代的百工制度、中国制造，理解中国自古就有的追求"精确"的传统。

（2）讲述"两弹一星"、国家最高科技奖、"大国工匠"等先模人物的感人事迹。"大国工匠"来自国防军工、装备制造、交通运输、传统工艺等多个行业，都是所在行业的顶尖技术技能人才，都是劳模精神、劳动精神、工匠精神的优秀传承者。

（3）讲述共和国劳动模范时传祥、张秉贵、王进喜等光辉事迹，体会劳模精神。

学生讲述、交流身边普通劳动者的事迹，邀请家长代表讲述创业、创新的故事，到工厂、医院、农村参观劳动场面，体验劳动美。

（六）活动课程的文理艺融合

以自然美、社会美的体验、感悟为基础，突出跨学科、综合性的美育设计与美育渗透，突破单学科美育的片面性。探索影视课程、社团课程、综合课程的审美化设计。

三、普通高中全学科美育的策略

普通高中全学科美育的策略包括"板书美的设计""问题情境设计""制作学科思维导图""艺术课堂"等方面，目的是把平时教学中的教学方式进行艺术化改良。

（一）板书美的设计

参见第六章第三节"十、（一）板书设计构建知识网络"。

（二）问题情境设计

1. "问题情境"创设包含四个方向

一是以实际问题情境引入新课；二是在教学过程中恰当运用"故事""猜想"等美育资源，引起学生对问题探究的浓厚兴趣；三是设计以实际背景为情境的问题，体会学科美；四是一个"问题情境"在一节课中多次应用的整体设计，让学生多方面、多角度、立体化体验"学科美"。

2. 设置引发学生认知冲突的问题情境

引发学生对问题的学习和探究兴趣，采用情境式、问题式导入新课，激起学生对问题的研究欲望。

案例7：数学指数函数的引入

在学习指数函数时，老师手拿一张白纸走上讲台，提出问题："一张厚0.1毫米足够大的纸，若把它对折30次有多高？"学生们纷纷拿起一张纸试着叠起来，1次、2次、6次、7次……七嘴八舌地猜想着，有的说1米，有的说1000米……

学习相关知识后，学生们迫不及待地算出了这个令人难以置信的高度为107374米，超过了珠穆朗玛峰的高度，从中体会到指数增长的速度之快，体验到数学的奇异美。

3. 教学过程中巧妙穿插、使用美育资源，让知识自然而然地"生长"出来

案例8：数学猜想的使用

数学既是严谨的演绎科学，又是实验性很强的归纳科学。数学的发生、发展过程是观察、实验、归纳、类比、猜想等合情推理与判断、证明等演绎推理的交织互动的过程。数学探索中艰难坎坷的体验和成功的喜悦，是十分珍贵的经历。在进行归纳法教学时，老师引导学生先用不完全归纳法猜想结论，再用数学归纳法证明。从"3+3=6，5+3=8，7+3=10，…"中发现规律"任意两个奇素数的和都是偶数"，这是一个真命题。反过来从"6=3+3，8=5+3，10=7+3，…"中猜想结论："大于4的偶数可以表示为两个奇素数之和。"这就是著名的哥德巴赫猜想，体会伟大的猜想和发现就在我们身边，体会数学的奇异美。

4. 设计贴近学生的问题情境，让学生体验学科美

以"嫦娥四号"探测器发射成功、高速铁路建设、复兴号动车组、神舟火箭、探空望远镜"天眼"、新一代核电建设等我国科技建设成果为背景，情境真实，具有浓厚时代气息和鲜明的中国特色，体现了学科知识作为高科技建设的基础支撑作用，体会科技和学科统一美；以我国古代典籍《周易》爻卦、太极图、日晷、《授时历》等为背景设置问题，体现中国古代的哲学思想，宣传中国传统文化，体会社会美及和谐美；以中学生阅读"四大名著"的调查数据为统计资料、碳元素在生物体内的残留情况、乐理知识、美术绘画原理等情境设计，贴近实际，学生熟悉，反映学科之间的广泛融合，体会社会美和统一美；以维纳斯、向日葵种子的排列、水滴的形状等自然现象为问题情境，体会自然美与和谐美。

5. 按照"数学美"的原理，对整节课进行全方位设计

在执教"球的体积"一课时，我首先由引例"梵塔探圣"让学生体会"分割求积、组装求和"的思想，体会数学统一美。再由有限分割到无限分割探求半球的体积，体会数学的奇异美。介绍刘徽的极限思想，刘徽是中国古代最杰出的数学家之一，宋徽宗追封他"淄乡男"的爵位。

（三）制作学科思维导图

思维导图又称"心智导图"，是展现发散、抽象性思维的简单实用的图形思维工具。思维导图文字、图文、线条并重，把知识点之间的联系、并列、隶属、层级关系直观地表现出来。思维导图遵循多元智能原理，把教学对象的主题关键词与图像、颜色、线条、箭头建立记忆链接。思维导图将思维形象化，以学科课题关键词为思考中心发散出去，进行一系列关于文字、数字、符号、数码、线条、颜色、意象、节奏、音符的放射性思维导引。呈现的是由中心向外发散出数以丌万计的节点（关键词），每个节点都与中心主题和其他节点进行有效联结。每一个节点又可成为新的中心主题，再向外发散出若干节点，呈现出一种多中心、放射性的立体结构，就如同大脑中的神经元一样互相联结，这种联结将零散的关键知识连接起来，有利于知识的记忆和理解，有利于形成一节课、一个章节、一个模块，甚至整个高中学科知识框架结构。

思维导图是有效的思维模式。从课题关键词开始，制作思维导图的过程是思维发散的过程。使用思维导图又是一种层层收敛、逐步抽象、直达课题中心的思维过程。

思维导图有强化图像记忆、自由发散联想的强大功能。其中图像记忆可以帮助学生直观地记忆数学对象，自由发散联想对思维不加过多控制，更适合于头脑风暴式的创意学习活动。高中学科知识具有较强的内在逻辑结构，必须特别强化理解性记忆和结构化思考。

高中数学知识复杂抽象，更加需要强调"理解的深度"。本课题组将思维导图泛化，将适用于高中学习的概念图、知识树、结构框图、程序框图等优势特性嫁接过来，将结构化思考、逻辑思考、辩证思考、反思意识、批判性思维等思维方式融合进来。把传统的"中心发散性思维导图"转化为"基于系统思考知识建构策略"，能体现学科美的高中学科思维导图。

鼓励学生"一图多用"。一是使用学科思维导图制订学习计划，可以按照时间或项目划分，将繁杂的学习日程整理清晰。二是使用学科思维导图做笔记。传统的笔记记录大篇的文字，内含众多无用的修饰词，不易找出重要知识点，学科思维导图记录笔记将大篇幅内容进行拆分，找到从属关系，缩减文字数量，便于理解与记忆。三是使用学科思维导图展示思路方法。简洁的表述方式可以更快速、清晰地将思路、方法进行传达，使接受者更容易理解要传递的内容。四是使用学科思维导图做数学读书笔记。阅读数学理论性书籍，前后章节连续性不是很强的，读完一章制作章节阅读思维导图。整体性较强的书籍，阅读完成后制作全书阅读思维导图。通过思维导图实现读书的不断抽象化和简单化。五是可直接将书籍的目录或选择比较重要的目录首先录入阅读思维导图中，阅读后进行发散式知识勾连，将书籍的主要框架清晰地反映出来。六是对理论性较强的书籍，可通过思维导图建立理论与教学或学习实践的联系。

课题组选择迅捷思维导图作为教师制作数学学科思维导图的工具。迅捷思维导图是一款思维导图绘制软件，其直观、简洁的用户界面及健全的功能，可以帮助用户组织思维，容易绘制所需的多种任务思维导图、组织结构图。

学生制作数学学科思维导图使用手绘的方式，可以是用涂鸦方式做的学科笔记，可以是知识树，可以是知识框架结构，可以是脑图，可以是传统的思维导图，不提倡统一固定的格式，因人、因事、因情境而异。课题组提倡学生在教室外专栏中展示自己的学科思维导图。

（四）艺术课堂

1. 课堂艺术表演

课堂表演常见于语文、英语、政治、历史等学科。例如，学生将语文课文文体变奏，散文改成诗歌，撰写课本诗，编演课本剧，编纂对联，等等。又如，语文课上即兴表演的"煮酒论英雄"，根据教材编演的"昭君出塞"。政治课上关于"全球经济是否有利于世界经济发展"的辩论赛。

课堂教学实践表明，在数学及自然科学学科教学中，也可以甚至很有必要采取一些喜闻乐见的艺术课堂表演形式。以数学学科为例说明如下。

在严谨的高中数学课上，展示相关的数学知识。可采取分角色扮演、课堂剧等方式，也可采取相声、小品、快板等形式展示数学知识，拟人化地展示概念的内涵与外延。对于某些模糊的数学概念，可借助辩论和辩论赛的形式对概念进行辨析。

在"柱、锥、台、球的几何特征"一节，教师课前布置通过小组合作的方式用不同方法展示柱、锥、台、球的几何特征。学生发挥聪明才智，用天津快板、山东快书、相声、曲艺、形象表演等形式展示柱、锥、台、球的结构特征，教师选取部分小组展示。

例1：天津快书展示。竹板这么一打呀，别的咱不夸，夸就夸一下柱、锥、台、球这一家子！……

例2：相声表演展示。

甲：今天呀，我们说一下柱、锥、台、球。

乙：这好说呀，"柱"就是柱子，顾名思义，有圆的叫圆柱，有棱的叫棱柱……

华东师范大学数学学院近几年编排"非常数学"数学话剧，如《几何人生》等，用话剧形式演绎数学故事、数学家、数学史。

2. 学科知识的诗意表达

通过数学口诀、数学诗词、诗歌等文艺形式展现数学，这是数学美的体现形式，也是数学教学的有效方式，很多数学教师在教学中，甚至是在每节课的教学中都是用口诀、顺口溜、诗词等形式实施教学，收到好的教学效果。例如，用口诀形式总结概念和公式是平时教学中最常用和最有效的方法。任意角三角函数符号记忆口诀"正弦一二全为正，余弦一四偏一边，正切余切则不然，斜插一三两象限"，还有"一全正，二正弦，三正切，四余弦"。

3. 学科知识入诗

最常见的入诗数字是一。清代诗人陈秋舫《题秋江独钓图》就是一首"一"字诗，10个"一"展现了一幅悠闲雅致的"秋江独钓图"：

一帆一桨一扁舟，一个渔翁一钓钩。

一俯一仰一场笑，一江明月一江秋。

元曲小令《雁儿落带过得胜令》中运用不断重复的22个"一"字的奇特写法，反映了人生的凄苦虚幻。

一年老一年，一日没一日，

一秋又一秋，一辈催一辈。一聚一离别，一苦一伤悲。

一榻一身卧，一生一梦里。

寻一个相识，他一会咱一会，都一般相知，吹一回唱一回。

有些诗会把众多数字衔入诗中，如把基础数字一至十衔入诗中。

宋代理学家邵康节的《梅花诗》，此诗顺序嵌进从小到大十个数字基数，描绘恬静农家田园景色。

一去二三里，烟村四五家。亭台六七座，八九十枝花。

明代作家吴承恩咏夜景诗巧妙衔入从大到小十个数字基数，将河边夜色写得静美无比。

十里长亭无客走，九重天上现星辰。八河船只皆收港，七千州县尽关门。

六宫五府回官宅，四海三江罢钓纶。两座楼台钟鼓响，一轮明月满乾坤。

若把两首诗对比诵读，可充分体味"数字美"的妙用。

4. 利用诗歌表达学科思想、概念

在张景中院士主编的高中数学教材中，每一章都有一首诗歌，系统总结章节知识，仔细研读，就能体会诗意数学的味道。

例如，第一章《集合、映射与函数》：

日落月出花果香，物换星移看沧桑。因果变化多联系，安得良策破迷茫？

集合奠基说严谨，映射函数叙苍黄。看图列表论升降，科海扬帆有锦囊。

5. 诗歌型学科问题

为了让抽象枯燥的数学易于理解，为人们所喜爱，中国古代数学家做出许多尝试，歌谣和口诀就是其中一种，它让人们在解答数学问题的同时感受到了诗歌的魅力。从南宋杨辉开始，多位数学家都采用歌诀形式提出各种算法或用诗歌形式提出数学问题。著名《孙子算经》中有一道"物不知其数"的问题。这个算题原文为："今有物不知其数，三三数之剩二，五五数之剩三，七七数之剩二，问物几何？答曰二十三。"这个问题流传到后世，有过不少有趣的名称，如"鬼谷算""韩信点兵"等。

有一首写荷花的数学诗：

平平湖水清可鉴，石上半尺生红莲；出泥不染亭亭立，忽被吹到清水面。

渔人观看忙向前，花离原位二尺远；能算诸君请解题，湖水如何知深浅？

这是一首多么富有诗情画意的代数题！

6. 学科对联

郑板桥任知县时看到一个破旧大门上贴着春联："二三四五，六七八九。"立即派人送去衣服、食品。上联缺一（缺衣），下联缺十（缺食）。

苏东坡与学友赴京赶考，因涨大水，船只行进困难，耽搁时日，眼看应考就要迟到，学友叹曰："一叶孤舟，坐二三个骚客，启用四桨五帆，经由六滩七湾，历尽八颠九簸，可叹十分来迟。"

苏东坡亦用数字入联劝勉道："十年寒窗，进九八家书院，抛却七情六欲，苦读五经四书，考了三番二次，今天一定要中！"

上联顺序从一到十，下联倒序从十到一，巧妙使用数字把学子寒窗苦读、赴京赶考的艰难以及"一定要中"的决心表述得淋漓尽致。

7. 利用学科知识阅读诗歌

有许多诗歌，从字面上看不出它与数学的联系，但仔细思索之下，利用数学知识重新反思诗歌内容，会有全新的认识。

歌剧《刘三姐》中刘三姐与陶、李、罗三位秀才对唱。

罗秀才："小小麻雀莫逞能，三百条狗四下分。一少三多要单数，看你怎样分得清。"

刘三姐："九十九条打猎去，九十九条看羊来。九十九条守门口，还剩三条奇奴才。"

计算一下可以发现300=99+99+99+3。这正是数学中的整数分拆问题。

8. 学科谜语，一首不见数字的数字诗

宋代女诗人朱淑贞《断肠谜》：

下楼来，金钱卜落；问苍天，人在何方；恨王孙，一直去了；詈冤家，言去难留；悔当初，吾错失口；有上交，无下交；皂白何须问；分开不用刀；从今莫把仇人靠；千里相思一撇销。

这首诗中每一句都是一个字谜，谜底是一、二、三、四、五、六、七、八、九、十。

9. 学科讽刺诗

数字入诗可以写出许多意味极浓的讽刺诗，民间流传着描写泥塑神像的古诗，用数字一至十列举了十大"罪状"：

一声不响，二目无光；三餐不食，四体不勤；五谷不分，

六神无主；七窍不通，八面威风；九坐不动，十足无能。

与之相反，清代被康熙皇帝称为"操守为天下第一"的清官张伯行，写了一篇《禁止馈送檄文》一连用了八个"一"，阐明了他的廉政自律：

一丝一粒，我之名节；

一厘一毫，民之脂膏。

宽一分，民受赐不止一分；

取一文，我为人不值一文。

四、普通高中全学科美育审美化设计

课堂教学审美化设计。通过"蕴含的美""师生素养""审美设计"三个模块，充分挖掘教材中的美育元素，实现各学科教学美育渗透、融合。

案例9：《数学》必修一4.4.3不同函数增长的差异美育教学指引

1 蕴含的美

1.1 逻辑结构的统一美

"不同函数增长的差异"是高中《数学》必修一4.4.3一节的内容，在这之前对函数的学习有很多铺垫。一是在初中学过正比例函数、反比例函数、一次函数、二次函数。二是高中《数学》必修一第一章学习了集合的有关概念和性质。三是高中《数学》必修一第三章学习了函数的一般概念及定义域、值域、单调性、奇偶性、幂函数等。四是高中《数学》必修一第四章学习了分段函数、对勾函数、指数函数、对数函数等基本初等函数。在此基础上，第四章函数的应用中安排了函数模型及其应用，这是对整个函数的总结归纳和提升升华，尤其对学生数学核心素养"数学建模"的培养是十分重要的。

本节课是高中数学的核心内容，是对基本初等函数的深化研究，是对函数按照"定义域、值域、单调性、奇偶性、恒过定点"等方面进行全面研究的实例，有利于学生形成函数的研究方法。这对今后学习三角函数等初等函数是至关重要的。同时，函数是数学新课程贯穿整个学习过程的主线。函数与方程思想是高中数学最重要的思想。

本节课从"不同函数增长的差异"这一显性特征出发对各种函数进行再认识，学生十分感兴趣，也从中体会到数学函数的理性美，体会到数学建模的应用美，对函数有统一认识，体会到在函数关系式下有规律的变化这种统一美。

1.2 数与形的统一美

本节课中函数的研究是从解析式和图像两方面进行的，函数解析式精确到了自变量和函数间的对应关系，图像直观展现变化情况。解析式的精确与图像的直观达到了数与形的完美统一，学生还可进一步了解其他函数数与形的统一，也可从其他方面（如单调性、奇偶性、零点个数）研究几类函数，了解数与形的完美统一。

1.3 数学建模的应用美

本节课关注当前发生的世界各地的"小龙虾染红海岸""澳大利亚野兔子数量爆炸""生蚝泛滥"等热点新闻，从数学建模的角度理性分析其原因，对实际生活中的其他实物间的关系也通过建立数学模型从数学理性的角度分析问题、解决问题，体会数学建模的应用美。

1.4　函数图像的直观美

通过做出函数图像，观察函数不同的增长趋势，体会数学图像在分析两个变量之间关系中直观、形象的直观美。

在函数概念、图像及其性质的研究过程中，通过思维导图和多媒体演示等教学方式和方法，观察它们的联系与区别，使学生感受数与形、特殊与一般、归纳与类比的思维方式，养成多角度、多维度分析问题、总结规律的思维习惯。

1.5　数学的文化美

学完函数后进一步了解与函数有关的数学史、数学家及数学故事。体会"函数与方程"这一数学思想的文化美。

2　师生素养

2.1　教师的素养

把"函数"作为审美对象，把握住理论的本质及特征。分析"几类不同增长的函数模型"具有的美学因素，并一一罗列。

从实际热点问题提炼引入实例。通过发生在世界各地的诸如"澳大利野兔子数量爆炸"这样的热点问题，引起学生通过数学建模解决实际问题的兴趣。

课堂教学的美育展示。将"几种不同增长的函数模型"中美的因素在数学教学过程中展示出来。可以分为六个课堂教学环节：课前准备（教师、学生搜集函数实际例子）—问题引入，启发兴趣（探究世界热点问题的缘由）—理性分析，选择模型—合作探究，对比分析—归纳总结，拓展提升—进一步搜集案例，数学建模。

感悟函数与方程思想。抓住函数最后一节课的机会，引导学生体验函数与方程的思想。这是高中数学第一次明确"函数与方程"思想，将为今后学生运用与深化打下坚实基础。

数学建模的思想与方法。引领学生体会数学建模的思想及方法，学会解决简单的函数模型数学建模问题的解决方法。

有关函数的数学文化总结。从数学史、数学家、数学故事等方面对函数的数学文化加以总结，让学生对函数的发展有一个整体的认识，把函数的发生发展过程放在整个数学发展的长河中去认识。

2.2 学生的素养

2.2.1 动手能力。自己动手查阅资料，自己动手从实际生活中举出函数的实际例子，初步体会两集合的包含关系的条件。

2.2.2 数学建模能力。本节课给出数学建模很好的范例，学生从中体会数学建模的思想、方法与步骤，并通过课外拓展问题的解决，经历数学建模的全过程。

2.2.3 对数学美的感知与表达能力。学生要用心体会本节课中有关数学美的展现和设计，在课堂上积极实现师生、生生互动，开展合作学习、小组讨论，敢于表达。在良好的课堂气氛中，让每个学生体会到在数学建模这种复杂综合解决问题的方式中，合作交流的重要性。通过研究性学习的评价量规对各组研究性学习的过程与结果进行评价。

2.2.4 构建学习成果，体验成功喜悦。

在不同学习环节中完成教学过程设计中的学习任务，学生从中体验成功的美好和喜悦，进一步激发学习兴趣。本节课的主要学习成果有：个人完成描点绘制指数函数、对数函数、幂函数的图像；小组合作完成计算机绘制指数函数、对数函数、幂函数的图像；小组讨论完成指数函数、对数函数、幂函数的性质的探求；个人完成关于三类基本初等函数性质应用的数学问题；个人独立完成运用三类函数性质解决简单实际问题。

3 审美设计

3.1 教学目标

（1）结合实例体会直线上升、指数爆炸、对数增长等不同增长的函数模型意义，理解它们的增长差异性。

（2）借助信息技术，利用函数图像及数据表格，对几种常见增长类型的函数的增长状况进行比较，初步体会它们的增长差异性；收集一些社会生活中普遍使用的函数模型（指数函数、对数函数、幂函数、分段函数等），了解函数模型的广泛应用。

（3）体验函数是描述宏观世界变化规律的基本数学模型，体验指数函数、对数函数等函数与现实世界的密切联系及其在刻画现实问题中的作用。

3.2 教学实施美育的重点、难点

教学重点：将实际问题转化为函数模型，比较常函数、一次函数、指数函数、对数函数模型的增长差异，体会直线上升、指数爆炸、对数增长等不同函数类型增长的含义。

教学难点：怎样选择数学模型分析解决实际问题。

3.3 教学方法

采取"心智数学教育方式"，根据学情与教学内容的不同，采取"自主探究""实验研究""小组合作"等学习方式。

3.4 教学过程

3.4.1 课堂引入的审美设计

出示材料，激发兴趣：澳大利亚野兔子数"爆炸"。在课本第三章章头图中，有一大群喝水、嬉戏的兔子，但是这群兔子曾使澳大利亚人伤透了脑筋。1859年，有人从欧洲带进澳大利亚几只兔子，澳大利亚有茂盛的牧草，没有兔子的天敌，兔子数量不断增加，不到100年，兔子们占领了整个澳大利亚，数量达到75亿只。可爱的兔子变得可恶起来，75亿只兔子吃掉了相当于75亿只羊所吃的牧草，草原的载畜率大大降低，而牛羊是澳大利亚的主要牲口。这使澳大利亚人头痛不已，他们采用各种方法消灭这些兔子，直至20世纪50年代，科学家采用载液瘤病毒杀死了90%的野兔，澳大利亚人才算松了一口气。

一般而言，在理想条件（食物或养料充足，空间条件充裕，气候适宜，没有敌害等）下，种群在一定时期内的增长大致符合J型指数型曲线；在有限环境（空间有限，食物有限，有捕食者存在等）中，种群增长到一定程度后不增长，曲线呈S形。可用指数函数描述一个种群的前期增长，用对数函数描述其后期增长。这启发我们要恰当选取函数模型描述增长趋势。

设计意图：①通过实例和作图体会直线上升、指数爆炸、对数增长等不同函数模型的增长含义。②恰当选取学过的函数模型描述增长趋势。③认识数学的价值，认识数学与现实生活、与其他学科的密切联系，从而体会数学的实用

价值，享受数学的应用美。

3.4.2 函数应用美的审美设计

活动一：合理分工搜集实例

课前各组组长布置学生分工搜集函数应用实例，至少有"一次函数、指数函数、对数函数、幂函数"四种函数，还可有分段函数、常函数等实例。组长负责分工。

设计意图：体会数学来源于实际又应用于实际，解决实际问题，体会数学应用美。

3.4.3 函数不同增长的审美设计

活动二：创设情境激发兴趣

出示材料：澳大利亚野兔子数"爆炸"。体会指数爆炸式增长趋势；列举一次函数、对数函数、幂函数的实例，初步体会函数不同的增长模式。

还可结合2016年1月"新西兰小龙虾群因潮汐被冲上海岸染红海水"。

2017年5月，丹麦驻华大使馆官方发布了题为《生蚝长满海岸，丹麦人却一点也高兴不起来》的文章，称近年来丹麦海岸遭太平洋生蚝的物种入侵，对生态环境造成严重破坏，但当地人对此却束手无策。

其实不止丹麦，其他一些国家也正在为某一物种的泛滥而苦恼。美国全境的淡水流域饱受亚洲鲤鱼的困扰。本来用于观赏和食用的亚洲鲤鱼因为一个失误而进入美国淡水流域，由于没有天敌，适应力和繁殖力又极强，很快泛滥成灾。它们吃光了水草和水域的浮游生物，把本地鱼类逼到了灭绝的边缘。美国对亚洲鲤鱼束手无策。

设计意图：通过这些报道展示，生物在理想条件下，种群在一定时期内的增长大致符合J型指数型曲线，体会指数增长的迅速。

3.4.4 选择增长模型的审美设计

活动三：自主探究比较增长

选择变量、建立模型，利用数据表格、函数图像讨论模型，体会不同函数模型增长的含义及其差异。

例1：假设你有一笔资金用于投资，现有三种投资方案供你选择，这三种方案的回报如下。方案一,每天回报40元;方案二,第一天回报10元,以后每天比前一天多回报10元;方案三,第一天回报0.4元,以后每天的回报比前一天翻一番。请问,你会选择哪种投资方案?

自主探究问题:

(1)本例涉及哪些数量关系?如何用函数描述这些数量关系?

(2)分析解答(略)。

(3)根据例1数据,你对三种方案的回报资金的增长差异有什么认识?

(4)你能借助计算机作出函数图像,并通过图像描述一下三种方案的特点吗?

(5)根据以上分析,你认为应如何做出选择?

设计意图:函数模型选择是在数学实际应用和数学建模中的常用方法,通过本环节让学生经历"发现问题、收集数据、直观判断、数据分析、计算机作函数图像、图像对比分析、做出决策选择"等数学建模程序及步骤方法。

3.4.5 不同函数增长模型展示的审美设计

活动四:合作探究展示交流

(1)各组的六位同学出示课前从工农业生产和实际生活中搜集到的函数增长实例,选出比较好的一次函数、指数函数、对数函数、幂函数四种增长模型实例。

(2)小组分工求解四个实际问题,小组讨论比较四种函数增长的显著特点。

(3)小组总结搜集到的其他函数(如分段函数、对勾函数、三角函数、二次函数、反比例函数等)增长特点。

活动五:小组展示对比分析

(1)采取必答方式,9个组依次展示选取的四个函数模型及其求解,阐述四种函数的增长特点(实物投影)。

(2)采取抢答方式,选取4个小组展示其他函数及其增长特点(每组只能展示一种函数),其他组不得重复。

3.4.6 不同函数增长模型图像展示的审美设计

活动六：微机作图验证增长

（1）使用几何画板做出$y = 2x$，$y = \log_2 x$，$y = x^2$，$y = 2x$的图像，比较四个函数的增长特点，与各小组得到的结论加以对比、验证。

（2）对一次函数、幂函数、指数函数、对数函数的增长差异，形成结论性报告。

3.4.7　数学建模设计及研究报告的审美设计

活动七：回顾反思形成报告

（1）各组学生通过头脑风暴，形成对各种函数增长的通俗、直观描述，如描述一次函数的"直线式增长"，描述指数函数的"爆炸式增长"等。

（2）各组总结反思本节课研究性学习情况，形成数学建模研究性学习报告。

（3）根据"几种不同增长的函数模型研究性学习评价表"评价各组研究性学习情况。

（4）课外研究1：课后再收集一些社会生活中普遍使用的函数模型，搜集社会生活中普遍使用的递增的一次函数、指数函数、对数函数的实例，对它们的增长速度进行比较，了解函数模型的广泛应用。有时同一个实际问题可以建立多个函数模型。具体应用函数模型时，你认为应该怎样选用合理的函数模型？

（5）课外研究2：阅读下列材料，思考并解答问题。

5年前，村民好奇放养3只小龙虾。如今泛滥成灾，小龙虾"攻占"凯里村。

村中有一由多的大田，主人是下寨村村民罗志平，这是榜河组小龙虾的发源地。

以前，在榜河组地域内没有小龙虾。五六年前，邻村石板村有农户从外省引进了一批小龙虾放养，罗志平获知此事，感到好奇，便讨要了3只，放养在农田中。罗志平放养小龙虾的事，知道的村民还不少，但大家都没有想到，小龙虾会泛滥成灾。

两年后问题爆发了。那年夏季，天降暴雨，榜河组许多田地积蓄雨水过多，出现了翻水现象。丘田在翻水的同时，还翻出了不少有爪牙的小动物，它们在田埂上窜来窜去、张牙舞爪、肆无忌惮，有的还滚落到了下方的田地里。大家想起了罗志平曾经往田地里放养3只小龙虾，顿时恍然大悟，这些都是罗志平5年前放养的3只小龙虾的"后代"。

　　小龙虾繁殖越来越快，46户农户210亩稻田，160亩被龙虾"侵占"，要不了多久，210亩农田都会被它们"入侵霸占"。村民们用捕杀、喷洒农药等方法都无法根除。

　　思考与探究：调查贵州凯里的气温、降水等条件，调查小龙虾在适宜条件下的繁殖速度，计算3只小龙虾6年后的繁殖总数量，体会外来物种入侵对生态破坏的严重性。

附件：桓台一中关于学校"美育"的问卷调查（2019年1月20日）

年级：201＿＿＿级　　　　班级＿＿＿＿＿＿

本调查问卷是为了了解学校美育现状，学生对学校美育的认识，学生对美育的意见、建议，结论仅仅用于在课题研究的基础上，寻找改善学校美育的措施。请根据实际情况和你本人的感受如实选择、认真填涂。

一、对学校美育的总体认识

1. 你认为学校开展美育（　　　）

A. 十分必要。　　　　　　　　　　B. 比较重要。

C. 不太重要。　　　　　　　　　　D. 没有必要。

2. 你对各学科在学校美育中作用的看法（　　　）

A. 学校美育就是音乐、美术课。

B. 音乐、美术课是美育主体，同时各科都必须进行美育渗透。

C. 学校美育以文化课为主，以音乐、美术为辅。

D. 所有学科在学校美育中的作用是相同的。

3. 你对各科美育开展现状的看法是（　　　）

A. 美育开展比较彻底，不需要再加强。

B. 开展了一些活动，还很不够，各科都需要加强。

C. 艺术课做得很好，要加强其他学科的美育。

D. 艺术课美育要加强，其他学科美育做得好。

4. 你对学校美育对象的看法是（　　　）

A. 美育是对音乐、美术生的，普通学生不需要。

B. 美育对全体学生来说都需要，都要实施。

C. 美育是针对感兴趣学生的。

D. 只要学好文化课就行，美育无所谓。

5. 你对学校美育作用的看法是（多选）（　　　）

A. 提高学生学习兴趣。　　　　　　B. 提高学生的核心素养。

C. 提高学生审美能力。　　　　　　D. 对学生影响不大。

二、对学校美育的感受

6. 学校艺术（音乐、美术）课美育存在的问题一（多选）（　　　）

A. 艺术课经常被占用。　　　　　　　B. 老师不重视。

C. 学生不重视艺术课。　　　　　　　D. 学校重视程度不够。

7. 学校艺术（音乐、美术）课美育存在的问题二（多选）（　　　）

A. 艺术课教学时间短。　　　　　　　B. 艺术课内容陈旧。

C. 艺术课授课形式单一。　　　　　　D. 艺术项目缺乏选择性。

8. 学校音乐、美术课中美育的感受（　　　）

A. 每节课都能感受到。　　　　　　　B. 多数课能感受到。

C. 少数课能感受到。　　　　　　　　D. 无感觉。

9. 学校体育与健康课中美育的感受（　　　）

A. 每节课都能感受到。　　　　　　　B. 多数课能感受到。

C. 少数课能感受到。　　　　　　　　D. 无感觉。

10. 学校语文、历史、政治等人文社会学科中美育的感受（　　　）

A. 每节课都能感受到。　　　　　　　B. 多数课能感受到。

C. 少数课能感受到。　　　　　　　　D. 无感觉。

11. 学校数学、物理、化学、生物课等自然科学学科中美育的感受（　　　）

A. 每节课都能感受到。　　　　　　　B. 多数课能感受到。

C. 少数课能感受到。　　　　　　　　D. 无感觉。

12. 学校信息技术、通用技术课中美育的感受（　　　）

A. 每节课都能感受到。　　　　　　　B. 多数课能感受到。

C. 少数课能感受到。　　　　　　　　D. 无感觉。

三、对学校学科美育（教学）的调查

13. 老师结合教学内容渗透学科思想方法（　　　）

A. 经常进行。　　　　　　　　　　　B. 较少进行。

C. 从不进行。　　　　　　　　　　　D. 不知道学科思想方法。

14. 老师结合教学内容进行学科发展史教学（　　　）

A. 经常进行。　　　　　　　　　　　B. 较少进行。

C. 从不进行。   D. 不清楚。

15. 老师结合教学内容介绍科学家、文学家、数学家、物理学家、化学家等人物故事（　　　）

A. 经常进行。   B. 较少进行。

C. 从不进行。   D. 不清楚。

16. 老师对课本上章前、篇内、后记、阅读材料中的学科历史、人物、故事的教学处理（　　　）

A. 经常进行。   B. 较少进行。

C. 从不进行。   D. 不清楚。

17. 老师结合教学内容进行与自然、社会、生活联系的教育，让学生体验数学美（　　　）

A. 经常进行。   B. 较少进行。

C. 从不进行。   D. 不清楚。

18. 老师结合教学内容进行科学前沿、哲学研究、重大发现、大国工匠等教育（　　　）

A. 经常进行。   B. 较少进行。

C. 从不进行。   D. 不清楚。

19. 老师通过多媒体、板书、演示、实验等形式展现学科美（　　　）

A. 经常进行。   B. 较少进行。

C. 从不进行。   D. 不清楚。

20. 老师用结构图、思维导图、口诀、诗歌总结定理、公式等知识点（　　　）

A. 经常进行。   B. 较少进行。

C. 从不进行。   D. 不清楚。

21. 老师在课堂上提到过学科美吗？（　　　）

A. 经常进行。   B. 较少进行。

C. 从不进行。   D. 不清楚。

四、学生对学校美育的体验和要求

22. 当你写出一篇好文章、好诗歌、好对联时的感受（　　　）

A. 有较强美的体验。　　　　　　　　B. 稍微有点美的感觉。

C. 只看重所得分数。　　　　　　　　D. 无所谓。

23. 当你在百思不得其解后，终于解决了一道难题时的感受（　　　）

A. 有较强美的体验。　　　　　　　　B. 稍微有点美的感觉。

C. 只看重所得分数。　　　　　　　　D. 无所谓。

24. 在艺术课上美的体验（　　　）

A. 有较强美的体验。　　　　　　　　B. 稍微有点美的感觉。

C. 只看重所得分数。　　　　　　　　D. 无所谓。

25. 在你因考试、成绩、生活、交流等感到不顺心时，采取最多的排解方式是（　　　）

A. 听自己喜欢的音乐。　　　　　　　B. 打游戏忘掉烦恼。

C. 做运动排解紧张。　　　　　　　　D. 与老师、朋友谈心。

26. 你希望老师在音乐课上采取哪些加强美育的措施？（多选）（　　　）

A. 创新教学方式。

B. 了解地方戏曲（山东吕剧、淄博五音戏、高跷、扮玩等）。

C. 加强学生唱歌、舞蹈等体验。

D. 加强音乐家、音乐史、音乐前沿、音乐会等介绍。

27. 你希望老师在美术课上采取哪些加强美育的措施？（多选）（　　　）

A. 创新教学方式。

B. 了解地方美术（淄博琉璃、淄博陶瓷、淄博内画鼻烟壶等）。

C. 增加学生书法、绘画等体验活动。

D. 美术家、美术史、美术馆、美术创新等介绍。

28. 你对除音乐、美术外的其他学科美育的建议（多选）：

A. 在引入、小结等环节采取美的形式。

B. 进行与学科有关的历史、人物、发展前沿的教育。

C. 挖掘学科内在美。

D. 老师推荐有关书籍、网站、资源。

29. 你对学校活动中体现美育的建议（多选）：（　　　）

A. 充分进行活动美的设计。　　　　　　B. 在活动中体验美。

C. 在活动中发现美。　　　　　　　　　D. 在活动中创造美。

30. 你对跨学科美育的建议是（多选）：（　　　）

A. 在人文学科上加强理性思维，在自然学科上注重文化功能。

B. 在艺术学科上增加原理教学（如人身体中的黄金分割，音乐、美术的审美功效等）。

C. 在文化课学科中增加音乐、视频、图片等美学元素。

D. 采取吟唱、辩论、戏剧、小品等美的形式。

31. 你对学校美育的其他感受、建议和要求：

_____

_____

参考文献

［1］国务院办公厅.国务院办公厅关于全面加强和改进学校美育工作的意见［J］.中华人民共和国国务院公报，2015（29）：18-22.

［2］叶朗.现代美学体系［M］.台北：台湾书林出版公司，1993.

［3］叶朗.美学原理［M］.北京：北京大学出版社，2009.

［4］赵伶俐，杨旬，齐颖华.审美化教学原理与实践［M］.长春：吉林人民出版社，2000.

［5］张耀军，何英.当代学校美育的价值选择与实现路径［J］.教育参考，2016，264（6）：40-45，51.

［6］刘鸿庥.略论苏霍姆林斯基的学校美育思想［J］.贵州师范大学学报（社会科学版），1996（2）：79-82.

［7］曾繁仁.加德纳的"多元智能"理论与美育［J］.山东大学学报（哲学社会科学版），2001（4）：11-20.

［8］孟丽，曾繁仁.陶行知生活美育思想简论［J］.齐鲁学刊，2018（2）：98-103.

［9］赵伶俐.21世纪初中国基础教育改革中综合美育发展的新形态［J］.美育学刊，2011，3（2）：1-5.

［10］周荫昌.对美育与艺术教育几个问题的再思考［J］.基础教育参考，2006（4）：4-7，14.

［11］黄耿东.高中美术教学实现审美教育校本化的对策［J］.教学与管理，2018（7）：71-73.

［12］彭磊.多媒体与音乐课堂碰撞出"美"的火花［J］.新课程学习（基础教

育），2010，64（10）：33.

［13］林培荣.基于核心素养下的中学音乐学科测评观察与研究［J］.音乐天地，2018，690（8）：9–14.

［14］叶悬冰.让语文课堂充满美感和生机——论语文教学的审美转变［D］.福州：福建师范大学，2001.

［15］矫洁，马辉.数学课堂教学美感的探究与实践［J］.中学数学研究（华南师范大学版），2013，375（6）：2–6.

［16］陈琼.浅谈审美教育在高中英语教学中的应用［J］.科学咨询（科技·管理），2015，456（12）：145.

［17］石雷先.挖掘物理教科书的美育功能——以教科版初中《物理》为例［J］.出版参考，2016，759（5）：56–58.

［18］孙晓红.中学生物学审美教学探索［D］.济南：山东师范大学，2010.

［19］焦建祥.政治课教学要注意审美化设计［J］.思想政治课教学，2008（5）：25–27.

［20］李展鸿.中学历史教学中的美育探索［J］.福建基础教育研究，2011（10）：99–100.

［21］李金凤.审美化地理课堂教学设计——理论架构与教学实践初探［D］.西安：陕西师范大学，2011.

［22］陈昕.在信息技术课堂教学中渗透美的教育［J］.天津教育，2016，522（9）：43.

［23］汪德善.论学科间美育的横向联系与施教［J］.中国美术教育，1994（2）：2–4.

［24］彭文晓.论学校美育的心理健康功能［J］.华中农业大学学报（社会科学版），2005（Z1）：106–108，117.

［25］宋守军.社团在中学校园中的美育功能［J］.内蒙古教育，2017，722（10）：18–19.

［26］李戎.美学概论［M］.济南：齐鲁书社，1992.

［27］李范，方珊，樊美筠.美育新论［M］.北京：北京师范大学出版社，1993.

［28］郑毓信.数学方法论［M］.南宁：广西教育出版社，1996.

［29］郑君文，张恩华.数学学习论［M］.南宁：广西教育出版社，1996.

［30］张永春.数学课程论［M］.南宁：广西教育出版社，1996.

［31］魏超群.数学教育评价［M］.南宁：广西教育出版社，1996.

［32］任樟辉.数学思维理论［M］.南宁：广西教育出版社，2001.

［33］徐利治.徐利治论数学方法学［M］.济南：山东教育出版社，2001.

［34］郑毓信，王宪昌，蔡仲.数学文化学［M］.成都：四川教育出版社，2001.

［35］杨世明，周春荔，徐沥泉，等.MM教育方式：理论与实践［M］.香港：香港新闻出版社，2002.

［36］霍华德·加德纳.多元智能［M］.沈致隆，译.北京：新华出版社，1999.

［37］施良方.学习论［M］.北京：人民教育出版社，2001.

［38］陶西平.多元智能与课程改革［J］.人民教育，2003（17）：12-14.

［39］G·波利亚.怎样解题：数学教学法的新面貌［M］.徐泓，冯承天，译.上海：上海科技教育出版社，2002.

［40］赵祥麟，王承绪.杜威教育名篇［M］.北京：教育科学出版社，2006.

［41］黄高庆，申继亮，辛涛.关于教学策略的思考［J］.教育研究，1998（11）：50-54.

［42］张大均，余林.试论教学策略的基本涵义及其制定的依据［J］.课程·教材·教法，1996（9）：6-8.

［43］周军.教学策略［M］.北京：教育科学出版社，2003.

［44］刘萍.新课程理念下高中数学教学策略初探［J］.高等函授学报（自然科学版），2006（3）：60-61.

［45］于川.让学生经历"数学化"的数学教学策略［J］.数学通报，2011（5）：30-32.

［46］李华轩，赵鸿涛.建构主义下的高中数学教学策略［J］.新乡教育学院学报，2005（1）：110-111.

［47］杨高全.数学教学策略研究［J］.湖南教育学院学报，2001（1）：97-100.

［48］高永德，杨骞. 数学教学十策略［J］. 中学数学杂志（高中），2006
　　　（11）：4-6.

［49］迈克·罗笛. 涂鸦笔记［M］. 毛泡泡，译. 北京：电子工业出版社，
　　　2014.

［50］韩相河. 走进名师课堂——高中数学［M］. 济南：山东人民出版社，
　　　2008.

后 记

　　名师成长之路有千万条，名师成长需要多路并行，教育科研是名师成长的有效路径之一。

　　《名师成长的教育科研之路》是我从1980年6月参加工作，到2022年3月退休，从教42年在教育科研中学习、在教育科研中实践、在教育科研中成长的总结性著作。

　　教育科研之路是学习之路。我的特色教育理论体系的构建、读书学习方法的总结是在多位高校教育专家的报告和指导下逐步完善的。我的教育科研课题研究、教育科研方法总结是在山东省和淄博市教科所各位专家指导下逐步提升和完善的。向各位省、市教科所和高校的专家表示衷心感谢。

　　教育科研之路是实践之路。工作期间和退休后，我一直密集参与教育科研的有关工作任务：多次承担教育主管部门组织的省、市级课题的立项评审、开题论证、中期检查、结题鉴定等任务；经常受邀通过线上、线下等方式，给省内外的老师指导课题申报、开题、结题等工作；受邀给有需要的学校做教育科研报告，担任数所学校的教育科研顾问、特聘专家；等等。去年，我还被推荐参加全国教育科学规划专家库专家人选的遴选。这些实践经历不断充实着我的教育科研实践经验。在此谨向给予我帮助的老师表示衷心感谢。

　　教育科研之路是成长之路。我在教育科研的过程中不断提升教育理论水平，不断提升教育教学水平，不断提升教师综合素养。在教育课题研究过程中和本书编写过程中，我参考了大量著作、报刊、网络文章等资料，有些在书后做了列举，谨向这些资料的作者表示深深的谢意！

　　《名师成长的教育科研之路》还有很多需要完善的地方，也肯定存在不太恰当的观点、方法。虽经多次、反复校稿也会存在用词不准、表述不当之处，恳请各位读者批评指正！

崔佃金

2024年4月1日